AF484873

"灵均说尽孤高事，全与逍遥意不同"

——唐·汪遵

"刺猬"念兹在兹的

法治和政治伦理

——一个人权律师举轻若重的拙思

The Rule of Law and Political Ethics Deeply Cherished by "Hedgehog":

Meditations of a Human Rights Lawyer I

（上卷）

刘书庆
Liu Shuqing

【当代华语世界思想者丛书】

学术顾问：黎安友、郭汤姆

主　　编：荣　伟

Academic Adviser:　Andrew J. Nathan, Tom Kellogg
Chief Editor:　　　David Rong

Published by Bouden House, New York
ISBN:　979-8-90257-045-5　(Paperback)
　　　　979-8-90257-046-2　(eBook)

The Rule of Law and Political Ethics Deeply Cherished by "Hedgehog" :
　　Meditations of a Human Rights Lawyer I
By Liu Shuqing

"刺猬"念兹在兹的法治和政治伦理
　　——一个人权律师举轻若重的拙思（上卷）

刘书庆　著

出版：博登书屋·纽约（Bouden House New York）
邮箱：boudenhouse@gmail.com
发行：谷歌图书（电子版）、亚马逊（纸质版）
版次：2026 年 5 月 第 1 版 第 1 次印刷
字数：460 千字全集
定价：$38.00 美元

Copyright © 2026 by Bouden House. www.boudenhouse.com
All Rights Reserved.
No part of this book may be reproduced in any form or by any electronic
or mechanical means including information storage and retrieval systems,
without permission in writing from the publisher. The only exception is
by a reviewer, who may quote short excerpts in review.

作品内容受国际知识产权公约保护，版权所有，侵权必究

一份啰啰嗦嗦的自我简介

不自吹自黑也不虚伪，给自己做一个简单的介绍，以便师友们了解。

鄙人也算有多个身份，人权律师、公益律师、独立中文笔会会员、大学教师，其中我最珍视的身份是人权律师，尽管早在 2015 年底就被实际剥夺了律师执业权，因此准确地说现在是"律师后"一枚。承蒙海外媒体错爱，介绍我时多冠以"著名人权律师""资深公益律师"的 title，虽然的确满足了我部分虚荣心，但实则也只是小圈子有点名气。

在我被以"颠覆国家政权罪"第一次传唤后，知名反歧视公益机构长沙富能专门发文声援我，说"刘书庆律师多年来的反歧视公益工作，展现出了高尚的品格和极强的社会责任感，对乙肝、艾滋、流动儿童、疫苗受害者等弱势群体的权益作出了巨大贡献。"这句话让我惭愧又感动，惭愧是因为觉得配不上如此高的赞誉，感动是因为在我失去自由的时候，过往那点微不足道的公益律师经历还是能被记起，能被看见。

作为律师，那些比我更勇敢，更有奉献精神的良心犯成就了我，能代理他们是我一生的荣耀，让我得以坦然而不必羞赧地自陈是一个人权律师。

我代理过的良心犯每个人都值得我大书特写，所以我要不吝笔墨把他们的名字罗列上来。他们包括"新公民案"中的许志永博士，浙江民主党人、法律人被控"颠覆国家政权罪"的陈树庆，"郑州十君子案"中的姬来松律师，"女权五姐妹"案中的武嵘嵘，被控"寻衅滋事罪"这一"口袋罪"的李玉凤、王健、赵广军、张坤、邓福全、杨金芬、林秀丽、王金娣等活跃的公民。

在举世瞩目的"709 案"中，王峭岭委托我代理她丈夫李和平律师，王秋实律师在被抓前委托了我，屠夫（吴淦）在被抓后想委托的四个律师中有我，王全璋律师在被抓前写下的律师名单中也有我。虽然因为被阻挠和拿不出律师函，最终我没有正式代理他们中的任何一个，但我和"709"案的渊源不可谓不深，也自认为从捍卫人权的原则出发曾力所能及地对 709 案进行了堪称卓越的编外辩护。

信仰自由是宪法保障的元自由之一，我也代理过多起信仰案件，如"南乐教案""曹县教案""华藏案"和多起法轮功案。

那些引起社会广泛关注的公共案件，几乎无一例外起因于权力对公民人身自由和财产权利的侵犯或社会的不公，其作案动机、社会背景，案件细节，这些都值得被公众看见，以引起社会省思，我亦积极参与，包括代理引起舆论滔天巨澜的"庆安案件"受害人徐纯合，刺杀警察案的访民张小玉，杀死两名强拆打手案的范木根，捅死截访"黑保安"的巩进军、邓州三农民成立"地下"市政府案的张海新。

除了代理案件，我一直坚持认为，作为人权律师，也有责任作为那些"沉默的多数"的"嘴替"，这也是一个把公民身份当真的人应尽的责任，也是我积极发起或者参与公民行动的动力。

发起如下公民行动：

1. 在 2018 年，面对给予外国留学生几乎普惠式的超国民待遇，撰写《要求停止对外国留学生"普惠式"的财政补贴》的公民意见书并征集联署，致信国家主席、总理、委员长、教育部长，有 49 名律师，共 295 名公民联署。同时以个人名义向教育部、山东省政府申请公开给予外国留学生的补贴信息。

2. 在 2016 年，面对频繁发生的就业歧视问题，成立"反就业歧视志愿律师团"，向遭受歧视的劳动者提供法律咨询，协助其维权，也接受用人单位的反歧视咨询，并将为立法机关、行政部门制定反就业歧视法律文件提供意见和建议，共有 32 位律师参加。

3. 在 2016 年，在山东"问题疫苗"案发生后，成立受害者索赔

律师团，为受害人提供免费法律咨询，并发布受害者索赔指南，共有
37 位人权律师参加。

4．在 2020 年 2 月 7 日，因李文亮医生去世的悲剧，呼吁将李
医生死亡日即 2 月 6 日，设置为"全民说真话日"以纪念李医生，
警醒封闭言论给民族带来的社会悲剧，并撰写正式倡议书。

5．在 2009 年，因"新星号商船炮击事件"，针对中国驻俄大使
刘古昌有失国格的渎职行为，致信全国人大常委会要求罢免刘古昌，
有 5 人联署。

6．在 2019 年，因权健案导致众多百姓受害，呼吁建立不特定多
数受害人案件退赔机制，有 291 名公民联署。

7．在 2024 年，就食用油和煤油混装问题，实名控告中储粮董事
长及下属公司的负责人，运输者。

8．在 2013 年，与全国 11 名律师联名要求政府公开转基因食品
信息，包括行政复议和诉讼。

9．在 2012 年，与全国 12 名律师联名致信上海多个部门建议放
宽异地高考。

10．在 2021 年，与 11 名律师和公民联名致信全国人大法工委
和国家卫健委，呼吁政府允许单身女性生育并享受全部权利，同时呼
吁放开对自主代孕的禁锢。

执笔以下法律意见书：

1．在 2014 年，《关于《刑法修正案（9）》草案第 35 条修改内容
的法律意见》，该文本最终有 540 多名法律人联署，其中不乏张千帆
教授这些著名学者。

2．在 2014 年，《联名要求国务院改变〈公安机关办理刑事案件
程序规定〉（公安部令第 127 号）第 374 条的公民建议书》，该文本
最终有 120 多名律师联署。

3．在 2015 年，《免于恐惧是文明社会应有的自由—中国律师吁
请公权力机关尊重和保障被羁押者的基本权利》，81 名律师联署，是

709 案众多人权律师被"喝茶"后第一次集体发声。

4. 在 2015 年，《关于北京益仁平中心 3.24 被搜查事件的法律人声明》，26 名律师和学者联署。

5. 在 2021 年，《关于给予张展全面身体检查和紧急救治的呼吁书》，在公开后海内外联署很快超过 500 人，截止到 2021 年 12 月 28 日活动结束，联署人数达 1216 人。

参与以下公民行动：

1. 在 2009 年，应李方平律师之约，参与创办双月刊《户籍观察》，以关注和破解大陆的户籍歧视问题。

2. 在 2009 年，为解决频发的"被精神病"问题，参与黄雪涛律师发起的制定《精神卫生法》民间版本以倒逼官方尽快制定《精神卫生法》的民间行动，书写"监护"和"代理"两章。

3. 在 2013 年与全国 4 名律师联名建议致信司法部松绑"公民代理"。

4. 在 2012 年，与全国 7 名律师联名致信教育部反对 985 高校招生的地域歧视，呼吁在省级行政区之间更公平的分配 985 高校招生名额。

5. 在 2009 年，就"重庆黑打"和李庄律师被构陷，与全国 20 余名律师联名致信全国人大常委会。

以上这些公民行动，虽然杂七杂八，但彼时都是认真去做和参与的。

最后想说句鼓励自己的话，自己固然没有轰轰烈烈足以载入史册的壮举，但古人说善战者无赫赫之功，在捍卫人权和追求社会公正的场域，至少我从未离场，行事也从不投机和苟且，也不曾沽名钓誉哗众取宠，一切从良知出发，骨鲠独立保性全真，做应该做的和愿意为此承担代价的。

于 2025 年 6 月 16 日

目　　录

序一　坚持在黑暗时代里说正常的话

张千帆

我和刘书庆律师神交已久，但第一次个人联系应该是在 2020 年 2 月李文亮医生病逝的时候。我当时还在德国科隆做学术访问，他来电很恳切地主张中国将李医生逝世的日子设立为"全民讲真话日"。我认为这是极好的倡议，当然表示支持，只是我坚持将 2 月 6 日设为"中国言论自由日"更好。后来我们各自提出了大同小异、殊途同归的倡议。之后，在荣伟先生的"思想者沙龙"群里又遇到书庆，不时能从他的高见中受益。我的印象是，他不只是一位严谨的律师，也是一位很有创见的思想者。

拿到这部书稿的时候，我首先感到的是一种久违的阅读快感——不是那种激扬文字带来的愉悦，而是直白、较真、时常带有保留所产生的冰水般的清醒。

书庆把自己比作刺猬，借用那句西方谚语：狐狸知道很多事情，但刺猬知道一件大事。我的理解，他的那件大事就是法治与政治伦理的应然状态。翻阅全书，你会发现他对这件大事的坚守：无论话题从哪里起跑，落点几乎总是同一个地方——公权力应当被限制，个人权利应当被尊重。这句话在他不同的文章里用不同的方式说了无数遍，不厌其烦，仿佛一个在露天广场上反复重申同一道算题的数学老师，坚信只要把题目讲得足够清楚，学生终究会明白。

作为一个长期研究宪法制度的学者，我读这本书感受到了一种特殊的对照感。学院派的宪法研究习惯于在规范与现实之间划一道界线：文本"应当"如此，现实"实际"如此，两者之间的落差正是学术的张力所在。书庆的写作则是从那道落差的另一面进入——出发点不是文本，而是现实，从法庭、从被告的拘留室、从病人被挡在医院门口的那一刻，反向追问：那个"应当如此"的应然状态究竟在哪里？

这个路径有其独特的认识论价值。宪法学擅长分析制度设计，却容易使人忘记，制度的意义是被具体的人在具体的处境中感受和检验的。书庆代理过的许志永案、庆安枪击案、"女权五姐妹"案以及无数个以口袋罪"寻衅滋事"为名的案件，每一个都是制度被扭曲运用的样本，也都是制度应然状态被遮蔽的现场。他对法治的理解不是书斋里的推演，而是从法治实践的现场里蒸馏出来的。

本书在结构上分为三编，分别命名为"刺猬的慢思考""刺猬的絮絮叨叨"和"刺猬的金刚怒目"。题目自嘲，文字却并不轻盈。读下来，我以为全书最具学术分量的是第一编收录的几篇长文。其中关于川普与"简中自由派"群体的系列文章，是我读到的中文世界里对这一现象最冷静也最有穿透力的分析之一。作者的切入点不是川普本身，而是简中异见圈对川普的情感投射——把一个在 2020 年选举失败后试图颠覆宪政秩序的政客，包装成威权对抗者的叙事。他把这种包装定性为"双标"：在自身处境中和在美国语境中，对同样的行为使用了截然不同的价值尺度。

从宪法学视角，这个观察有其深刻的制度意义。宪政体制的核心从来不是某个领导人的个人品性，而是约束所有人的规则框架。一个人如果真正认同宪政，就必须对任何试图绕开或颠覆这一框架的行为持一致的批判态度，无论行为者的政治立场是否合乎自己的好恶。简中圈对川普的选择性豁免恰恰折射出对宪政本身的工具性理解——宪政不是原则，而是为我所用的话语资源。这种工具性理解在中国大陆的政治文化土壤里有其深刻的根源，而书庆的难得之处在于他愿意把这面镜子举起来，对准自己所处的圈子。

特别值得提及的是他关于全面社会危机的长篇分析，把计划生育政策的人口后果、年轻一代权利意识的觉醒、经济下行压力与政治管控逻辑之间的恶性循环，编织成一个相互咬合的结构分析。其视野宽阔，论证扎实，在时评文体中相当罕见。其中有一个判断构成全书的核心论断：权利的匮乏不只是道德意义上的不正义，更是经济意义上的生产力破坏："凡是进化到宪政民主的国家，成为发达国家似乎都是顺理成章的"，而那些陷入发展泥淖的国家几乎都存在制度没有进化的短板。这不是一个浪漫的政治哲学命题，而是一个可以被历史数据反复检验的结构性观察。

当然，从宪法学的职业视角，本书对某些问题的处理可以更加深入。譬如全书对"法治"的论述有时游走于自然法意义上的实质法治与实在法意义上的程序法治之间，二者在某些论证节点的切换并未得到充分的明示。这在面向普通读者的时评写作中或许是可以接受的，但在涉及"不服从不义之法"的讨论时容易造成论证上的松动。法学意义上的公民不服从有其严格的理论边界与正当性条件，在说理时值得更审慎的处理。此外，书中对程序正义的讨论多以实体正义为参照加以批评。这一批评固然揭示了程序合法却内容不公正的制度困境，但如果进一步推进，还需要面对一个更深层次的问题：在缺乏实质正义共识的社会，程序正义是否仍然具有不可替代的独立价值，乃至在某种意义上恰恰是迈向实质正义的必要前提？这个问题的答案未必会改变作者的立场，但更深入的阐述会使论证更为完整。这些意见并不构成对本书的根本性批评，而只是一个读者希望与作者继续对话的起点。

最后我想强调的是这本书的写作处境。书庆在自序中引用汪遵的一句诗作为题辞，或许表达了自己的心境："灵均说尽孤高事，全与逍遥意不同"，意思是屈原（灵均）表述了自己的远大志向，渔夫却只想过逍遥自在的生活。但在公权肆虐的世界里，哪来的逍遥生活呢？这本书里没有逍遥的文字。全书洋洋数十万字，写的都是沉重的事：被吊销执照的律师，被关押的良心犯，被国家机器碾碎的普通人，以及那些在管控型体制下正在流失的自由空间……作者本人早在 2015 年就被实际剥夺了律师执业权，此后历经多次打压，仍坚持写作至今，且文字越写越长，思辨越来越深。普通人追求的逍遥自由的生活，只是在这些沉重的叙事得到有效回应之后才有可能。

阿伦特在《黑暗时代的人们》中写道，即便在最深的黑暗里，仍然有人试图在恐惧中战栗前行，重建对公共政治的关切，重申公共政治的基本伦理。书庆在自序中引用的这句诗不仅是作者自我激励的来源，也是这本书的读者应当领会的语境。在一个把正常的政治伦理说出来都需要付出代价的地方，坚持一遍又一遍地把它说清楚，本身就是一种孤高不凡的勇气。这本书也因此值得被认真阅读。

是为序。

2026 年 5 月于北京大学陈明楼

（注：我曾在多个场合说过，千帆老师是我最钦佩的学者，可能没有之一，而且并不限于宪政这一领域。他的文章和讲座都让我受益匪浅。我之所以特别钦佩他，学识精湛渊深只是其一，他的品格和道德勇气或许才是主因。他本属于最顶尖的学术精英，却又保持着难得的底层关怀，与草根的人权捍卫者保持着人际交往和情感共振。这特别难得。在我整理出这个文集之后，因为属于宪政类的集子，最早就想到请他给我写篇序，而且好友王江松教授也曾如此建议我，但考虑到与千帆老师线下还无缘有过私交，加之他时间宝贵，我写的这些文章也都是些宪政常识，卑之无甚高论，所以怕显得唐突，没敢劳烦他。没想到尊敬的荣伟老师径直找他给我写了序，而且写得极好，实在是意外之喜，感恩感恩。）

序二　谦卑的斗士，坚韧的行者

温克坚

　　书庆要我为他的文集写个序，我感到荣幸，也有点压力，怕我枯燥的笔调无法准确描述书庆的人格力量和他的观念场力。

　　多年前，我先后参与编辑过两份网络刊物，一份是《选择》周刊，一份是《公民》月刊，我们摘编一些网络精品文章再网罗朋友们的一些原创文章，经过简单编辑，刊发在一些网站平台，也通过邮件形式大量发送，高峰时期这些电子杂志每期要送达的邮件地址有几十万。由于当时基本以隐身方式运作，也基本没有人知道这些刊物的背后团队，印象中当时这两份网刊还有一定的影响力，在有些饭局中会偶然听到朋友们提及。刊物原创作品中，北京几个朋友会写一些，我自己定期写一两篇，一个署名"冷锋"的作者也多次通过邮件赐稿，一来二去，就和冷锋兄有不少邮件往来，那时候不知道他的本名叫刘书庆。多年以后，等我和冷锋兄在济南见面的时候，我才知道他原来是齐鲁工业大学的老师，而这时候作为一个人权律师，刘书庆的名字或许不能说是如雷贯耳，但关注这个领域的朋友大部分都知道他的名声。

　　此后，我和书庆又见过多次。2013 年 11 月份，他陪我游览大明湖，2017 年，季风书店济南分店开业，几个朋友相约去济南，我和书庆聊了大半天，拜访了几位济南当地师友。2021 年 6 月 21 日，我和张恩超、梅小排爬了泰山，书庆特意赶过来，和泰安赵永林律师一起，请我们吃了一顿饭。再之后，就是 2024 年 7 月份，我去济南探视朋友母亲，那时候济南季风书店已经转型成冷湖实验室，书庆和济南的马兆铭律师陪我吃饭聊天，我们畅谈了大半天。2025 年 8 月，书庆来江苏、浙江走了一圈，我们又有机会畅谈一番。

这么多年交往下来，我和书庆算是老朋友了，这种相知和信任或许可以让我比较随意的做一些论断，在我看来，作为网络写作者的冷锋，散发着一种锐气，作为一个青年教师的刘书庆，感觉上会有些书呆子气，而任何在现实生活中和他打过交道的人，无疑会感受到他的谦逊和赤诚本色，作为一个人权律师的刘书庆，因为他的坚韧和勇气，无疑是令人敬仰的斗士。

人权捍卫者无疑是书庆最重要的标签，正如他自己所言，"人权捍卫者这一社会角色，是笔者所最珍视的，如果有那么一天让我给自己写一句墓志铭，那一定是：捍卫人权，他不曾离场。"

从 2003 年开始，我接触过很多令人敬佩的人权律师，他们有的才华横溢，有的勇气过人，有的辩术精湛，他们中的大部分人也为他们的选择付出了很大的代价。书庆介入到人权辩护相对较晚，我没有机会见证他的庭审，不知同行们如何看他，从单项素质——才华或专业素养来看，他或许不是最出彩的，但多年一线实践下来，书庆无疑已经跻身最杰出的人权律师阵营。

从他所参与辩护过的个案本身就能说明他的勇气，许博士案件，浙江陈树庆案，庆安枪击案，每一个个案都艰苦凶险，都像在刀尖上跳舞。这些案件，大部分结果都是注定的，人权律师的参与一定意义上就是把那些暗黑的剧本暴露出来，这个过程经常也会让人权律师付出惨重的代价，书庆完全知道这些风险，但他参与辩护，不仅在尽一个律师的本份，不仅在法律层面为被告正当权利抗争，而且为作为同道中人的被告提供情感和道义声援，我知道，很多人权受害者和他们的家属都心怀感激。

多年在一线为人权辩护的后果是，书庆失去了律师证，失去了教职，也多次承受其他连带的打压，但他对承受的这些代价，从来无怨无悔，视若平常。书庆介入的大量人权案件和他针对案件相关的文字记录，是对他人权律师身份最好的认定。不畏浮云遮望眼，历史自然会对包括书庆在内的一代人权律师做出公允的评价，还他们迟到的荣誉。对此，我从来没有失去信心，相信书庆也一样。

随着公共空间被更沉重的现实挤压，失去律师证后的书庆被迫从人权捍卫者一线后撤，他在观念竞争领域倾注了更多的热情，这些年他在很多话题上都有论述，包括留学生超国民待遇、计划生育等国内议题，再到韩国政体、美国政治冲突等等都有涉及，用他自己的话说，虽然话题变化，但其背后的价值观是一致的。

和一般观念表达者不同，他有意推动集体性表达，比如他在2018年曾发起过一次公民行动，反对给予外国留学生超国民待遇，当时有49名律师，8名媒体人和作家共240多名公民参与联署。书庆当时还向教育部、财政部和山东省政府申请公开如下信息：奖学金年度财政支出总额、享受奖学金的留学生人数以及奖学金的申请标准，但均未获回应。在中国政治情境中，这种集体表达或针对性的行动，并不仅仅是权利的实践，而是具有示范意义的公民行动，会遭受体制的报复，书庆个人为此付出了极大的代价，但他一如既往从不抱怨。

书庆最令我印象深刻的一次公民行动是给吴尊友的那封公开信，《不作恶，是人的底线——给吴尊友先生的一封公开信》，当时为了论证核酸筛查不能停，吴尊友提出所谓"间歇性排毒"说，说什么"有些感染者不是持续地向体外排出病毒，而是间隙性排出病毒，感染者在做核酸采样的那个时点刚好不排毒。"书庆以十分谦卑的心态对吴说，"希望这封信能真地引起您的共情，唤醒您的良知，把野心和欲望收敛一点，人生天地之间，虽然个体能力和人生际遇不同，但都对这个族群负有一定的道义责任，不作恶是最起码的要求。尺短意深，言苦心善，望您戒之。"

书庆的公开信肯定是与虎谋皮，但也的确是用心良苦。现在回望，吴尊友无疑是背弃伦理为虎作伥的典型，令人深恶痛绝，不久之后吴尊友因患胰腺癌离世，似乎也是冥冥之中某种天意在伸张正义。

对书庆的这些表达和行动，我认同其理念并敬佩其行动的勇气，不过我只是一个旁观者，并没有切身参与。按照我个人的认知排序，在这个体制所推行的各种奇葩政策中，这些还只是小恶。

作为一个活跃的观念表达者，书庆还对比较政治学有相当深的造诣，《从尹熙悦闹剧式的"戒严令"管窥总统制和一院制议会对民主政体稳定性的负面影响》这篇文章就特别有份量，对中国民主政体的设计有很深的关切。近年来，因为本土政治话语空间被冰封，泛自由派朋友隔山打牛，针对美国政治各种议题展开了激烈争论，书庆也参与了这些年来一些重大的争议现象。比如针对 2020 年美国选举争议以及 2021 年 1 月 6 日特朗普鼓动支持者冲击国会一事，他写了几篇重要文章，都收录在这个文集里，第一篇是《对具备正义品性的体制不能颠覆只能完善》，第二篇是《要区分阿伦特的集会时刻与宪政常态》，第三篇是《保守主义者"美颜滤镜"下的川普与尚待祛魅的政治站位》，对这些文章的立意，我基本都赞同，认为是中文圈里对这些事件少有的严肃评论。当然，我也认为，书庆对美国的政治竞争过程和政治文化还有些隔阂，把特朗普的政治基础归结为白人至上的民粹主义，有失简单，对美国外交和安全战略的调整进程也缺乏跟进。

2025 年特朗普二度入主白宫，他推出的一些政策引发更大的争议，在俄乌问题上的绥靖政策尤其令人失望，争议不断蔓延，泛自由派朋友之间有了更深的裂痕。对美国政治竞争、政策框架和社会议题，我虽然长期关注，但甚少代入立场公开论述，因为在抽象意义上，不同政治力量所代表的很多相互冲突的价值观，都是我所认可的，但在转换为政策选择时如何按照重要性或优先性排序，必须依赖那种特定情境和利益——而这两者我都缺乏体认，因此我有意克制发言的欲望，而选择相信美国选民的集体理性，更重要的是，我对美国宪政制度的韧性和德性都没有失去信心。

针对某些话题，我和书庆偶尔也会进行语音沟通，在心态上，我们都有足够的开放性，我们本来无意相互说服，细微的立场差异没有影响我们的友谊。回望过去几十年，其实争论和分裂是常态，比如早先的改良/革命之争、渐进/激进之争，具体到人权律师领域，其实也有死磕派和技术派之争。争论和分裂是观念自由和人格独立的表现，争论也有助于深化对现代社会复杂性的理解。但从另一个角度看，如何从前现代社会演进到现代社会，从压制性体制跃进到宪政体制，才是各种争论得以展开的制度基础，而完成这个历史使命，需要因缘际会之下的某种合力，希望所有珍视自由和人格独立的朋友，不要因为彼岸议题造成的分歧，而忘记我们还没有跨越那个历史鸿沟。

当然，很多话题不适合在此处展开，但我相信，历史自有驱动其前行的动力。书庆也是一个乐观的人，希望书庆保重身体（书庆虽然还年轻，但身体不算好），无论是观念领域还是其他领域，前方还有更多的召唤。

2025 年 9 月 18 日

（注：温克坚兄是国内知名的公共知识分子，其认知水准和文笔在我心里都属于中国最优秀之列，他也是我独立中文笔会的引介人，请他给我第一本书写序是最好的选择。）

自序一

——对文集的一点向导性说明

西方有一句谚语：狐狸知道很多事情，但刺猬知道一件大事。

笔者资质平平，但尚有一可取之处，即一直在不知疲倦地阅读和思考，且聚焦在法治和政治伦理领域。如果笔者拿看上去呆头呆脑的"刺猬"来自比，法治和政治伦理领域的知识，正是我这只刺猬所长期浸淫的，自忖懂得的那"一件大事"。

作为一名人权律师，在理解法治和政治伦理方面，相较于学识渊博的书斋派学者，我似乎也有一日之长，那就是律师对实然世界的认知更直接，如同农民对土地习性的了解，因之对法治和政治伦理被无视造成的人权个案和社会病灶有更深的痛感。这痛感之下的批判、省思、探源，形诸于文字，就成了一篇篇的文章。摘录其中自己觉得还算满意的篇什，就结成了眼下这个集子。

作为多年累积文字的集子，自然就不像围绕某个特定主题写作的一本书，具备结构的完备性。这个集子收录的文章在主题上必然是彼此离散的，但笔者恒定的价值内核，保证了篇什之间虽然主题离散，其内在的价值逻辑却是一致的。从写作的诱因和主题看，这些文章都缘事而起，因之可归类于广义的时评文。

这个集子选录的篇什，虽说都属于广义的时评文，但自认其中最有价值的文章却又不同于主流的时评文。主流的时评文讲究短、平、快，讲究紧盯热点新鲜出炉，它也就很难有深入的思考，而我后期写的文章，从篇幅来说动辄万字以上，不求速成，一篇文章用一两周的时间打磨是常态，本着道理不说透不止的宗旨，其间伴随着资料的查阅和求证，试图让文章具备禁得起推敲的、恒久的思想质地。这是我的一点写作野心。

这些文章的写作意图也并没停留在评论事件本身，事件只是个引子，我主要的写作目的是重述正常的政治伦理和法治的应然状态，政治伦理这个词在我这里指代很广，包含权力的正当来源，权力应向谁负责，权力的行为方式及背后的指导性的价值原则等。而所谓的"正常"，则是指要符合政治自然法，符合宪政民主的精神。所以，它必然是一种对应然状态的写作。

由此也可见，法治的应然状态与正常的政治伦理在内涵上存在相当大的交叉重叠。

对法治和正常政治伦理的重述，决定了我的写作心态一定带有强烈的良治制度建构意识，相应的，对于极权和专制意识形态，它又具有根本的解构性。

另外，对应然状态的写作，将无可逃遁地带着一定的启蒙心态，字里行间会带有论辩的痕迹，带着说服的冲动：尝试告诉读者应该秉持怎样的价值观来解读这纷纭的世事乱象。

这启蒙心态自然会令人不快，因为据说启蒙的姿态不平等，自带一份讨嫌的自大气质。我们这个族群的文化精英，在媚俗方面是先天早熟的，特别的世故，尽管自身仍处在一个整体上尚待祛魅的地方，但早已经谙熟如何讨好大众，如何破解流量密码了。

但实在地说，启蒙别人不构成我写作的主要动机，我的写作更多的出于自我省思的需要，这不是乖巧地故作谦逊。我把写作视为梳理自己思路的过程，视为让自己模糊的观念和意识清晰化的一个进路。

越到后来，对于文字本身带给我的快感和冲击力越来越淡然，而更看重思辨的力量，所以后期的文章带有较强的思辨倾向。我把这些文章放在第一编"刺猬的慢思考"部分。没有这些文章做压舱石，我也不会出这个集子。

人权捍卫者这一社会角色，是笔者所最珍视的，如果有那么一天让我给自己写一句墓志铭，那一定是：捍卫人权，他不曾离场。

一个人权捍卫者，将不可避免地对公共政策进行臧否，特别当这些政策事关人的权利和尊严。这些臧否文章最接近正统的时评文，篇

幅适中针砭时弊正本清源。这些时评文既有对实在法的阐释，也有在
必要时引入自然法对应然状态的重申，字里行间跳动着一股公民不
服从的气质。比如仅仅针对疫情防控政策，我就写了六篇批评性文
章。这些文章带有试图唤醒公民权利意识和影响公共行政决策的意
图。这些文章我把它们集中放在第二编"刺猬的絮絮叨叨"部分。

　　还有一些文章，写在 2013 年之前，主要集中在两个年份，一是
2009 年，一是 2012 年，2009 年写的文章，因为初衷就是要发在邮
件组，是给三观一致的朋友看的，所以行文就无需考虑平台的审查，
风格上就更大胆泼辣，直抒胸臆尖锐批评，偶尔甚至愤激至怨毒的情
绪都按捺不住。彼时翻墙相对容易，泛自由圈正流行在 gmail 上建立
各种邮件组，其实也不过是同温层互相取暖，因为邮件组是封闭的。

　　不过这封闭的邮件组，在 15 年之后竟然帮了我。在我系统地清
理邮箱后，很多以前发在邮件组的文章浮出了水面，要不真就忘记和
散佚了。这些文章自然不如现在写的老辣，虽然单独每一篇都不足以
传世，但都是应时之作，经由这些文章可以串联起一些重要的历史记
忆。

　　至于其它空档年份，因为其间有写过两年小说，也曾三心二意地
考过博士，所以时评文就写的少。偶尔有写就发在凯迪和天涯，后来
两个平台都被关，个别文章也随之丢失了，思之迄今都还隐隐作痛。

　　2012 年于我是另一个重要的时间节点。这一年因为伊文（本名
金波，天涯副主编）在天涯设置了一个"民间语文"栏目，他多次向
我约稿。承蒙他高看，这一年就写的比较多。而且彼时我只是偶尔代
理几个反歧视的公益案件，时间也比较充裕。这部分文章因为要考虑
平台的审查，考虑流量，就颇为在意文字本身，希望能做到辛辣、可
口、好玩。

　　虽然回头看这些文章有法律人的权利意识打底，写的文章在观
点上都能站住脚，但还是不够笨拙，思辨力不足，一定意义上这是学
识不够的表现。不过这些文章于我是人生陈迹，见证了我的成长，出
于敝帚自珍之意，还是把它们收录了进来。我把这部分文章整理在第

三编"刺猬的金刚怒目"部分。

而到了 2013 年，我主要的精力用在了代理人权案件上，时评写作基本中断了。这种状态一直持续到 2016 年初我的律师证因为"你懂得"的原因被注销，其间写的文章多是代理笔记和备忘一类，此类文章因为内容与这部集子违和就不予收录了。

以上是我对这个集子收录文章的向导式的介绍，以方便读者阅读。

总之这个集子收录的所有文章，都是笔者一笔一笔像用刻刀一样写出来的，其中没有无病呻吟的文字，没有闲散适意的小品文，其主题刚好契合我喜欢的一句唐诗：灵均说尽孤高事，全与逍遥意不同。

刘书庆于 2025 年 6 月 10 日

自序二

——还有几句想说的话

我一些朋友经常调侃我是理中客一枚，我无法自辩，因我的确不敢简单化的评点时事。这部集子里的文章，我不敢说它道出了多少他人无法洞察的新意，也或者它干脆全都是有识之士的共识。我资质平平，这在多年前自己就深刻认识到了，我是可以心安理得躲进小楼作看客的，可以"如其礼乐，以俟君子"的，至少别人不会对我有所期待，但内心各种忧患，还有高才俊彦们普遍的乖巧冷漠，他们并没替我说出来，而且我一向也认为（还多次坦然而无惭色地说过）知识人对这个族群负有责任，要先觉觉后觉，要做小大不同的木铎，做吹哨人，不平则鸣。而且我不认为意识到这份责任就是高尚的，也不认为有名利心就是该被鄙薄的。鸣是动物和人的本能，至于鸣的声音大小，好听与否还在其次。

在南京执业的资深大律仲若辛兄，以前素昧平生，但没想到他对我文章一直厚爱有加，去年他和王万琼博士一起来济，席间仲律对我文章不吝溢美，给其以不虞之誉，誉之为"天花板"，这种至高评价我当然惶恐不敢承受，但仲律有一句话可谓慧眼独具，说看我文章就知道没有拼凑，没有敷衍，一字一句全是用心写的。

对照我自己的资质条件，我时常用两句话来鞭策自己，一句来自于庞统臧否顾劭：顾子可谓驽牛，能负重致远；另一句来自马良的自谦：鲜于造次之华，而有克终之美。别人写作文思泉涌下笔千言，而我则如同驽牛耕地或夜漏滴水，我期待能写出一点点真知，在事实和价值观上都能立得住的真知，至于有没有独出机杼的新意，倒无所谓。

在彷徨无地时，在鄙吝之心渐生时，我喜欢夜读阿伦特《黑暗时代的人们》，常常想在那如渊薮一样的暗夜中，仍然有那么几个人，在恐惧中战栗前行，走出消极自由所围起的纸糊的安全边界，试图重建对公共政治的关切，重申公共政治的基本伦理，会让人有一种莫名的感动。

谭复生在《望海潮》一阕中有一句骄傲已极的话：拔剑欲高歌，有几根侠骨，禁的揉搓，忽道此人是我，睁眼细瞧科。

是为序。

刘书庆于 2025 年 6 月 12 日

第一编

刺猬的慢思考

篇目介绍：

简中泛自由圈存在普遍的私淑川普现象，很值得深入探究。单纯是因为慕强心态作祟？还是在川普身上寄予了某种幻想所致？又或者这现象背后有着基于保守价值观的某种深刻的忧虑？

对这一现象，笔者在不经意间写成了一个系列，但其时间跨度达到了四年，所以并非刻意规划的产物。只是因应当时的境况，有感而发的写作。这三篇文章不可避免有对川普的批评，但主旨并不在此，因我不曾奢望能小概率的发生蝴蝶效应而改变他，驯化他那是美国人的责任，我是写给简中泛自由圈的，以苦口婆心讲道理为主。

于 2025 年 6 月 15 日

注：这个文集的编纂并非以文章的写作时间先后为序。

第一篇

保守主义者 "美颜滤镜" 下的川普
与尚待祛魅的政治站位

引言：在写这篇文章之前，先说几句题外话。鄙人交友主要看人的品性，一个人只要人品正直，均可成为我的朋友。三观一致只是共同话题的基础，但非私交厚薄的标准。而且鄙人很少拉黑朋友，如果从我的文字透露出的明晰的好恶让您感到不快，断交与否的主动权交给您。

另外，在我以前的文章中，也多次表达过美国总统权力固然很大，但也只能在宪政框架内执法，所以无论谁上台，其国内政治也不会发生颠覆性变化，但俄乌战争有逆转的可能。如果不是因为正在进行的这场战争事关人类福祉、正义与未来，我更愿以观察者的姿态来看待美国大选。当然，无论我的好恶有多么强烈，作为局外人，都无法改变什么，我只能祈祷美国人能明辨是非。

所以，我真正关注的不是我根本无法影响的美国大选，而是简中圈的川普支持者们所体现的那种明显的双标心态，让政治评论充满了某种尚待祛魅的气息，让我有点幻灭，这构成了我写作此文的动机。

■内容摘要：

◆ 我不愿再看到川普入主白宫，不是因为他的粗鲁、语言的贫乏，非建制派的身份，而是他在竞选失败后试图颠覆宪政的行为，以及他在竞选时的政策主张，还有他掩饰不住地对独裁者的惺惺相惜。

◆ 像川这样肉麻地称呼独裁者为"朋友，永远的朋友"，对战争贩子表达信任，则可以说是失格的。这种失格本应足够摧毁他的政治前途，但他神奇的却几乎没受影响。

◆ 如果把竞选视为一场定期性的契约授权，政客宣示政策主张就类似于要约，公民的投票就是承诺。一个政客当选后如果违背自己宣示的政策主张，是不诚实的，也是应受谴责的。

◆ 我不否认即便川上台，美国外交发生颠覆性变化的可能性也不大，但对乌的支持大概率会大打折扣，乌可能功亏一篑，顿挫于即将胜利的前夜，最终不得不接受割让领土媾和的结局。北极熊则成功地维持住它帝国的主要资产，它的欧洲邻居们背靠北约也许不再害怕它，但它的中亚和东北亚的邻居们则仍然无法客服对它的恐惧。

◆ 川普在第一个任期内，就不停地对自己盟友进行讹诈。把所有国家的成功都称之为是抢夺了美国的机会，把美国称之为自由贸易的最大受害国，说所有国家都在揩美国的油水。川普在说这些的时候，就像一个服膺"会哭的孩子有奶吃"的巨婴。

◆ 你会看到几乎每一个川普的支持者，在道德上都是自足的，胸中都洋溢着浩然正气，脸上都散发着圣洁的光辉，他们不屑于和你去讲理争辩，面对批评，他们更愿意轻蔑一笑，心理暗骂你一声"愚蠢、政治小清新"。

◆ 他们在根底上都是本质主义者。看到社会问题，总想从根本上解决，一揽子解决，有极强的重构社会的冲动。而他们念兹在兹，一直想恢复的，一直追求的，其实是一种清教式的社会秩序。

这种社会秩序，表面上看无关种族。但实则他们内心里都默认这种秩序与白人的人口多数，与白人男性主导的权力体系存在直接的因果关系。

◆ 面对一个更孤立主义的川普，一个赞扬起独裁者们毫不汗颜，在他任内，对某些地方严重的政治倒退和人权迫害几乎无所作为的川普，面对在俄乌战争问题上仍然秉持二战前弱肉强食思维丧失了基本正义感的川普，他们又能毫不违和地为川普开脱，说川是美国的总统，捍卫美国利益是首要责任，没有义务为世界主持公道。

◆ 简中圈异议者对川普的亲近感，让我从中看到了这个群体对于威权的某种隐秘的渴望。他们在川普的身上寄托了太多幻想的东西，这些幻想部分基于对美国宪政体制的粗线条认知，不了解美国总统职权的有限性，部分是因为川普把白人至上的观念隐藏在爱国主义和保守主义的口号之下。

◆ 川普成功地打造了一个持守基督教戒律，蒙神赐福、家庭和睦、事业成功的白人富豪人设。

这种人设在简中圈的刺激效果就像摇头丸。但仅此还不够，如果他文质彬彬说话质朴严谨像彭斯，他的领袖魅力就大打折扣。他脸皮要厚，他要什么都懂，他要有攻击性，要口无遮拦。这些领袖品格川普都配齐了，他具备了中国人眼里干大事的一切禀赋。他简直是"领袖"圣体。

◆ 川普的那种病态自恋，我一个外国人，在万里之外，隔着屏幕都会感到丝丝的难堪，但吊诡的是，也正是这份病态的自恋，才能吸引到足够多的追随者，慕强者是最容易拜倒在这类人之下的，这甚至都不是独属于华人的劣根性，而是带有普遍性，人类历史上所有开宗立派的宗教头目都有这种性格。

◆ 这些有社会正义感的人士，成了最需要在康德意义上进行自我启蒙的人，启蒙的本意就是独立思考，运用理性来审视一切，而不是人云亦云，被克里斯玛型的人物当成工具。

◆ 简中圈有些川普的支持者，就像明珠暗投的少女，明明已经知道对方是渣男，但仍然为渣男进行各种粉饰，自欺欺人。因为她们在世人面前羞于承认自己错付的事实。但她们错付的对象，其言行根本禁不起端详，所以她们的粉饰尤其令自己尴尬。这何尝不是一种悲剧？始于理念，终于作伪。

◆ 他们是把价值观念置于事实之上的人，真应了尼采那句"没有事实，只有对事实的阐释"，如果把人的大脑视为天人交战的法庭，在他们那里，不利于川普的信息都被预先"排非"了。他们对川普的护持与自身的"利益"越来越同构，最终从理念的认同演变为"利益"共同体了。

◆ 驱逐非法移民是主权范围内的事，在此我无意展开去谈论它的正当与否，因为它足够复杂，同时又与历史不可分割。美洲的原住民是印第安人，有过非常悲惨的被屠戮的历史，这应当是谈论一切正义问题的原点，奴隶制种植园经济为美国挣得了第一桶金，这是谈论一切正义问题的基础。

◆ 任何一个国家，如果撇开正义谈强大，都不过是善于伪装的社会达尔文主义者。

◆ 如果你自认为是持政治异议的流亡者，那就应该是一个人权捍卫者，你就不应当站到政客的角度去思考问题。你所应该做的限于扶危济困，而不是跟着鼓噪打击那些陷入困境的人，否则就是角色错位。

◆ 说川普是个保守主义者，至少我个人听着有点恍惚，因为我期待的保守主义应当有古典自由主义的气质。保守主义并不看重理论体系的逻辑自洽，它看重的是行为的审慎谦抑，它对传统的看重是含有内省精神的，但它也不能总想着复古，回到并不正义的过去。可以说保守主义天生自带反激进的词义，讲究中道而行。

◆ 美国作为西方国家的领头羊，与自己的盟友们相比，其社会福利水平很勉强，也没有民主国家几乎标配的全民医保政策，表面上看，这是不同发展理念形成的，美国人怀疑政府，强调个人奋斗，信奉自由竞争，实则都与美国多种族的生态有关。美国很多具有社会达尔文主义的传统与制度遗存，在捍卫自由的旗号幕后，都有种族歧视的深刻烙印。

◆ 至于保守主义者念兹在兹的 LGBT 问题，则一直被视作进步主义会摧毁美国的表现。实则，光怪陆离的社会现象是宪政制度下必然出现的，你可以不喜欢，但如果把它违法化，则意味着宪政体制的崩溃，现代宪政体制本就奠基于尊重消极自由的原则之上，而 LGBT 被视为消极自由的范畴。一个"清教式"的社会，对基督徒来说是可欲的，但对宪政体制则是不可行的。

◆ 在美国，川普的支持者以福音派和基要派基督徒为主，在国内基督徒群体也是支持川普的重灾区，而且他/她们的支持极具韧性，无论川普有多么不利的消息传出，都无法动摇他们的支持。而且我发现，在基督徒中，既是川普支持者同时又是阴谋论持有者的比例也颇高。

◆ 基督徒这种把信仰和现实政治搅合在一起，评论现实政治不及物的状态，也是我这个慕道友一直徘徊在门外的原因之一。我担心自己如果完全交托给上帝之后也可能变成这个样子。

■正文：

"要努力消除具体的恶，而不是追求抽象的善"——卡尔·波谱

一、枪击让川普成了英雄

我原以为，在川普多次信口开河说只要他再次入主白宫，能在 24 小时内结束俄乌战争，他和他的宝贝大公子给出的办法又是简单粗暴的"cut off the money"，川普在简中圈良知者那里会遭遇"色衰而爱弛"的窘境。我特意查了一下"cut off"这个短语，是"切断、阻断"的意思。川普的意思是通过威胁"断供"来逼迫乌与俄媾和。

但我错了，我发现他们对川普的爱没有减损，只是暂时蛰伏了。

在竞选集会上遭遇枪击后，川普在简中圈的形象发生了量子跃迁。蓦然发现自己的微友，十有八九是支持川的，甚至说"支持"都稍显保守，说爱不为过。当日这

张图片刷屏了，川普有了封神的既视感，直呼川普英雄的大有人在。

这张图片为啥能感动他的支持者呢？一是据说他在遭遇枪击后临危不乱振臂高呼"fight，fight，fight"，这时候人们肯定会选择性遗忘他年轻时伪造病例逃避服兵役的不光彩历史，二是它与美军登陆硫磺岛的那张著名照片在神韵上有那么一丝丝的相同，至少都有美国国旗这一元素。

考虑到 MAGA 运动高扬的就是爱国主义，川普经常性暗指与他同台竞争的人（甚至没有和他统一站位的建制派共和党人）是叛国者，无数次发誓要排干华盛顿沼泽。这样一张引人遐想的照片的确能给川增色不少。

当然在这张照片的主流叙事之外，我的朋友庞锟律师在我朋友圈提供了另外一点细节，就是在振臂高呼"fight"之前，川普连说了三遍"我的鞋"。对这一细节没法多做解读，否则会显得刻薄，但至少说明振臂高呼 fight 并非是应激下的第一反应。

能在惊魂未定时，没有忘掉自己的人设，已经算难得，我给他的应激表现打 80 分。

事后川的表现也中规中矩，甚至说眼前一亮，这次他没有借着支持者的悲情煽动对立情绪，这与他一直以来在竞选政治中的极化操作形成了反差。如果善意猜度，在格调上他可能也在进化，恶意猜度的话可能与刺杀者明面上属于共和党人有关，不好大做文章。当然年轻人三观不稳定，拿党派说事并意有所指对川普也不公平。

川普的表现，如果与一年多之前佩洛西的丈夫在家中遇袭后他的轻佻地甚至有点幸灾乐祸的评论相比，世异时移，有了长足进步。

当然拜登在刺川案后表现的也很有风度：慰问川普，严厉谴责刺杀行为，成立独立调查机构，暂停竞选活动。在他那颤颤巍巍如风烛残年的衰朽身体中，仍然有一颗堪称智慧的心灵。

如果我有一票，在川普与拜登之间，我投拜登。而在四年前，我还多多少少倾向于川普。

二、简中圈对川普的双标心态

当然我不愿再看到川普入主白宫，不是因为他的粗鲁、语言的贫乏，非建制派的身份，而是他在竞选失败后试图颠覆宪政的行为，以及他在竞选时的政策主张，还有他掩饰不住地对独裁者的惺惺相惜。

金正恩是他的朋友，他说过吧？

担任总统期间，他和普京关系非常友好；与美国的情报机构相比，他更信任普京，这些都是他自己说的吧？他谴责过普京的侵略吗？哪怕一次。

某人的一封慰问信就让他心花怒放，某某某是我永远的朋友，也是最近刚刚发生的事吧？

我有点困惑，我的那些有良知的微友们，是如何过滤掉这些话语的。主流的辩护理由是政客在竞选时可以投机，可以大嘴，政客不同于一般人，身段要灵活，某些场面话不得不说，不能像书呆子一样道德洁癖地看待，要看他怎么做而不是怎么说。

面对独裁者，笔者并未要求政治人物都得像拜登那样进行道德贬斥，蔑称他们为 dictator。总统候选人掩饰自己的道德义愤，维持基本的外交礼节可以理解。但像川这样肉麻地称呼独裁者为朋友，永远的朋友，对战争贩子表达信任，则可以说是失格的。这种失格本应足够摧毁他的政治前途，但他神奇的却几乎没受影响。

难道政客在竞选时就可以信口开河？如果不看竞选时他的政策主张，不看他竞选时的言行，那应该看什么呢？难不成看他们的身高、长相、财富以及他们让人艳羡的家庭？

如果把竞选视为一场定期性的契约授权，政客宣示政策主张就类似于要约，公民的投票就是承诺。一个政客当选后如果违背自己宣示的政策主张，是不诚实的，也是应受谴责的。

川普对俄绥靖态度一以贯之，说他绥靖是轻了，他是市侩，是不正义。我的微友们绝大多数在这件事上并不赞同他，而且他们也知道未来如果美国真的按照川普的竞选承诺做了，那对世界是灾难，意味着战后秩序的崩溃。但他们又幻想这只是川的竞选策略，是在野者掌握信息不充分的结果，认为只要川普当选了总统，他会权衡利弊延续既有的政策。

但对于拜登，他们多数却坚信如果他再连任，美国国将不国，拜登就是给美国送葬的进步主义队伍中"打幡"的那个长子，这个长子没有能力像他们喜欢的川普那样会权衡利弊，会务实理性。

你看他们在审视川普时，都在无意识中戴着滤镜，娴熟地使用着双重标准。

对于俄乌战争后拜登统合西方阵营的力量，全方位钳制绞杀北极熊战争能力的出色表现，要么故意无视，要么虽然承认但不情愿，在承认之余往往可能会加上一句："如果川普在位，普京都不敢发动战争"，让人无言以对。

我不否认即便川上台，美国外交发生颠覆性变化的可能性也不大，但对乌的支持大概率会大打折扣，乌可能功亏一篑，顿挫于即将胜利的前夜，最终不得不接受割让领土媾和的结局。北极熊则成功地维持住它帝国的主要资产，它的欧洲邻居们背靠北约也许不再害怕它，但它的中亚和东北亚的邻居们则仍然无法客服对它的恐惧。

这就是川再度入主白宫后可能的地缘政治前景。我实在无法理解川这种与普京暗通款曲的人怎么会得到简中圈良知者如此忠贞不二的拥戴。

我们继续看川普的竞选言论，"台湾拿走了美国100%晶片生意，应该支付美国防卫费用"，这观点是不是很雷人？是不是很无赖？是不是讹诈？

川普在第一个任期内，就不停地对自己盟友进行讹诈。把所有国家的成功都称之为是抢夺了美国的机会，把美国称之为自由贸易的最大受害国，说所有国家都在揩美国的油水。川普在说这些的时候，就像一个服膺"会哭的孩子有奶吃"的巨婴。其实质不过是借助美国的超强国力对盟友进行讹诈。

在美国综合国力独占鳌头甚至持续拉大对自己盟友的差距时，

川普继续玩这一套，狭隘又短视。这种讹诈伎俩短期内或许有利于美国，但长期必然提高盟友的离心倾向。

川普把国家贸易中正常的逆差顺差损益化看待，他想的是赢者通吃，让美国成为全方位自足的制造业强国，但同时又要求自己的盟友尽量多地购买美国的武器。这是典型的商人思维。他很矫情地贬低美国的联盟关系，把美国塑造为战后世界秩序的受害国，以煽动民粹和敲诈盟友。

事实上，美国固然为盟友们承担了一部分防务开支，但同时也获得了盟友让渡的部分主权，美国的驻军具备双重功能，既护卫盟友，也钳制盟友，让盟友无法脱离自己的战略轨道。

川普嘴上永远不会承认，美元作为世界主导货币的地位，没有美国主导的各联盟关系，不可能如此牢固。同样，美国作为享有美元铸币权的国家，它的适度逆差只会强化美元的国际地位。假设美国一直顺差，美元就回笼美国本土，国际流通的美元就在减少。美元的主导地位自然就弱化。

川普这些鸡贼的观点，在很多简中圈异议者那里，几乎被免检接纳，甚至鹦鹉学舌地为之辩护，丧失了人格独立性。

2023 年美国经济年增长 2.5%，同期德国为-0.3%，日本为 1.92%，英国为 0.1%，法国为 0.8%，考虑到美国经济的体量，成绩应该说相当出色，美国在高科技领域，执世界之牛耳，在 AI 和机器人领域更是断档领先。说美国国力如日中天并不为过，但在川普和他支持者眼里，美国正在快速衰落。简中圈异议者对此也是不做检省地接受。

三、他们要的是一种清教秩序

我当然知道，这个光怪陆离的美国不合他们的意。他们关注的不是税收、经济、就业、医保、购房置业这些饮食男女关注的问题，他们自陈关注的是移民、种族、信仰、冲突、分裂这些更本质的东西。这些所谓更本质的东西，它们的内核都是关于身份政治的。他们认为这些更本质的问题会从根本上摧毁美国。

　　所以，你会看到几乎每一个川普的支持者，在道德上都是自足的，胸中都洋溢着浩然正气，脸上都散发着圣洁的光辉，他们不屑于和你去讲理争辩，面对批评，他们更愿意轻蔑一笑，心理暗骂你一声"愚蠢、政治小清新"。

　　他们在根底上都是本质主义者。看到社会问题，总想从根本上解决，一揽子解决，有极强的重构社会的冲动。而他们念兹在兹，一直想恢复的，一直追求的，其实是一种清教式的社会秩序。

　　这种社会秩序，表面上看无关种族。但实则他们内心里都默认这种秩序与白人的人口多数，与白人男性主导的权力体系存在直接的因果关系。简中圈的川普支持者，在这一点上和红脖子白人几无二致。不同的是，他们自认为其出发点不是基于白人至上，而是出于维持人类民主灯塔的初衷，他们担忧美国这个灯塔一旦倾颓，邪恶力量会崛起，专制与极权体制会回潮。

　　你看，他们担忧美国衰落的动机，看上去也是普世主义的，看重的也是美国对形形色色极权、专制国家的压制能力。但面对一个更孤立主义的川普，一个赞扬起独裁者们毫不汗颜，在他任内，对某些地方严重的政治倒退和人权迫害几乎无所作为的川普，面对在俄乌战争问题上仍然秉持二战前弱肉强食思维丧失了基本正义感的川普，他们又能毫不违和地为川普开脱，说川是美国的总统，捍卫美国利益是首要责任，没有义务为世界主持公道。

　　对美国来说，维持基于规则的国际秩序本就关涉美国的核心国家利益，但在简中圈异议者心里，似乎维持这个秩序是美国单方面的善举，跟川普一直以来的观点高度同频。

　　川普在 2020 年 1 月 6 日暴徒冲击国会中的作为，完全可以定性为叛国行为，但简中圈他的支持者们却仍然百般地为他粉饰。

　　简中圈异议者对川普的亲近感，让我从中看到了这个群体对于威权的某种隐秘的渴望。他们在川普的身上寄托了太多幻想的东西，这些幻想部分基于对美国宪政体制的粗线条认知，不了解美国总统职权的有限性，部分是因为川普把白人至上的观念隐藏在爱国主义和保守主义的口号之下。

川普自我展示的世俗成功形象也给他加成不少魅力。尽管川普不是白手起家，但不妨碍他吹嘘自己是经商天才，据《纽约时报》，在 2008 年到 2018 年之间，川普整整十年没有纳税。这意味着什么，大家自行脑补。

但这些信息，在支持者那里，要么是被屏蔽的，要么就斥之为"假新闻"。其实纳税额不像他神秘莫测的总资产，完全是可查的。但这些信息只是小污点，尽管一度会让他难堪，但很快他又能用下一个大话来掩埋这份尴尬。

再说，他还有很多令他的支持者艳羡的东西。他身躯伟岸，仪表堂堂，他生养众多，个个帅气漂亮，还都有名校的光环，光一个有魔鬼身材且脸蛋精致的伊万卡就够简中圈的男人们晕头转向了。在竞选时，一众优秀的子女环绕在他身边，护卫他声援他。

他成功地打造了一个持守基督教戒律，蒙神赐福、家庭和睦、事业成功的白人富豪人设。这种人设在简中圈的刺激效果就像摇头丸。但仅此还不够，如果他文质彬彬说话质朴严谨像彭斯，他的领袖魅力就大打折扣。他脸皮要厚，他要什么都懂，他要有攻击性，要口无遮拦。这些领袖品格川普都配齐了，他具备了中国人眼里干大事的一切禀赋。他简直是"领袖"圣体。

川普的那种病态自恋，我一个外国人，在万里之外，隔着屏幕都会感到丝丝的难堪，但吊诡的是，也正是这份病态的自恋，才能吸引到足够多的追随者，慕强者是最容易拜倒在这类人之下的，这甚至都不是独属于华人的劣根性，而是带有普遍性，人类历史上所有开宗立派的宗教头目都有这种性格，就此而言，他的确具备一个伟大人物的性格潜质，但他在启蒙时代二百多年之后，在一个祛魅了世界中，在他被追随者"封神"的过程中，遭遇我这种毒舌者的审视甚至蔑视也是免不了的。

红脖子白人对川普的支持，是自然的。因为那就是他们的利益，白人男性对美国的主导特权，他们当然希望永久存续下去，而要达成这一目的，美国白人的人口多数是基础。但简中圈的支持者，对川普的支持也未曾懈怠，则凸显了一种更复杂的心理，不同诉求的人差异很大。

普通的华人移民是"公交车心态"，他们是已经上岸的人，把美国开放给移民的资源视为存量性资产，不希望更多人进入美国与他们竞争，同时因为华人重视教育，自带上千年科举的文化基因，非常善于考试，他们希望废除自约翰逊总统以来的肯定性政策，自己的孩子能更多进入名校。所以他们跟着川普反移民，呼吁终结教育领域的肯定性政策。

最新的一则消息极具讽刺意味—如果属实的话。

本就是新移民却反移民，如果在他们敲着边鼓配合着红脖子白人鼓噪之下，最终川普重新入主了白宫，他们有可能成为作茧自缚的小丑式杯具人物，被以各种理由扫地出门。

还一些华人，其支持的动机更加屈辱一点，亚洲人身材普

据纽时：在终止平权行动后，亚裔美国人的入学率在杜克大学从 35% 降至 29%；在耶鲁大学从 30% 降至 24%；在普林斯顿大学从 26% 降至 23.8%。与此同时，黑人入学率在杜克大学从 12% 升至 13%；在耶鲁大学保持在 14%；在普林斯顿大学从 9% 降至 8.9%。

曾起诉哈佛大学，要求终止大学招生中的平权行动的"学生公平录取"组织，向这些学校发出信函，质疑学校是否遵守了美国最高法院的要求。

遵守法院的判决，大学不允许招生官员查看申请者勾选种族或民族的方框，直到学生被录取、候补名单关闭、学生实际入学之后，但是这无法阻止学生在入学申请中提到自己的背景。

遍矮小，容易遭遇其他族裔的欺凌，尽管在一个合法持枪的法治社会，这本质上是性格懦弱造成的，但他们靠自身没有勇气改变，就期待一个警察权力更强大的社会，川普的"必须恢复法律和秩序"的口号就很上头。

对以上这些鸡贼的家伙，我满足于只是调侃他们两句。我真正关心的是另外一批人，就是简中圈的政治异议者，无论是海外的还是国内的。

四、他们错看了川普，在反移民中角色错位

这篇文章，我不想再写的人畜无害生怕伤着谁，就像我在 2020 年川普败选后写的《对具备正义品性的体制不能颠覆，只能完善》和《要区分阿伦特的集会时刻与宪政常态 - 再谈为何鼓动川普做凯撒是错误的》两篇文章，彼时我生怕得罪了那些我珍视的朋友们，所以行文上苦口婆心曲尽其折。

当时我以为他们认知有误，把道理讲清楚了他们就会改变，最终发现不是。他们是把价值观念置于事实之上的人，真应了尼采那句"没有事实，只有对事实的阐释"，如果把人的大脑视为天人交战的法庭，在他们那里，不利于川普的信息都被预先"排非"了。他们对川普的护持与自身的"利益"越来越同构，最终从理念的认同演变为"利益"共同体了。他们带着滤镜看川普，无非是顾念自己积攒的那点影响力，一旦承认错看了川，就证明自己认知出了差错，判断力有待提高，所以就文过饰非，就我目力所及，发现川的支持者党同伐异的色彩最浓。他们寻同道、建小群，在信息茧房里甄选事实，强化固有的观念，有的人更是将把持的公共资源私人化，明里暗里的排斥和他们认知不同的人。

而川的反对者，几乎都是独立的知识人，天性上本就闲云野鹤，对党同伐异内心天然地抵触，相互之间也不屑于玩通气、协调那一套，他们发声更多是因为"看不惯"川粉的造神，看不惯支持川的人已经丧失了公允理性，自诩保守主义实则已经跟着川普滑向了右翼民粹主义。

国内几个保守主义的学者起到了很坏的示范作用。一个学者秉持保守主义或者进步理念都没有问题，但一旦进入现实的政治场域，对现实政治人物进行评论，就应当基于其行为和言论去评论，否则就是不诚实。

对川普，他们宏观性地将其定性为一个保守主义者，一个护卫美国未来的人，基本上不对川进行细节审视，除非细节有利于川。对川

的对手，则敌对化看待，宏观地视他/她们为进步主义者，是美国的掘墓人，是颠覆美国发展磐石的人。从镜头里捕捉他/她们的任何一个出糗的细节，进行漫画式的丑化，辅以各种假讯息，将他/她们描述为轻佻的、不堪重任的、小丑式的人物，夸大她/她们当选后的可怕后果。

这与川普指控贺锦丽是共产主义者，要把美国引向共产主义，在精神气质上是一致的。川普这种渲染"狼来了"的拙劣套路，在简中圈真的会有很多人相信。这些有社会正义感的人士，成了最需要在康德意义上进行自我启蒙的人，启蒙的本意就是独立思考，运用理性来审视一切，而不是人云亦云，被克里斯玛型的人物当成工具。

说句不敬的话，简中圈有些川普的支持者，就像明珠暗投的少女，明明已经知道对方是渣男，但仍然为渣男进行各种粉饰，自欺欺人。因为她们在世人面前羞于承认自己错付的事实。但她们错付的对象，其言行根本禁不起端详，所以她们的粉饰尤其令自己尴尬。这何尝不是一种悲剧？始于理念，终于作伪。

川是一个白人至上主义者，这个无需多么敏锐的洞察力就可以看出来。他心目中的美国，是里根时期白人占绝对多数的美国。为此，他不仅要拒绝非法移民入境，而且要把已经进入美国的非法移民驱赶回其母国。他的孤立主义一定意义也是为此一目标服务的。因为只有孤立主义的盛行，其"净化"社会、驱逐非法移民的措施也才可以更少受国际的羁绊。

驱逐非法移民是主权范围内的事，在此我无意展开去谈论它的正当与否，因为它足够复杂，同时又与历史不可分割。但有几个历史事实需要重温：第一，美洲的原住民是印第安人，有过非常悲惨的被屠戮的历史，第二，奴隶制种植园经济为美国挣得了第一桶金（独立战争肇始于南方，国父们大多来自南方也佐证了这一切），第三，华人劳工深度参与了美国的西部大开发，有多少人埋葬于斯。

任何一个国家，如果撇开正义谈强大，都不过是善于伪装的社会达尔文主义者。

　　理论上说，没有获得绿卡和入籍的都是非法移民。但非法移民这个词，从其政治内涵上讲，就是一个自动排除白人的概念，你听说过白人非法移民？或者更进一步，你听说过白人非法移民问题吗？

　　现实中，白人非法移民只是个事实，从来不会是问题。在非法移民这一政治议题中，白人是免于被凝视的，这被视为是理所当然的，尽管欧洲也有发展中国家。大家对此都心照不宣，川普心里更清楚。

　　多数人或多或少都有种族意识，但有种族意识，不代表会种族歧视，更不代表会存在类似于白人至上一样的病态心理，人在同种族同文化背景的社区中生活更自在，更有归属感，也是自然的。所以对于红脖子白人支持川普，一点都不令人惊讶，令人惊讶的是简中圈的华人也跟着川普搞"清洁"运动。

　　一群移民，无论是流亡也好，寻找美国梦也罢，竟然去支持一个试图驱逐有色人种非法移民的人，而且他们内心真的会涌动着一股爱国情怀，想想就让人感到五味杂陈。

　　厉害国的公仆们，早把他们家人送到了美国，用贪腐的资金在美国轻松置业。他们家人没有一个是走线去的，而且也早就合法获得了身份。川普能把这些最该被驱逐的驱逐回来吗？

　　川能做的，无非就是试图把那些为了寻找出路，砸锅卖铁，孤注一掷，冒着生命危险进入美国的有色人种底层驱逐回国，当然我不否认这些走线的人同样良莠不齐泥沙俱下，但其冒险精神与 16 世纪的欧洲移民有本质的区别？

　　尽管我对川普扬言驱逐非法移民吐槽颇多，但从美国自身利益考虑，我又持理解的态度。而且我对美国一直有信心，它未来或许会变得更右翼民粹但不会纳粹化，当然美国更无可能社会主义或共产主义化。在可预见的将来，美国仍然是世界逐梦者的迦南美地，是流亡者的庇护之所。

　　我只是单纯地认为华人流亡者不该为川普驱逐非法移民的主张摇旗呐喊。因为你们本身就是新移民。你们可以不帮助他们，但不该跟着川普去伤害他们，而且你们和普通的华人移民不同，你们代表着华人的良知，代表着华人人道主义的高度。

在一个国家和社会中，每个人都有自己的角色和位置，如果你自认为是持政治异议的流亡者，那就应该是一个人权捍卫者，你就不应当站到政客的角度去思考问题。你所应该做的限于扶危济困，而不是跟着鼓噪打击那些陷入困境的人，否则就是角色错位。美国并不缺乏保守主义的白人政客，要不川普怎么能挟持整个共和党？因此美国也不需要你们新移民去代言去出头。

五、他们需要重新理解美国现状和宪政秩序

面对我的批评，肯定有人抱屈：我没有反移民，我支持川普是因为他的保守主义理念。他们这样抗辩时，我相信可能是真诚的，但同时也是自欺欺人的。

川普虽然成功塑造了一个保守主义政客的人设，但在他所有保守主义的政策中，比如反 LGBT、反福利、反医保、反堕胎、反禁枪、反女权，恢复法律与秩序等，他真正吸引红脖子白人，作为总统真正能做的也就是反移民，禁止非法移民入境，同时驱逐已经入境的非法移民，当然后者要受一定程度的司法权审查。

至于其它的，要么是国会的权力，要么因涉及宪法权利由违宪审查来决定，行政当局的权力是有限的。至于保守主义者念兹在兹的 LGBT 问题，则一直被视作进步主义会摧毁美国的表现。实则，光怪陆离的社会现象是宪政制度下必然出现的，你可以不喜欢，但如果把它违法化，则意味着宪政体制的崩溃，现代宪政体制本就奠基于尊重消极自由的原则之上，而 LGBT 被视为消极自由的范畴。一个"清教式"的社会，对基督徒来说是可欲的，但对宪政体制则是不可行的。

川普虽然对独裁者的绝对权力很迷恋，但他也没有能力颠覆美国的宪政体制。所以保守主义者指望川普上台移风易俗清洁社会，属于对美国体制有误解。当然总统的施政对塑造更保守或更进步的社会氛围，其影响也不能低估。

简中圈政治异议者不仅对美国的体制有误解，而且对美国的政治现实也有误读。他们只看到 LGBT、BLM，女权主义，大学生左倾化运动这些热闹外在的东西，而没有看到沉默的多数，没有看到总统选举得中间选民者得天下的事实，没有看到国会山里几乎清一色的白人男性，没有看到最高法院也是白人男性绝对主导。

其实，美国仍然是西方大国中最具保守精神的存在，拨开光怪陆离众生喧哗的迷雾，你会发现美国由白人男性牢牢主导的内核。

我私心揣度，简中圈那些忧心美国衰落的人，是担心美国政治不再由白人男性主导，他们认为有色人种或者白人女性政客对美国不够忠诚，对共和的信念不够坚定，遇到危机缺乏定力，容易受自由主义蛊惑，美国可能变娘。

国会山和最高法院的人员组成，证明了这种担忧根本不符合政治现实。说川普是个保守主义者，至少我个人听着有点恍惚，因为我期待的保守主义应当有古典自由主义的气质。保守主义并不看重理论体系的逻辑自洽，它看重的是行为的审慎谦抑，它对传统的看重是含有内省精神的，但它也不能总想着复古，回到并不正义的过去。可以说保守主义天生自带反激进的词义，讲究中道而行。

而川普呢？他的言论和行为，都有一种躁狂性、煽动性，川代表的是一种右翼民粹的价值观，他本人骨子里则是极右翼的白人至上主义者，而他的搭档万斯则已经极右到疯狂，以至于智商欠费的状态都掩饰不住。

美国作为西方国家的领头羊，与自己的盟友们相比，其社会福利水平很勉强，也没有民主国家几乎标配的全民医保政策，表面上看，这是不同发展理念形成的，美国人怀疑政府，强调个人奋斗，信奉自由竞争，实则都与美国多种族的生态有关。美国很多具有社会达尔文主义的传统与制度遗存，在捍卫自由的旗号幕后，都有种族歧视的深刻烙印。

这也是白人为主体的共和党为何偏爱保守议题的不便明言的深层原因。

如果简中圈的知识人都不敢正视这一点，我会叹服于他们的乖巧，但也会深深为之沮丧。说的难听一点，华人小聪明挺多，但昧于见小暗大，贪婪而不知足，极容易被利用。他们根本意识不到，在一个尊重消极自由的社会中，在一个有点进步主义的社会氛围中，华人作为少数族裔，才能生活的自在，才能保护自己的利益。即便偶有其它族裔人的霸陵，但这种霸陵不是系统性的，是可以救济的，是可以依靠自己的勇气与信念客服的。而一旦真恢复到以前"清教式"的社会，以华人对政治的惰性和冷漠，会是被损害利益最大的群体。

六、结语

正如我在前面已经提及的，若没有俄乌战争，我无意再写这第三篇长文。因为关于理念、价值观的争议以及对美国前景的看法，都可以从长计议，甚至也无需分出高下，一个复杂的社会，原本就不应非此即彼，各类人的关切都应该被看见，进步与保守的音符在现实政治中交替奏响或许才是稳健正常的。但俄乌战争有其紧迫性，谁都知道，如果没有美国的支持，乌克兰胜利的前景会变得暗淡。而美国总统在外交方面拥有很大的权力。所以，一个亲独裁者的川普上台，自然让人担忧。

俄乌战争，笔者认为是人类面临的又一个十字路口，如果普京得逞，对于没有政治自由国家的人来说，其影响尤其深远。它不仅会鼓励其它的独裁者，而且这些国家有了主心骨、带头大哥，世界上的 rogue 政权会形成以俄罗斯为首的新的联盟关系，与民主世界分庭抗礼。这些残存的 rogue 政权真就不知何年何月才能终结了。

所以俄乌战争是当前攸关人类未来的大事，击败普京，击败俄国，最紧迫也最重大，其它都应为此让路，否则就是骑墙，就是糊涂，就是不正义。

尽管我对一些保守主义者设想的治世良方持深刻怀疑的态度，而且他们越自负，我越怀疑。因为他们对宪政体制的运行方式想的过于简单。但我也从不鄙薄他们的忧虑，我仍然相信他们的真诚。民主宪政体制，确实内在的有一股自我瓦解的张力，也天然地有对传统道德和信仰的解构势能，如何在尊重消极自由的原则之下，对传统道德和信仰进行加固，甚至一定意义上的重建，的确也是一个很值得探讨的议题。

保守主义者的忧虑和价值倾向，笔者可以理解。但保守主义者将一个竞选游戏看成是正义与邪恶的较量，在这种偏执心态下事实如何已经不再重要，立场成为行动的唯一指南，狂热到失去了常识理性，则是不能被接受的。

我一直有点纳闷，一个多次婚姻，在婚姻之外私生活也不检点的人怎么就成了一个保守主义的偶像？保守主义者不是最讲家庭责任？不是最讲洁身自好吗？

在美国，川普的支持者以福音派和基要派基督徒为主，在国内基督徒群体也是支持川普的重灾区，而且他/她们的支持极具韧性，无论川普有多么不利的消息传出，都无法动摇他们的支持。而且我发现，在基督徒中，既是川普支持者同时又是阴谋论持有者的比例也颇高。现在网上就有一个流传已久的阴谋论：深层政府正在世界范围内推进一个取消民族国家，由少数精英奴役平民，消灭垃圾人口的社会主义议题，拜登是幕后的伏地魔，小泽是提线木偶，乌克兰藏有美军资助的生物实验室，正在从事危险病毒的研究，而川普与普京正在联手抵抗这种奴役的前景。

虽然多数基督徒还不至于支持普京，但他们内心对普京是有些同情的。而这种阴谋论，是与世界同步的，其源头可能就在俄罗斯或者美国，实际上这是信息战的一部分。另外，基督徒群体也是 2020 年拜登盗选论的高比例信奉者，拜登的任期都快结束了，他们对此仍深信不疑。

基督徒这种把信仰和现实政治搅合在一起，评论现实政治不及物的状态，也是我这个慕道友一直徘徊在门外的原因之一。我担心自己如果完全交托给上帝之后也可能变成这个样子。

我确信他们中的一些人智商本来挺高，拥有很出色的学历背景。

但在关涉川普的事上，他们的理性处于自我封禁的状态。

当我跟他们争辩，说作为法律人，我们是最应该坦然接受法律事实的人，事实一旦发生，客观事实几无可能被完全重建。大选后川普提起了多起诉讼，在程序和实体上都遭遇了失败。考虑到最高法院保守派法官占多数的事实，难道我们不应该相信司法裁决吗？如果不相信司法裁决，又如何相信美国仍然是宪政民主体制呢？

但我无法说服他们，他们只相信他们愿意相信的，"拜登曲线"无往而不利。如果他们在我心目中无足轻重，我大可哂笑而远离，问题在于我自己曾受洗的经历，让我与他们有天然的亲近感，也格外信任他们。

基督徒的这种反理性的表现，以至于让我不得不审视他们信奉的神学理论自带的蒙昧主义气质。因为无论路德宗还是加尔文宗，都是从托马斯.阿奎纳回到奥古斯丁。阿奎纳因为在解经时并不排斥自然法思想，所以其神学有较多的理性主义成分。而奥古斯丁神学则透着更浓厚的神秘主义。

基督新教，为重建人的信仰，把基督教从"赎罪券"带来的铜臭气的天主教神学中解救出来，让基督徒更敬虔，有刻意驱逐理性回到瞢昧状态的意图。

如果基督徒严格遵循"上帝的归上帝，凯撒的归凯撒"原则，这种带有些许蒙昧主义的敬虔并不构成问题，而且事实上基督徒越不关注这世上的国，越不轻易参与俗世的纷争，其积蓄的力量就会愈坚韧，就像水浸渍万物，它不声张不挞伐也不炫耀，在不知不觉中已经改变了万物。

我不是说基督徒就应该超然于俗世之外，基督徒当然可以关心政治，评论政治，对事实也可以有自己的价值倾向，但在辨析事实本身时，就应该抛开价值倾向，跳脱开信仰体系，否则哪怕一个人句句不离谦卑实则也是自负狂妄。

我多少能感觉到，因为坦率地表达分歧，公开的批评，有的同道已经和我渐行渐远，他们内心对批评至少是有芥蒂的。而我在被注销律师证后，与同道的交集也越来越少，所以这种芥蒂就很难冲淡。

但我想如果友情只能靠乡愿式的附和与姿态的暧昧来维持，这种友情是很脆弱的，朋友之间也无法共同成长。益者三友，友直友谅友多闻。能锤炼友情韧性的是相互的批评和辩难，如果友情禁不得敲打，那就断裂好了，快五十岁的我，拒绝虚与委蛇，也不做和光同尘的智者。

基督徒讲属灵的战斗，孔子说攻乎异端斯害也已。我勉力而循之。我希望这篇文章如当头棒喝，让简中圈川普的支持者悚然一凛，引起他们的自省，或者与我辩难的冲动，哪怕只能影响一个人，也知足了。

刘书庆

2024 年 10 月 1 日

第二篇

要区分阿伦特的集会时刻与宪政常态

——再谈为何鼓动川普做凯撒是错误的

作者按：这篇文章定稿于 2021 年 4 月 2 日，距离川普的支持者冲击国会已经过去了两个多月。面对川及其支持者试图通过暴力扭转大选结果的企图，面对川施压参谋长联席会议主席马克.米勒要求军队介入，要求彭斯行使根本不具备的宪法权力来改变选举结果这些完全违宪的举动。华人中的川普支持者，有的甚至是颇有名望的保守主义宪政学者和人权律师，他们从保守主义的观念出发，采取一种本质主义的问题解决思路，不再把选举视为一场有规则的政治竞技，而是正邪之战，为了他们心中的正义，漠视川普满嘴谎言，漠视程序正义，夸大选举不利的后果，认同川普煽动暴力，采取极端手段，比如鼓动川普"越过卢比孔河"做凯撒。击败竞争对手成了唯一的目的，表现出比"红脖子"还要激进的立场。细究他们立场的错位原因，部分地与他们对宪政民主制度奠基于尊重消极自由的本质缺乏体认。

于 2025 年 6 月 15 日

■**内容摘要：**

◆ 今天美国选举出现的问题，可能有一天我们也会面对，而且我相信在某一天几乎笃定会出现，否则我们就是郁达夫所诅咒的永恒的奴隶之邦。如果对这个问题不做充分的是非辨析，当那一天到来，一群道德高尚的人可能自以为义地来倾覆宪政体制，作出令亲痛仇快的错误抉择，贻害这个国家。如果一个国家在转型之初就面临这个局面，其危害性更甚，甚至足以倾覆新生的宪政体制。

◆ 从我作为持偏保守主义理念的个人来说，我对进步主义的愿景有疑虑但不会把它妖魔化，原因有二。第一，回顾历史你需要承认，进步主义在塑造美国具备正义品性的宪政体制中起了很大作用，一定程度上可以说，没有进步主义就没有奴隶制的废除，就没有"隔离但平等"种族歧视政策的废止，就没有华人商号益和案的胜诉，就没有米兰达警告，就没有女性平等的公民权利。可以说没有上面这些，美国就远不是今天的样子。第二，被保守主义者定义为进步主义的诸种光怪陆离的现象，在宪政民主体制下是必然会出现的现象，宪政体制必然是一个尊重消极自由和保障个人权利的社会，而很多光怪陆离的现象只要没有越界就属于消极自由的范畴，权力不能也不应打击，考虑到价值一元主义与极权主义的内在关联，人们必须为了宪政体制的正常运转容忍这种价值多元的乱象。而且一定程度上，这些特立独行光怪陆离的人也锻炼了社会主流对异质性的宽容度，它们也是观察一个社会是否正常世俗的指标。

◆ 在制度与法律层面，美国已经解决了种族歧视、性别歧视与社会宽容的问题，再发生个案歧视或者侵权问题，通过寻求司法救济就足够了（在司法审查中我也反对以布兰代斯诉讼法来证明歧视存在）。也就是说在行政和立法层面，对进步主义者的要求不应当继续满足。否则公权力的扩张就极易侵犯社会其他主体的权利，产生更多的问题，甚至面临违宪的可能。

◆ 而且根据美国的宪法和法律，证明川普阵营的指控有两种合法方式，最重要的是司法审查，其次是国会听证，而军队并没有这种权力和权威。鼓动川普做凯撒，就是鼓动军队介入国内政治，相当于让军队扮演一个最高仲裁者的角色。看看现在缅甸军方正在做的，就知道这对宪政体制会造成多大的伤害。

◆ 那些鼓动川普做凯撒的人，意味着不再把选举视为一场有规则的政治竞技，而是正邪之战，既然是正邪之战，击败对方就成了唯一的目的，必要时可以不择手段。

在这里我用了政治竞技这个词，但内心更倾向于政治游戏这个词。游戏这个词听上去可能有点轻浮，但更接近本质，而且也更有利于培养费厄泼赖的精神，在我眼里，只要是按照事先公布的程序和规则，遇到问题有中立的仲裁者，不是以你死我活肉体消灭的方式角逐竞技的都是游戏。当然这种政治游戏随着两党政治的发展，必然负载不同的政党理念，也可以说是两种发展愿景的较量。在选民看来，这就不是仅仅在争夺一个总统的位置，而是涉及到国家的未来走向，也从而涉及到每个人的关切和利益，游戏的重要性加强了，游戏的激烈程度也加强了。但无论它多么重要，多么激烈仍然还是一场游戏。

对于一场游戏来说，破坏游戏规则是不义的。

◆ 所谓保守主义，在我看来不是一套意在追求逻辑自洽的价值观体系，而更像是一种审慎的行为方式，闪耀着实践理性的内敛光芒。

◆ 真正的政治精英不是没有私心的圣人，相反他们承认人的局限性，所以他们首先会集合众人的智慧，为人的竞争和博弈建立相对公正的规则，然后在规则之下去追逐自己的权力和利益。

◆ 个人以为，一个人上了四十岁后，就不应当再像青年一样去单向度的考虑问题，必须经常性省视自身和自己的认知，要自觉的将自己设想的解决问题的方案接受合法性审查。要意识到凡属重大的社会问题，都不存在一个一劳永逸的解决方案，你的解决方案只能是阶段性的，并且在实操中要秉持高度的敏感，全程贯彻一种实践理性。事实上，一代人只能做一代人的事情，不要刻意激化矛盾人为促成沧海横流的"奇点时刻"，那样的"奇点时刻"应当是演化而来。每个人都应当超然的看待个体荣辱。我们必须时刻警示自己：即便你目的是好的，但只要手段错误，都可能造成极为严重的后果。甚至即便你的目的和手段都正确，如果时机选择不对，也仍然可能会失败并造成严重的后果。

■正文：

拜登上台已经一个多月了，川普在弹劾案中也已平安落地，人们已经从喧哗与骚动的选举状态进入平庸乏味的日常，除极少数人还在幻想着奇迹，想象在某一天突然听到川普又重回白宫的消息，关心政治的人已经进入观察监督现政府的轨道上来。

而拜登的一些政策已经初露端倪，总体看，在外交方面，从美国国家利益考虑，他延续了川普的政策但有调整，他的行事方式会更具有民主党建制派特色，重视人权但不会为人权与他国真正翻脸，在遏制对手方面，更看重同盟协调。基于拜登作为民主党建制派一员，他的政策取向应该更具可预测性，从既有的表现看，捍卫人权的调子高但震慑性在下降。

在内政方面，他肯定要迎合自己选举时的基本盘的某些诉求，比如对非法移民、女权主义、LGBT、BLM 等料会更宽容，增税可能性提高，奥巴马的医保方案或许起死回生等。在持保守主义理念的人看来，这显然意味着美国会持续衰落，甚至终将国将不国。最新的视频片段显示拜登比人们预期的走的还远，他支持你的性别你决定，一个生理男人如果认为自己是女人，他有权去看妇科。当然这段视频说的是在监狱。

持保守主义理念的人，会把拜登政府的这些政策端倪用于证明自己当初在总统选举时持正邪论是正确的，而在正邪之战面前，菩萨心肠应该让位于霹雳手段。他们把问题想的越严重，就越倾向于支持采取非常措施，包括支持川普做凯撒做林肯。

推己及人，我知道这种支持的背后，有一种对现实政治的焦虑和无力感。所以我不怀疑他们的真诚，也不怀疑他们的人品，但他们越真诚，人品越值得信任我就觉得这个问题越值得深入探讨。

今天美国选举出现的问题，可能有一天我们也会面对，而且我相信在某一天几乎笃定会出现，否则我们就是郁达夫所诅咒的永恒的奴隶之邦。如果对这个问题不做充分的是非辨析，当那一天到来，一群道德高尚的人可能自以为义地来倾覆宪政体制，作出令亲痛仇快的错误抉择，贻害这个国家。如果一个国家在转型之初就面临这个局面，其危害性更甚，甚至足以倾覆新生的宪政体制。

所以，我觉得本次美国大选留给世人的遗产还有待发掘。我甚至希望，在大选已经尘埃落定，代入感的激情逐渐平息，事实基本浮出水面的今天，更多的人来复盘这次大选，放下立场真正本着为未来世代负责的精神，重新审视这次大选，也审视自己。

从我作为持偏保守主义理念的个人来说，我对进步主义的愿景有疑虑但不会把它妖魔化，原因有二。第一，回顾历史你需要承认，进步主义在塑造美国具备正义品性的宪政体制中起了很大作用，一定程度上可以说，没有进步主义就没有奴隶制的废除，就没有"隔离但平等"种族歧视政策的废止，就没有华人商号益和案的胜诉，就没有米兰达警告，就没有女性平等的公民权利。可以说没有上面这些，美国就远不是今天的样子。第二，被保守主义者定义为进步主义的诸种光怪陆离的现象，在宪政民主体制下是必然会出现的现象，宪政体制必然是一个尊重消极自由和保障个人权利的社会，而很多光怪陆离的现象只要没有越界就属于消极自由的范畴，权力不能也不应打击，考虑到价值一元主义与极权主义的内在关联，人们必须为了宪政体制的正常运转容忍这种价值多元的乱象。而且一定程度上，这些特立独行光怪陆离的人也锻炼了社会主流对异质性的宽容度，它们也是观察一个社会是否正常世俗的指标。

但同时我又认为，在制度与法律层面，美国已经解决了种族歧视、性别歧视与社会宽容的问题，再发生个案歧视或者侵权问题，通过寻求司法救济就足够了（在司法审查中我也反对以布兰代斯诉讼法来证明歧视存在）。也就是说在行政和立法层面，对进步主义者的要求不应当继续满足。否则公权力的扩张就极易侵犯社会其他主体的权利，产生更多的问题，甚至面临违宪的可能。比如美国以疫情为由允许租户不交房租占用房东的房屋，免费使用房东的水电煤气，这侵犯了公民的私有财产权利。

我说歧视问题已经解决了，很多持进步主义观点的人会不以为然。他们认为歧视仍然广泛存在，只是更隐蔽了。

关于种族歧视、性别歧视，如果从宏观的统计结果看，是个永远无法解决的问题，因为社会显示出的统计结果并非是种族这一单一因素决定的。而且说句政治不正确的话，非裔美国人垄断 NBA、拳击、田径等体育领域被视为是正常的，亚裔在教育领域表现的更出色就成了歧视了？统计结果本来是比较优势和自然竞争的结果，在统计结果的背后是传统观念、家庭投入、个人努力、自身天赋等多种因素累加的区别。

至于自然人内心里的歧视，更是没法消除的，它是一种社会常态。只有极权体制才有致命的自负去发动一场思想改造运动。

川普反对在教育领域继续搞肯定性行动，提倡法律和秩序，是我所赞成的，所以从理念上我站川普，但我又坚决反对鼓动川普做凯撒做林肯，我认为这种想法都不应该有。

我之所以坚决的反对鼓动川普做凯撒做林肯，有三方面的理由。

一、从当时的选举情形看，鼓动川普动用军队没有正义性

众所周知，军队的主要职责是保家卫国或者发起战争，任何国家都是如此。在国内政治中只有在极端特殊的紧急情况下才可以使用军队。对于美国总统的紧急权力，宪法没有明确规定，但宪法承认紧急权力的概念。美国宪法第 1 条第 9 节规定"当遇到外部侵略、内部叛乱，为了公共安全的需要可以停止人身保护令状"。宪法明确赋予总统的权力只有暂停人身保护令状，人身保护令状是来源于英国普通法的一项制度，该制度赋予嫌疑人申请普通法院对自己是否符合逮捕条件进行司法审查，用于保障嫌疑人的人权。

可见这条宪法适用的前提是明确的，就是发生了外部侵略或者内部叛乱，而且是为了公共安全的需要。具体到本次总统大选，显然并不符合这种前提条件。川普的律师 Powell 等人一直宣称 Dominion

系统是由敌对国家控制的，是敌对国家蓄意向美国发起了战争，这是川普阵营试图将大选引向符合"外部侵略"的前提。但是美国的主流社会并不认同，如果硬说这是一场战争，其紧迫性危险性也不符合那种需要动用军队参与国内政治的情形。

至于内部叛乱的情形，拜登阵营更加不沾边，拜登的支持者都猫在家里，很少上街声援拜登，对公共安全不构成任何现实的挑战，反倒是川普阵营一再呼吁民众走上街头，他的很多支持者还带着武器上街，发出威胁的话语，甚至1月6日还发生了冲击国会的悲剧。

正如我在《对具备正义品性的体制不能颠覆只能完善》一文中所主张的，作为一个相对超然的旁观者来说，美国大选是否存在系统性的大规模舞弊是一个需要待证的事实，你不能预设它已经存在。作为川普阵营来说，既然言之凿凿指控存在系统性大规模的舞弊，那么就需要用证据来证明。

而且根据美国的宪法和法律，证明川普阵营的指控有两种合法方式，最重要的是司法审查，其次是国会听证，而军队并没有这种权力和权威。鼓动川普做凯撒，就是鼓动军队介入国内政治，相当于让军队扮演一个最高仲裁者的角色。看看现在缅甸军方正在做的，就知道这对宪政体制会造成多大的伤害。

回头看川普阵营所提的各项诉讼，几乎均以失败告终。我指出这点并非是以成败论英雄，诉讼无论是否有理，既然宪法与法律赋予了川普及其支持者这种权利，践行是没有任何问题的。通过诉讼，由中立的第三方来调查事实裁决结果，客观上有利于提高人们对宪政体制的信任，有利于安定宪政秩序。所以自始至终我支持川普阵营穷尽法律手段维护自己的权利。

但结果的失败证明川普阵营的指控并没有坚实的证据，也就是说他们指控的系统性大规模舞弊不存在，至少从法律事实角度不存在。至于客观事实，在我这个法律人看来没有太多意义。有人肯定又会反驳说，很多证据当事人无法提供，只能由检察官或者法官才能调取，但奈何检察官和法官渎职，而且很多案件不予受理或被驳回起诉，没有进入实体审理阶段，谈不上法律事实的确认，司法审查也是不公正的。

我承认这种反驳说出了部分事实，但司法审查最重要的特点就是规则性强，受理案件并进入实体审理是有条件的，检察官和法官调取证据也是有条件的，实体审理中的举证责任分配也是有规则的。不是以个体是否觉得公正为标准。

有人又会说川普之所以无法胜诉，是因为他意图排干华盛顿沼泽的行为得罪了太多人，不光拜登奥巴马这些民主党大佬，共和党建制派也恨他。川普成了一个孤独的英雄，在正面迎战拜登阵营时还腹背受敌。川普在这些支持者眼里，像极了在元老院遇刺的凯撒，不仅政敌刺杀他，就连他荣宠的布鲁图斯都背叛他，而极具清教徒气质的彭斯就是布鲁图斯，他也是隐藏极深的华盛顿沼泽的一部分。川普虽败犹荣。

总之，无论川普提出的要求多么离谱，只要没有完全遵从他，哪怕是川普自己心仪并提名的最高法院大法官，统统都成了胆小鬼或者变节者。

川普成了唯一代表正义的力量，只有他做总统才有望终结美国各种进步主义的乱象，惩罚世界上的 rogue 政权，防止美国衰落。至于是否存在系统性大规模的舞弊都已经不再重要了，为达目的可以不择手段，因为这是正邪之战。

坦率的说，我能接受任何支持川普的观点，一些人把川普偶像化我也没意见，他们不相信一切既有的证据只相信自己的内心判断仍然坚持川普赢得了大选我也能接受，尽管这想法相当于整体上否认了美国的宪政体制。我不能容忍的是这种为达目的可以不择手段的心态。当持这种心态的人是我看重的朋友，与我又是同路人，我会尤为感到遗憾。

二、基于对民主党上台的悲观预期，鼓动川普动用军队没有正义性

据说《纽约时报》曾向读者问过这样一个问题：如果你能穿越时空，去杀死还是个婴儿的希特勒，你会这样做吗？调查的结果是，42%的读者表示会对婴儿希特勒下手，30%说不会，而剩下的 28%摇摆不定，无法抉择。

读者中有 30%表示不会，考虑到一般读者都具有朴素的正义感，从美国普通人角度来说，尽管他们每天都在经验着现代政治伦理的实践，但大多数也仍然停留在经验的感受上，并未在思辨的层次上对该问题深入的思考，多数人没有清晰的认识，是非常正常的。有 30%表示不会已经难能可贵了。

基于现代政治伦理和法律，这个问题的答案应当是唯一的，就是不能，否则就不具备正义性。

从社会学角度看，每个人的未来都有多种可能性。穿越只能是假设，现实中不可能发生，所以人不可能改变既成的事实。没有谁能看透另一个孩子的成长，因为一个孩子的成长与很多因素相关。

从法律角度来说，这个问题就变得更简单了。穿越杀死希特勒目的是为了避免更大的犯罪，显然出于防卫心理，但正当防卫却只能针对正在进行的不法侵害。婴儿时期的希特勒没有侵害他人，哪怕你自称有特异功能可以"窥见未来"，你能"三岁看大，七岁看老"，你认定他早晚是人类的祸害，你也不能以正当防卫的理由杀死他。你杀了他就是故意杀人，这在法律上叫"假想防卫"。

回到本次美国大选，我们同样可以做一个类比，虽然两者不完全一致。川普的一部分支持者认定拜登一旦当选，美国就会衰落甚至国将不国，而美国的未来事关他们每个人的核心利益，所以为了杜绝这一可怕的前景，就要扼杀拜登的总统梦，为此做什么都是对的，哪怕发动军事政变。

这实际也是一种"假想防卫"。

　　川普的支持者总是习惯夸大总统的权力，以为总统无所不能，又因为夸大了总统的权力进而也夸大了前景的可怕。细究起来，这种对前景的可怕预期很难说有多充分的理由。美国未来的走向并非线性的，受制于多种不确定变量，而且宪政体制也有自己的矫正机制，当然如果川普的支持者总拿现在与里根时代比较，那么他们将只能收获沮丧和恐惧，而且无论谁当总统，都无法改变这一趋势，因为种族、信仰已经不可逆的改变了。这里我不再展开赘述。

　　那些鼓动川普做凯撒的人，意味着不再把选举视为一场有规则的政治竞技，而是正邪之战，既然是正邪之战，击败对方就成了唯一的目的，必要时可以不择手段。

　　在这里我用了政治竞技这个词，但内心更倾向于政治游戏这个词。游戏这个词听上去可能有点轻浮，但更接近本质，而且也更有利于培养费厄泼赖的精神，在我眼里，只要是按照事先公布的程序和规则，遇到问题有中立的仲裁者，不是以你死我活肉体消灭的方式角逐竞技的都是游戏。当然这种政治游戏随着两党政治的发展，必然负载不同的政党理念，也可以说是两种发展愿景的较量。在选民看来，这就不是仅仅在争夺一个总统的位置，而是涉及到国家的未来走向，也从而涉及到每个人的关切和利益，游戏的重要性加强了，游戏的激烈程度也加强了。但无论它多么重要，多么激烈仍然还是一场游戏。

　　对于一场游戏来说，破坏游戏规则是不义的。

三、在宪政常态下鼓动川普动用军队没有正义性

　　当我在社交媒体平台反对鼓动川普做凯撒时，有几个川普的支持者，就抬出伟大的林肯，说林肯动用军队重塑了美国，不仅没有迫害反而是拯救了美国的宪政体制。而且据我观察，在社交媒体上，以林肯发动南北战争来为自己鼓动川普动用军队解决选举争议做正当性辩护的人不在少数。

　　事实上，川普面对的情形与林肯完全不同，对南北战争的误读客观上起到了污名化林肯的效果。

首先，南北战争并非是林肯发动的。林肯作为新生的共和党人，固然内心不赞成奴隶制，但他说"如果不解放一个黑奴，就可以保存联邦，我宁愿一个也不解放"。直到战争打响事实上他都没有解放一个黑奴，只是因为战事不利为了破坏南方的战争基础，才釜底抽薪宣布要解放叛乱州的黑奴。林肯一直是为保存联邦而战，而不是为了他自己的价值观。

南北战争本质上是南方奴隶州想永久保留奴隶制，而意图叛乱脱离联邦所致。当时的南方奴隶主对美国前景的悲观类似于现在川普的支持者，于是先发制人成立南方邦联，选举自己的总统组建自己的军队。

林肯通过南北战争确实重塑了美国，自此美国不再是具有邦联特色的联邦，联邦中央的权力得到巩固和承认，州可以自由脱离联邦的论调几乎消失。战后携胜利之威，美国接连通过宪法第 13、14 和 15 条修正案，废除了奴隶制，特别是第 14 条之平等保护条款与宪法第 1 条修正案被认为共同撑起了美国的宪政根基。

从战争责任来说，林肯是被动的一方，是为了保存联邦政府，是一种基于宪法的戡乱行为，有正当性。从战争结果来看，战争胜利后通过的宪法修正案，重塑了美国的宪政根基，将美国的宪政建立在自然正义和人类良知的基础上，是历史的重大进步。

林肯从行事方式上来说是现实主义的，是审慎的，并未被一种自负的建构冲动所左右，他被刺杀后宪法修正案的推出不止是进步的，同时也是不得不为的，也是多种力量和因素叠加所致的结果，总体上也是符合保守主义精神的。所谓保守主义，在我看来不是一套意在追求逻辑自洽的价值观体系，而更像是一种审慎的行为方式，闪耀着实践理性的内敛光芒。

对比一下现在，如果川普动用军队，他的正义性又能体现在哪里呢？

我在《对具备正义品性的体制不能颠覆只能完善》一文中，曾以设问的方式表达了如下观点：对于一个具备正义品性的国家，其宪政体制和蕴含在宪政体制之中的正当程序和规则应当是首先被保守主义者所保守的。

我说出这一点，丝毫不认为宪政民主体制一旦建立，历史就如福山所预言的已经终结了。我亦从不否认宪政体制的运转不仅需要相当资源的持续投入，恐怕可能也与伯克所说的"前现代观念和制度有关"，后者或许可以解释很多地方有民主但无宪政的原因。当说到"前现代观念"时，伯克肯定不是指的少数人，不可避免的他是把一个国家的国民看成一个共同体，所以我亦不敢否认川普的支持者对于种族、信仰、文化更多元的前景的忧虑和恐惧是有理由的。无疑，一个白人基督徒占绝对多数的美国，更像是一个同质的共同体，而种族信仰文化多元的美国，则更像是一个组分和颜色不容易相融的万花筒，缺乏一种同质的凝聚力。这是任谁都无法否认的。

然而，真正的问题在于后者才是美国的现状，美国不可能再回到保守主义者眼里的"黄金时代"了。一切的立论、讨论都必须基于这个前提。

何况美国的第一桶金来自于依托奴隶制的种植园经济，后来美国能长期维持世界第一也有赖于全球科技和财富精英的移民。享受了移民的好处，反过来现在去抱怨种族多元也有失公允。

假如宪政体制的运转真的与"前现代观念"有关，那就意味着一定程度上，宪政民主的运转需要一个具备"前现代观念"共同体的存在，最起码具备一定的人数比例。假如这个共同体在某一天不存在了，那么宪政体制是否会崩塌呢？假如，我说的是假如，这种崩塌是不可避免的，我们现在又该以何种心态来面对才是符合正义的呢？

针对第一个问题，我也倾向于认可宪政体制的运转需要一个具备"前现代观念"共同体的存在，但这样一个共同体并非一定是奠基于希伯来宗教精神的共同体，只要这个共同体尊重契约，认可政教分离的原则，它就足够。日本、韩国和我国台湾地区都证明了这一点。我们都习惯泛泛地说基督教文化的土壤内生了现代文明，但到底基督教文化中的哪些因素诱生了现代文明，却是众说纷纭。至少从既有的现实看，认为只有基督教文化为主体的国家才能运转宪政民主体制肯定是错误的，以儒家文化为基础的东亚社会是完全可以兼容宪政民主体制的。

我认为美国在可预见的将来仍然具备这一共同体，我对美国的未来仍然是乐观的。但我不是一个算命先生，我无法预料美国有没有分崩离析的那一天。从历史的经验看，任何一个国家承平日久，都会形成诸如阶层固化，阶级种族民族矛盾激化的状况，宪政体制虽然具备制度弹性，可以因应形式逐步进化，但也很难根本上解决。矛盾发展到一定地步，就会出现宪政制度失灵的状况。当政治经济社会种族信仰矛盾积累到一定的程度，不排除美国会发生分裂然后再分化重组的可能，因为任何国家都有这种可能，而且从终极意义上几乎是无法避免的。

到了那种矛盾激化的时刻，在宪政框架内已经无法解决极端尖锐的矛盾冲突。不能排除会再来一次人民集会，在新的政治基础上建立一个新的国家，为新的国家奠定国事之基。阿伦特把这种人民集会的时刻称之为革命时刻。以美国来说，她所说的人民集会主要是指独立战争，当然亦包括战争成果所体现的制宪会议。

一定意义上，新的革命时刻可能终究会来。但它毕竟不是人们所希冀的，因为革命多数是伴随着流血的，往往是两个集团之间的军事暴力，其走向也是高度不确定的，也就是说经过流血牺牲也未必有更好的结局。生活在一个具备正义品性的国家，人们不应当主动去促成这种时刻，因为代价往往太大。作为有重大影响力的政客，更应当具备责任感和历史感，坚持在宪政框架内行事。

之所以不应主动促成革命时刻，乃是因为在宪政体制下，主动促成革命是不义的，而且这一过程几乎笃定会使用非正义的手段，比如煽动、挑拨、渲染仇恨等。而鼓动川普军事政变就是人为促成革命时刻。

在米国建国伊始，就曾因为总统竞选一度濒临内战的边缘。当时杰斐逊所领导的民主共和党（现民主党前身）在总统竞选和议会竞选中都取得了压倒性胜利，但因为 1787 年宪法存在很多致命 Bug 导致总统一直难产。以亚当斯为首的联邦党人在输掉总统和议会选举后，仰仗联邦党人在旧国会中占多数，而新一届国会半年后才正式履职的当口，想利用宪法的 Bug 来"依宪"阻挠杰斐逊上台，甚至一度想推出自己党人约翰·马歇尔做临时总统。杰斐逊当时恼怒至极，直接诉诸民意，威胁如果联邦党人不讲武德，将不惜再来一次人民的集会。而且杰斐逊阵营可不是仅仅说说而已，有两个州正在招募民兵，随时准备兵发里士满（当时的联邦政府所在地）。

那么联邦党人就完全是无理取闹吗？当然不是，如果从共和而非民主角度，联邦党人也有理由指责杰斐逊党人是可怕的雅各宾派。美国在宪法层面就煞费苦心地防范大众的直接民主。直接诉诸民意一定程度上是反宪政的。

好在双方的政治精英都保持了基本的风范，联邦党人最后让步了，民主共和党人也更多是把"人民集会"当作谈判筹码，至少是最后的手段。当时如果真的脱离宪政框架解决问题，或许就不存在现在的美国了，也或者如很多学者认为的美国将会拉美化。

真正的政治精英不是没有私心的圣人，相反他们承认人的局限性，所以他们首先会集合众人的智慧，为人的竞争和博弈建立相对公正的规则，然后在规则之下去追逐自己的权力和利益。

四、结语

国内鼓动川普做凯撒的人，多自称是保守主义者，却以实际的言论践行着一种激进主义的价值取向，如果保守主义只是停留在反对进步主义的价值理念上，为了心中的理念，在实操方面鼓励采取激进的措施，而不是体现为一种审慎。至少我觉得他们保守主义者的自我定位未必站得住脚。

而且恕我直言，国内很多人虽然支持民主宪政体制，但只是停留在一种感性认识上，对它的本质特点缺乏体认。现代性的本质就是理性关照之下的多样性。而宪政民主的核心特征就是限制权力保障权利，人的基本权利不能以任何理由剥夺，不仅防止权力侵犯权利，还防止多数人对少数人实行暴政。所以宪政民主必然以尊重消极自由和保障权利为核心。

而尊重消极自由和保障个体权利的体制，社会的发展就必然会呈现为一种万花筒的状态，价值多元、奇装异服、光怪陆离，魑魅魍魉横行，只要没有影响他人，没有妨碍公序良俗，都应当是允许的。也即是说，保守主义者所忧虑甚至深恶痛绝的现象，一定程度是宪政体制所必须容纳的，否则就不成其为宪政体制。

在宪政体制下，特别是像美国这样一个多种族多信仰的大国，虽然民营的电影电视公司以其产品也在不停的塑造以昂格鲁撒克逊白人为主的主流价值观，但宪政体制不能允许借助权力去强行同化、形塑少数人的价值观。在政策取向上，政府必然是以促进"共存"而不是"共识"为目标，否则政府就缺乏超然和中立性，成为价值的一方，造成持续的宪政冲突。

回顾历史，人们发现，在新教改革中，瑞士兴起的加尔文宗的诸基督教城邦共和国很快就灰飞烟灭了，加尔文宗被认为是对英美宪政民主体制的建立至关重要，但为何纯洁的基督教共和国反而不能长存呢？盖因其存在宗教迫害，有民主无宪政，不宽容所致尔。

我的朋友中很多人认为川普可以力挽狂澜，可以矫一时之弊，我不否认总统的权力很大，当代美国的总统更有"帝王总统"的说法，但他的权力仍然是有限的。我们知道美国保守主义有很多面向，比如重视私有财产权、持枪权，反移民，支持小政府，赞成法律和秩序，珍视希伯来宗教精神和在其浸淫下形成的传统文化，反对激进变革等等。对照着上述保守主义的诸面向，我们可以分析一下，以总统为代表的行政权力到底能影响哪几个方面呢？

一般来说，限制移民和以减税为特征的小政府是他能主导的，也只是主导，要论到最终的权力，基于主权在民的原则，最终还是在国会那里。至于尊重私有财产权，这是良治社会的根基，不可能被废止，只是在不同时期对其保护的力度有变化，一般由最高法院通过判例来权衡和把握。至于持枪权，也是宪法权利，如果进步主义者想废止，需要门槛很高的修宪，在可预见的将来根本不可能，总统几乎无能为力。至于维护法律和秩序，主要是州的职责，联邦政府所能做的有限。

很多人都知道，美国进步主义的大本营是在教育和媒体领域，这两个领域总统都无权去干涉。

所以，通过上述分析我们看到，认为一个总统上台就能根本上改变美国的走向，只能是想象。当然我亦承认总统的权力广泛，可以间接影响很多方面。

个人以为，一个人上了四十岁后，就不应当再像青年一样去单向度的考虑问题，必须经常性省视自身和自己的认知，要自觉的将自己设想的解决问题的方案接受合法性审查。要意识到凡属重大的社会问题，都不存在一个一劳永逸的解决方案，你的解决方案只能是阶段性的，并且在实操中要秉持高度的敏感，全程贯彻一种实践理性。事实上，一代人只能做一代人的事情，不要刻意激化矛盾人为促成沧海横流的"奇点时刻"，那样的"奇点时刻"应当是演化而来。每个人都应当超然的看待个体荣辱。我们必须时刻警示自己：即便你目的是好的，但只要手段错误，都可能造成极为严重的后果。甚至即便你的目的和手段都正确，如果时机选择不对，也仍然可能会失败并造成严重的后果。

王莽改制目的有正义性，结果呢？罗马共和时期格拉古兄弟的改革，其初衷又何尝不好呢？格拉古兄弟出身于贵族，却都对平民抱有深刻的同情，在他们先后担任保民官时，都出台了一些倾向平民的改革措施，因为遭到贵族的阻挠，在推动这些改革措施出台的过程中，就使用了很多不具有正当性的手段，破坏了罗马共和国的传统规则，在利用不正当手段推出改革方略后，为了保卫并深化改革成果，更是不择手段，要求连任保民官，这破坏了共和国延续了 300 多年的为官不得连任的基础性规矩。有人就认为他想当僭主，最终引发暴力冲突，提比略.格拉古及其随从被杀。十年后，老二盖尤斯.格拉古更是为了保卫自己的改革成果刺杀对手聚兵起义，兵败后自杀，其随从也被杀。

格拉古兄弟为了心中正当的目的，事实上开了用破坏规则及使用暴力解决争端的先河。此后，前车后辙，用阴谋和暴力解决争端就不断发生，共和国的制度传统被弃如敝屣。

漫言不肖皆荣出，造衅开端实在宁。一定程度上，是格拉古兄弟带头破坏了基础性的游戏规则，为共和国的混乱和终结埋下了种子，走向了自己目的的反面，令人扼腕叹息。

也许彼时罗马的游戏规则有很多问题，但那规则就像一个建筑的榫卯，抽去了它们，再宏大瑰丽的建筑都会轰然倒塌。

在制度建构之初，尤其禁不得这种破坏。在制度建构之初，程序正义无可置疑的应被置于首要的位置，将规则慢慢演化为传统，一旦形成传统，对政治强人的约束能力就提高了，而且游戏规则的弹性也会上升，不至于轻易遭到破坏。

游戏规则对参与者虽然是一种束缚，但也提供了一种基本的信任，一种基本的人身安全，一种保持基本风度的机制，我们受益于此。一旦破坏，刺刀见红，人身消灭，往往是多输的局面。

一个有一定阅历的成年人，应该意识到这世上并不存在绝对公正的游戏规则，规则经常是价值权衡的结果，比如选举人制度，比如每个选举人代表的普选票，哪一个又是绝对公正的呢？但只要规则是提前公布的，在选举前你没有在宪政框架内提出挑战，并通过符合正当程序的手段改变之，那么你参与这个游戏，就应当遵守其规则，如果规则有漏洞，双方自然都可以合理利用。

如果己方输了，当然也可以按照规则提出挑战，但此时你不能挑战游戏规则本身，你只能聚焦于有没有舞弊的事实。而你指控的事实是否成立，又是需要依托现有的规则来证明的，这里面或许有不公正，裁决结果或许违背了你心中的实质正义，但一个具备基本费厄泼赖精神的人此时应当吞下苦果。

川普在挑战选举结果的过程中，并未对军队寄予很大期望，但说他完全没有想法也不符合事实，川普之所以没有露骨的表示，是因为他清楚根本没有能力调动军队介入选举争议，在 BLM 运动打砸高潮时军队高层就以其拒绝服从的行动表明了立场，更别谈纯粹的政党竞争。

1 月 6 日在川普的支持者冲击国会后，军方高层没有再沉默，他们是这样表态的：

美国参谋长联席会议主席 Miller 代表军方高层正公开表态，保护美国宪法义不容辞，强烈谴责暴力冲击国会，显然是剑指川普，只差点名了。参谋长联席会议主席、副主席、海、陆、空、陆战、太空军、国民自卫队的将军一共八人联名发备忘录：1/6 的暴力动乱是对国会的直接攻击。国会山内的行为与法治不符。言论和集会自由不授予人们使用暴力、煽动叛乱和起义的权利。1/20 日，依照宪法，由国会认证，拜登将就任，成为第 46 任军队总指挥。

军队谨守宪法职责，自始至终超然于政党竞争，体现了美国宪政体制对军队的约束具有刚性的一面。这种制度约束可以有效抑制野心家的蠢蠢欲动。

最后我想说的是，保守主义者如果对进步主义看不惯，还是应该把主要精力放在价值观的倡导上，让自己信奉的价值观成为社会主流，而不是寄希望于总统行政权力的介入。

华东师大的刘擎老师在"奇葩说"有一句话深得我心，他说"允许他人在不违背法律的前提下犯错，才有可能让极端行为边缘化"。

我认为这彰显了一种成熟者的智慧。

刘书庆于 2021 年 4 月 2 日

第三篇

对具备正义品性的体制不能颠覆只能完善

——国内泛自由派挺川应当止于的界限及其他

作者按：这篇文章定稿于 2020 年 12 月 7 日，彼时还没有发生川普支持者冲击国会的暴力事件。但川普败选后以所谓"拜登曲线"先声夺人，往他的支持者心里下了蛊，让他们先入为主认定拜登盗窃了大选，而不考虑他是时任总统，且最高法以保守派大法官为主的事实，将川塑造成了一个受害者。加之他要抽干华盛顿沼泽那些话术很有效，川的支持者黏着性很高。川及其律师团队更是造各种谣言，也提起了大量诉讼，但几乎无一例外要么不被受理，要么裁定其败诉。在合法救济遭遇挫折之后，川的支持者，尤其那些"红脖子"白人正在极端化癫狂化：骑着哈雷摩托，携带致命武器的红脖子们到处串联，摆出不改变选举结果就要暴动的姿态。彼时我就做了一个判断："川的维权已经到了宪政所能允许的极限"，并预言"川普这种煽动民粹的操作模式，蕴含局部局势失控的危险。一旦局部失控，造成无法挽回的损失，川普会为此付出代价。"

后来就发生 1 月 6 日暴力冲击国会的悲剧性事件，我的预言变成了现实。

1 月 6 日的暴力事件是川普所谓维权的高潮，也是他的滑铁卢，形势开始逆转，川遭遇了美国有识之士普遍性的谴责，连鼎力助他竞选的大女儿都疏远了他。但谁也没想到在 2024 年他又卷土重来了，这证明川普掀起的这场宣扬白人至上的民粹运动在美国有相当的民意基础。

在支持川普方面，华人泛自由圈几乎与"红脖子"同频，充斥着一种反建制、颠覆既有宪政秩序的激进情绪。笔者有感于此遂写作了此文。当时我认为这可能与他们的认知不到位有关，所以下笔保持了温情，试图尽量严肃地理解他们的忧虑和期冀。

于 2025 年 6 月 16 日

■内容摘要：

◆ 从 1789 年开始，历经 200 多年的运行，美国的宪政体制已经足够成熟，特别是经历 19 世纪的南北战争和 20 世纪的民权运动，美国相当于重塑了宪法根基，全民重新达成了新的社会契约，全体国民不分肤色性别都享有平等的权利和自由，能得到宪法平等的保护。至此美国从少数白人男性的小众共和升级为全民共和。美国成为真正具备正义品性的国家。

◆ 这不是说美国在宪政运行的过程不再产生棘手的问题。而是意味着无论什么样的问题均可以且应当在宪政框架内解决。宪政的特点就是政治问题解决的非暴力性，行政首脑和议员要民主选举、定期换届，在选举换届过程中产生的政治纠纷要么以民主方式解决，要么以司法审查的方式解决，但必须是和平的，警察应当价值中立，成为社会秩序的维护者，而军队更应当超然世外，真正成为国家安全的盾牌而不是党争的工具。

◆ 正因为美国已经是真正具备正义品性的国家，在这样的国家，颠覆其基本制度无疑就代表一种恶。福山所谓历史的终结，其表达的意思是民主宪政和市场体制取得主导地位，革命永久退场，政治将变得平庸乏味。

◆ 为什么说川普快走到了宪政所能允许的极限呢？

川普及其律师团队频繁使用"we the people"这个大词，将对方定性为"叛国者"，他川普是美国的拯救者，他正以一己之力挑战整个腐化体制，这场选举是一场正邪之战，他呼吁"we the people"的支持。所以铁锈地带的白人情绪激昂的挎着枪上街了，个别红脖子白人甚至说美国有内战的危险，显然他不是在表达忧虑，而是在威胁。

川普这种煽动民粹的操作模式，蕴含局部局势失控的危险。一旦局部失控，造成无法挽回的损失，川普会为此付出代价。

已经走到宪政所能允许极限的川普，再往前走就有身败名裂的危险。川普当然可以继续维权，但不应当学 1933 年的希特勒频频诉诸于民意，以正邪之战来煽动支持者上街。因为总统普选本身就是最全面最真实的民意展示。

◆ 国内一些泛自由派，其中不乏我的朋友，作为局外人竟然表现的比一些美国人还要激进。他们完全接受了川普这套正邪之战的说辞，认为美国已经快到了国将不国的危险境地，主流媒体全部沦陷，成为华尔街和硅谷企业的传声筒，以 BLM 和安提法为代表的左派激进主义正在摧毁美国，有且只有川普能正本清源，能清理华盛顿沼泽，能让美国重新按照基督的旨意发展。拜登如果当选，美利坚会加速堕落，人类灯塔会熄灭，恐怖主义势力和 Rogue 政权将为所欲为。

这是一场属灵的战争，他们说。

顺理成章的，我的一些朋友就支持川普宣布紧急状态，甚至鼓励发动内战做林肯，或者用诗一样的语言期待川普跨过卢比孔河做凯撒。

◆ 我曾在微信群里多次说，我希望泛自由派对川普的支持止于宪政框架之内，不要动不动就想掀桌子，否则逾越了界限就会走向自己追求的反面。既然支持川普的人多声称支持是因为川普是一个保守主义者，他的政策是保守主义的。那么什么是一个保守主义者最应该保守的东西呢？

对于一个真正具备正义品性的国家，其宪政体制不首先是应该被保守的吗？而蕴含在宪政体制之中的正当程序和规则不应当首先被保守吗？

正义不应该抽象化看待，正义蕴含在正当程序和规则之中。如果自以为义，以个体价值观作为正义的评判标准，正义不仅将失去恒久的品质，也会让我们陷入前后逻辑不能自洽的困境。

◆ 我希望支持川普的我的朋友们，能理性冷静的接受这个事实，当然你们继续满怀希望也没问题，但是要做一个有风度的支持者，有风度就是不要狂热，不要自以为义，不要让情绪压倒理性，事实判断和价值判断要区分，要能容忍反川者的不同意见，要意识到价值多元是现代社会的主要特点之一，总有人会和你观点不同。

■正文：

一、文章缘起

我在朋友圈分享了一篇刘亚伟老师的文章《我看美国大选》，顺着亚伟老师文中的一句话，我评论了一句：追求伟大制度本身就是一种僭妄，一种理性的致命自负。陈永苗兄就建议我也写一篇，还说写是更好的思考，不然丢了。

我就觉得永苗说的对，无论深刻抑或浅薄，都不妨把自己的想法写出来，权当整理一下思路。针对美国总统大选，虽则在几个群里断断续续说了几句，但一直有意犹未尽之感。另外，张千帆和贺卫方两位老师因为批评川普，在互联网上所遭遇的言语暴力，也让我有点愕然，也就愈发坚定了我写点东西的想法。

从我个人感受来看，我的朋友，支持川普的占多数，只有少数几个反川，拜登这个候选人成了背景帝。这倒与美国本土的情况类似，都说本次选举就是支持川普和反对川普的人的较量。因我个人一直持偏保守主义的理念，也多少倾向于川，但以超然的心态在看待竞选的结果。

这里必须为沉默的多数说句公道话，泛自由派的主体并没有极化，和我一样虽然有倾向但持超然心态的人还是多数。不讲道理代入感却很强烈的"川粉"或者"川黑"仍然是极少数。但是因为沉默的多数对结果比较超然，所以更愿意观察，而不是武断地选边站，所以虽然人数多但声音弱。沉默的多数不是不关心大选，大多数也是非常关心，只是关注的内容不同，对我来说从中观察美国宪政体制的运行机制，观察美国的主流民意和社会思潮比关注谁当选更有意义。而且在我看来，关注谁当选也并无太多实际意义，毕竟我们对选举结果没有丝毫影响力。川普或者拜登，无论你认为谁当选对中国有利，我们都只能是被动的接受者。何况你的认为也只是一种判断，判断的准确度都是很令人生疑的。何况每个人判断的着眼点也不同，有的放眼长远，比如五十年之后，有的只看几年。放眼长远的人与只看几年的人相比，在道德上难道就更优越？这都是可以争论的。

二、美国已经是具备正义品性的国家

当然我之所以超然的看待川普与拜登的竞争，更重要的原因在于对美国宪政制度的信任。从 1789 年开始，历经 200 多年的运行，美国的宪政体制已经足够成熟，特别是经历 19 世纪的南北战争和 20 世纪的民权运动，美国相当于重塑了宪法根基，全民重新达成了新的社会契约，全体国民不分肤色性别都享有平等的权利和自由，能得到宪法平等的保护。至此美国从少数白人男性的小众共和升级为全民共和。美国成为真正具备正义品性的国家。

这不是说美国在宪政运行的过程不再产生棘手的问题。而是意味着无论什么样的问题均可以且应当在宪政框架内解决。宪政的特点就是政治问题解决的非暴力性，行政首脑和议员要民主选举、定期换届，在选举换届过程中产生的政治纠纷要么以民主方式解决，要么以司法审查的方式解决，但必须是和平的，警察应当价值中立，成为社会秩序的维护者，而军队更应当超然世外，真正成为国家安全的盾牌而不是党争的工具。

正因为美国已经是真正具备正义品性的国家，在这样的国家，颠覆其基本制度无疑就代表一种恶。福山所谓历史的终结，其表达的意思是民主宪政和市场体制取得主导地位，革命永久退场，政治将变得平庸乏味。当然这种状态既是平庸乏味的，但更是幸福的，特别是对升斗小民。

三、应以消极自由观看待社交平台与己不同的意见

在一个律师群里，面对双方激烈的争执甚至撕裂，我曾写过一段文字，希望大家更超然一点，不要有太强烈的角色代入感，否则很容易让我们陷入尴尬。但随着时间的推移，我个人的看法也在发生些微改变，这些代入感很强的人就是我很要好的朋友，他们对川普的爱憎是有真实关切的，是有自己的价值观支撑的，不能说他们是浅薄的，因而也是值得认真对待的。所以我修正了自己的看法，觉得全网热议不是件坏事，不能因为担心出现撕裂的局面就不辩论。因为价值观的分歧是客观存在的，不争论它也存在，一有机会它就会显露出来。

借着美国大选，把分歧暴露出来，经过思想的交锋，能达成一些共识最好，暂时不能达成共识也无妨。面对不同的声音，辩论时可能有意气之争，但时过境迁我相信多数人会有所省思，以对方的视角或者更多视角来审视自己的观点。这就是成长。

因我个人一直秉持一种消极自由观，认为在微信群里发言，属于消极自由的范畴，只要没有人身攻击，没有爆粗口等违反群规的行为，意见表达不应当被禁止，支持川普或者反对川普的都不应当被嘲讽。现实中，反对川普的人往往有一种智识优越感，而支持川普的则充满道德义愤，所以双方屡屡争论的火星四射，人身攻击不断。

本次大选，在华人圈确实假消息泛滥，但在我看来，对真假难辨的信息，除非你能依据已有的信息给证伪，或者你可以依据常识、逻辑来证伪，否则我希望对此予以适度容忍，以存疑的状态等闲视之最好，对真假莫辨的消息保持一种开放性，也是一种必要的审慎，孔子说多闻阙疑，慎言其余，则寡尤，要相信假消息很快就会被后续的事实证伪。

我一再重申一个观点，即川普在宪政框架内穷尽一切手段维权没有任何可指摘的地方，甚至他利用制度的漏洞也可以理解，从杰斐逊和亚当斯竞争第四任总统开始，党派竞争就成为总统大选的主旋律，那种华盛顿般体面优雅的总统人设就崩了，赢，千方百计的赢成

为主旨。从应然角度，宪政体制本身也并不保证选举一个优雅体面道德高尚的人，甚至可能恰好相反。反川的人嘲讽川普吃相太难看，是在颠覆这个体制。对此我有不同看法，我认为迄今为止川普的维权仍然还是在宪政框架内，但确实快走到了宪政所能允许的极限。

四、川普已经快走到了宪政所能允许的极限

为什么说川普快走到了宪政所能允许的极限呢？

川普及其律师团队频繁使用"we the people"这个大词，将对方定性为"叛国者"，他川普是美国的拯救者，他正以一己之力挑战整个腐化体制，这场选举是一场正邪之战，他呼吁"we the people"的支持。所以铁锈地带的白人情绪激昂的挎着枪上街了，个别红脖子白人甚至说美国有内战的危险，显然他不是在表达忧虑，而是在威胁。

川普这种煽动民粹的操作模式，蕴含局部局势失控的危险。一旦局部失控，造成无法挽回的损失，川普会为此付出代价。

已经走到宪政所能允许极限的川普，再往前走就有身败名裂的危险。川普当然可以继续维权，但不应当学1933年的希特勒频频诉诸于民意，以正邪之战来煽动支持者上街。因为总统普选本身就是最全面最真实的民意展示。

当然川普会说因为选举存在系统性舞弊行为，所以选票并不能代表真实民意。但是选举是否存在系统性的舞弊，这是一个需要待证的事实，需要指控方举证。对一个事实问题的确认，最终应当通过司法审查来做个了断。现在最高法院有六位大法官是保守派，他们至少不会偏袒拜登，他们做出的裁决川普应当遵守。

五、支持川普应当止于宪政框架内

国内一些泛自由派，其中不乏我的朋友，作为局外人竟然表现的比一些美国人还要激进。他们完全接受了川普这套正邪之战的说辞，认为美国已经快到了国将不国的危险境地，主流媒体全部沦陷，成为华尔街和硅谷企业的传声筒，以BLM和安提法为代表的左派激进主

义正在摧毁美国，有且只有川普能正本清源，能清理华盛顿沼泽，能让美国重新按照基督的旨意发展。拜登如果当选，美利坚会加速堕落，人类灯塔会熄灭，恐怖主义势力和 Rogue 政权将为所欲为。

这是一场属灵的战争，他们说。

顺理成章的，我的一些朋友就支持川普宣布紧急状态，甚至鼓励发动内战做林肯，或者用诗一样的语言期待川普跨国卢比孔河做凯撒。

我曾在微信群里多次说，我希望泛自由派对川普的支持止于宪政框架之内，不要动不动就想掀桌子，否则逾越了界限就会走向自己追求的反面。既然支持川普的人多声称支持是因为川普是一个保守主义者，他的政策是保守主义的。那么什么是一个保守主义者最应该保守的东西呢？

对于一个真正具备正义品性的国家，其宪政体制不首先是应该被保守的吗？而蕴含在宪政体制之中的正当程序和规则不应当首先被保守吗？

正义不应该抽象化看待，正义蕴含在正当程序和规则之中。如果自以为义，以个体价值观作为正义的评判标准，正义不仅将失去恒久的品质，也会让我们陷入前后逻辑不能自洽的困境。

六、保守主义者应如何看待米国的社会问题

大陆如此众多的泛自由派，在看待米国大选时以保守主义的面目出现，是颇耐人寻味的，其中不乏学者教授，其言论中也不乏真知灼见。所以这些人绝非如某些人所讽刺的展现了浅薄无知，而是有价值观为依托，有真实的利益关切。他们揭露的问题有些确实是存在的。

他们中的很多人出于直觉意识到了进步主义带来的一些问题，看到了女权主义者、非法移民、LGBT、BLM 运动给美国宪政秩序带来一定的冲击。寄希望于川普带领米国重回基督教文化传统，重回刚健质朴的昂格鲁撒克逊白人传统价值观，对 Rogue 政权进行震慑。

这些问题确实部分都存在，但他们寄希望于川普力挽狂澜恐怕是一厢情愿，有些问题是不可逆的。比如米国种族构成的改变，米国不可能再回到 80 年代白人绝对多数的里根时期。米国曾受益于黑奴种植园经济，现在如果抱怨黑人太多恐怕缺乏正当性，同理，米国受益于全球精英的移民，如果现在抱怨移民改变了它的种族构成、文化信仰等恐怕也缺乏正当性。这是应付的代价，就如同英法对近东殖民就要承担昔日宗主国的一些道义责任一样，欧洲之所以吸纳强悍的穆斯林移民而不是引进安分守己的华人，背后是有道义责任在的。

另外，川普的支持者可能夸大了总统对矫正社会风气的作用。美国是联邦制国家，存在多样态多层次的分权，在联邦政府层面，总统代表的行政权力也只是三权之中的一权，而且文官制度的存在本身也会对总统的权力形成制约。总统没有专制国家或极权国家老大一言九鼎的权力。总统通过行政政策会影响社会氛围，但一个社会整体趋向保守还是激进，并不全由总统说了算，从既有的历史看，总统主要影响税收政策、国防政策、移民政策，但对于像 BLM、女权运动、安提法这些社会思潮及其运动，因为受制于宪法第一修正案，很难直接抑制，可能最高法的判例示范更有效果，可能通过影响高校教师和媒体从业者的价值观更有效果，不过后两者向来是进步主义的大本营。

也正因为夸大了米国总统的权力和作用，反过来也对拜登上台产生了过度的恐惧。现在，米国共和党在参院占多数，在众院仅处微弱劣势，在最高法占六比三多数。即便拜登上台，也不可能改头换面，从米国国家利益出发，他也必须是在既有现实的基础上发挥领导作用。

米国作为一个移民国家，族裔背景的多元必然带来文化的多元宗教信仰的多元，同时米国作为一个奠基于尊重消极自由，保障个体权利的具备正义品性的现代国家，价值的多元也是不可避免的。

作为一个保守主义者，无论你多么不情愿，你的一切期望，一切愿景都必须从这个种族、文化、信仰、价值多元的事实出发。为了让米国变成你期望的样子，你当然可以积极参与社会活动，设法去引导去塑造去影响，但政府有很多事情是不能做的。

在宪政国家，政府有很多事情是不能做的。很多泛自由派容易忽视这一点。

七、结语

虽然现在很多川普的支持者仍然对川普连任信心满满，但如果冷静一点看，川普连任的梦想大概率已经破灭，迄今为止，川普及其团队并没有拿出实锤的证据，而且给我个人的观感是，随着各种诉讼的渐次被驳回，川普也越来越心虚，恐怕只剩侥幸心理了，只能期待由非常程序来挽救他了。虽然他的支持者不停的上街，甚至扛着枪上街，对他仍然情有独钟，但米国的众议院真的会启动一州一票的非常程序来选择总统？我认为前景非常渺茫，毕竟川普不仅输掉了选举人票，也输掉了普选票。如果一群支持者扛着枪上街就可以改变选举结果，那是程序正义的蒙羞。

我不认为米国会走到那个地步。当然川普仍然还可以继续维权，只要还是坚持在宪政框架内。

我希望支持川普的我的朋友们，能理性冷静的接受这个事实，当然你们继续满怀希望也没问题，但是要做一个有风度的支持者，有风度就是不要狂热，不要自以为义，不要让情绪压倒理性，事实判断和价值判断要区分，要能容忍反川者的不同意见，要意识到价值多元是现代社会的主要特点之一，总有人会和你观点不同。

作为一个多少倾向于川普的持偏保守主义理念的人，看到我的一些朋友支持川普已经到了支持他不惜开启内战，启动紧急状态，做林肯做凯撒的地步；看到张千帆与贺卫方老师仅仅因为批评川普而被各种花式审判，甚至不乏羞辱，而羞辱他们的那些人中竟然不乏我认可甚至看重的朋友。我就决意认真写一点文字，就当尽一份公民的责任。

尤陆沉 ／ 2020 年 12 月 7 日

第四篇

种族歧视还是愤懑无力？

——从外国人的超国民待遇说起

作者按：时常有人说中国人是最普遍的种族歧视者，这种印象应该来自于网络。而在一个"一九八四式"的社会中，人们处于无政治自由和权利的失重状态，此时网络上的表达有多少是扭曲的？外在的话语是如何被一种集体性的愤懑心理诱导的？作为一个现代公民，以何种方式来反对给予外国人超国民待遇才是正当而且理性的？这篇文章尝试对此进行解答。

于 2025 年 5 月 7 日

■内容摘要：

◆ 中国人这种侮辱性的种族歧视话语，彰显的不是自己的优越感，而是屈辱感，是对政府所给予外国人超国民待遇的愤愤不平，是对这种违反基本政治伦理的政策伤害自己却无力改变的愤懑。这种歧视带有一定程度的防守性，是对异种入侵威胁的应激反应，下意识的试图通过贬低"他者"来隔离对方，通过蔑视性评价给自己种群的女性与之接触设置一层障碍，以降低跨种群通婚的数量，将威胁控制在一定限度。

◆ 正因为这种歧视并非产生于内在的优越感，所以它也是很容易治愈的。只要国家走向正常，尊重基本政治伦理，人们能从公共政治生活中获得自尊，能以正当的方式影响政治决策，不再被恣意地伤害尊严和损害利益，能理性地认清种族歧视无论从道德上还是从利弊权衡角度都是不可取的，以中国人普遍温和的性格，当能顺利克服之。

◆ 一个世俗的族群，其实很难对其他种群产生很深的隔阂，偏见歧视只是理性不及的产物，而一个不具有正常公民权利的人很难理性。

◆ 我们都会有个经验性常识，人越卑微，在争执中就会越大声，肢体语言也会越夸张，而有份量的人说话会有一份静气，人们都会侧耳倾听。大多数人们只会关注到两者素质的高低并厌恶卑微者的呱噪，却没看到身份对话语权的加持。卑微的人没有资格优雅地说话，因为你小声说话没人能听见，而一个没有政治权利的人，必定卑微。

◆ 卑微的人没有资本假装自己强大且宽容，否则被损着牙眼连疼痛你都喊不出声，你的生存境遇将愈发悲惨。

◆ 政治社会经济地位越低的人对威胁的感受越强烈，但国人此处对威胁的看法，笔者以为并非是全然虚构的，政府"全天候"的超国民待遇强化了这种受威胁意识。

◆ 打着冠冕堂皇的旗号，客观效果却是将女生当作"和亲礼物"的学伴制度，无疑是对女生赤裸裸的物化。即便所有参与的女生都是自愿的，即便她们都对批评这种制度的人持敌视的态度，甚至诞生一种不屑一顾的莫名优越感，也无改于她们被物化的现实，这种有组织的作为也仍然是不折不扣的校耻和国耻。

◆ 笔者之所以对给予外国留学生超国民待遇耿耿于怀，乃是因为我将其视之为对包括我在内的所有国人的刻意羞辱和权利践踏，而且它的动机和想达成的目的，也让我一直困惑。这种政策无异于让我们的孩子在嫉妒与怨恨中成长。

◆ 笔者一直觉得，totalitarian 国家的治理，内在的有一种破罐破摔的精神气质，有一份嬉皮士的玩世不恭，呈现出某种类似于癫痫症患者的不稳定。这种不稳定，从内部来看，各种荒唐荒诞荒谬的政策不断出现，从对外关系看，其往往在狭隘的民族主义与激进的世界主义之间快速横跳，而不是处在一种成熟理性的平衡状态。

◆ 世界各国，无一例外都优先保障自己国民的权益，因为是国民让渡部分权利组成政府，是国民在纳税供养政府的运转，正常的政治伦理是权力要追问来源并向来源负责，否则政治就不存在了。梁山上有座次有权斗但没有政治。

◆ 性是一种资源，对性资源的争夺几乎充斥了整个人类史，罗马城的奠基就来自于对萨宾女人的抢夺，罗马史将之作为一个开端性事件来回溯，已经蕴含了某种文明大幕开启的象征意义。女性生理上的柔弱，在性活动中的被动，导致在心理意义上就自然地成了被征服的对象，男人进而在文化意义上将性活动的征服意味进行了固化，成为了一种人类共通的文化母题，各国的文学作品都在佐证这一点。

◆ 男人内心里都不愿意见到自己种群的女人跨种族跨信仰跨文化传统外嫁，如果种族和文化背景跨度越大，他会越难以释怀。这是一种普遍的感受，所有民族和种族均如此，没有例外，它深植于人性。因为在男人心里，习惯将与自己不同种族信仰和文化背景的人视为"他者"，他者与自己，形成一种二元对立的关系，对立并不一定导致现实中的冲突，对立首要的动机是将自己树立为主体，强化对自己种群身份的认同。自己种群女性的外嫁，他会觉得自己的姐妹或者他视为"姐妹"的人被"他者"征服了，他会莫名地感到一种屈辱感，一种连带的被征服感，甚至他会将之隐喻化，视为自己所属种群竞争力的失败，自己种群被"他者"压制的状态。

◆ 男人的这种心态如果仅仅以狭隘来看待，把它蔑视性地仅仅视作一个有待治愈的病态心理，那除了能满足个别人的某种智识的优越感外，于群体心理并不能改变什么。实则这种心态并非专属于华人。"外国人正是通过女人，力图将一个地区的灵魂据为己有"，"歌德被阿尔萨斯的女人爱上，在德国人看来是阿尔萨斯并入德国的象征"（见《第二性》）。能说这种心态是健康的吗？但它就是普遍存在着。当今这个世界对跨种族通婚更宽容是事实，但群体心理并不会轻易改变。当不断有洋人在社交媒体呼召他的同胞来大陆猎艳，说此地人傻钱多女孩容易上，一个中国人如果对此完全无感，甚至对引致这种后果的超国民待遇置若罔闻，我并不认为他更宽容更值得尊重。

◆ 当一个种群的女性单向输出，必然意味着这个种群的持续萎缩，意味着这个种群行走在被淘汰的路上，这也会挫折这个种群男性的自尊，而一个种群男性的自尊对该种群的存续是基础性的，男性的自暴自弃和自卑对一个种群的瓦解是致命的。

◆ 不幸的是，现实中几乎所有的政策，都在直接或间接地瓦解中国男性的的自尊，当然我们的女性被当作"和亲礼物"进行物化时，更是遭遇人格凌辱，但有一些女孩却骄傲地指责中国男人嫉妒。本来很简单的道理，自主跨种族恋爱是一回事，被权力当作礼物是另一码事。当然我坚决反对把批判的矛头指向那些女孩。

◆ 如果一个男人不浑浑噩噩，这种自己种群的女人单向输出的状态，必然会让他感到内心的苦涩。但是如果一个人感受到苦涩却连承认的勇气都没有，苦涩对他的伤害将尤其严重。

◆ 人不像蚂蚁一样，只是一个生理性的存在，人是一种历史文化文明的建构者，西班牙人殖民南美，杀死印第安男人，占有印第安的女人，生下混血的西班牙裔后代。单从遗传学上来说，混血的后代有一半的印第安血统，可这些混血的后代会认印第安人是祖先吗？那些幸存下来的印第安人看到这些混血的后代身体里流淌着自己种群一半的血统，会感到骄傲吗？

◆ 现代文明奠基于个体主义的权利观，没有以尊重个体消极自由为核心的权利观念，就没有现代文明。婚姻属于消极自由的范畴，从个体来说，一个人想嫁给谁，嫁给哪国人，嫁给哪个种族的人，都是她的权利。但一个正常的国家，永远不会主动鼓励跨种族通婚，原因无它，国家是一个建构性的存在，它的文化特征，它的稳定，它的凝聚力，国民对它的认同感，是与一个主导型的族群联系在一起的，也是与既有的族群生态联系在一起的，原有的族群生态是经历了长期的磨合过程才形成的。现代国家的制度建构固然追求一种价值中立性，以此涵容多元价值的共存。但只有国际主义精神病才会刻意引进他者搅扰既有的族群生态。

◆ 相较于我们的男孩子，那些洋人更有野性，特别是那些来自于非洲的小哥，看上去个个都是满满的荷尔蒙气息，仿佛随时要炸裂一样。他们的行为一般比较狂放，较少受道德和规则的束缚，较少遗留那种成熟文明对人的规训洗礼的痕迹，较少在意别人异样眼光的凝视，心理素质超好。在性资源竞争中，这都是优势。

◆ 而我们国家所给予他们的全方位无死角的超国民待遇，更加强化了他们的竞争优势。这种超国民待遇并未停留在单纯的经济补贴层次，而是早就突破了法律的平等适用原则。他们享受的这些超国民待遇，自然会让他们在大陆滋生一种特权意识，让他们有俯视甚至鄙夷国人的心态。

◆ 对在华洋人，面对他们的违法甚至犯罪，公检法有默契地践行着大事化小小事化了的原则，对违法和轻微的犯罪不予惩戒。这里没有任何夸张，完全是客观现实的反映。这种法律适用层面的纵容，也在激发一些人的侵略性和动物性，有的已经造成严重后果。

◆ 2021 年宁波工程学院已婚外教沙迪德·阿布杜梅纠缠女生小陈，纠缠不成竟然残忍地将之杀害，在受害人身上脸上砍了数十刀。对于这样一个恶性案件，鄞州公安分局在抓获犯罪分子后，在没有调查清楚时，竟然单方面采信犯罪分子的说法对外通报"因感情纠纷行凶"。

为了降低案件的关注度，为了减轻舆论对学校和警方责任的追问，甚至可能想为未来的轻判作铺垫，竟然不惜对一个再也无法澄清的死者，一个毫无过错的花季少女进行泼污。可以说丧失了基本的人性和羞耻感。

◆ 笔者一再强调勿要种族歧视，并非出于一种政治正确的虚伪，而是认为它既是不道德的，也是愚蠢的。在世界范围内，我们本身也是被歧视的对象，己所不欲勿施于人。再说，国人有什么资格歧视黑人呢？人家穷是穷了点，但在其国内享有基本的政治权利，更被当作人来对待，人家在你的祖国被待若上宾，本身就是人家在自己国内享有政治权利的副产物。人家懒是懒了点，但你这勤快的，省吃俭用也不过购买了一套70年产权的房屋，欠了一屁股的债务。一株没有政治权利的韭菜，它的勤奋不过是挣扎着多长几茬，方便被收割而已。

◆ 从实体上来说，我们反对给予外国人的超国民待遇，不是反对这些洋人享有而我们尚不享有的正当权利，比如在刑事和行政案中每个人本应当享有的实体权利与程序权利。我们无意把洋人拉低到和我们相同的权利贫困的境遇中，以求得一种更低层次的平等。但涉及到税收的处分，我们作为纳税人自然享有优先受益权，而且从政治伦理角度讲应当有决定权。

◆ 要警惕种族歧视的表达，这不只是狡黠的策略，而是它确实是一种现代社会的基本政治伦理，如果突破它，没有谁是真正受益的。种族歧视，会让我们处于道德洼地，即便是正当的诉求都会变得可疑，而且恣意呈口舌之快徒然会增加种族仇恨和隔阂。

在我们反对的过程中，不要让愤懑压倒理性，不要一切以结果导向，为达目的不择手段，要将反对奠基于正当的政治伦理之上，时刻以合法性与正当性来审查自己的言行，把反对的过程视为一次权利意识培育的机会，一次启蒙与自我启蒙的契机。

我们不要排外，一排外我们就输了，不排外并不妨碍守护我们珍视的权益，而且唯有如此，我们的反对才能保持一种张弛有度的状态，才会被认为是理性的。另外我们要切记，我们言说的对象是政府而非洋人，如果对象搞错了，极容易堕入丑陋的排外主义。

■正文：

一、被误解的种族歧视

今天笔者尝试来谈谈一个敏感话题：国人对黑人的种族歧视是真实普遍的吗？

在各种社交媒体，几乎都有网友不辞辛劳地发布有关黑人的图片和视频，不外乎个别黑人说中国女孩是"easy girl"，炫耀在床上搞定了多少中国女孩，或者是黑人成功牵手穿着白色婚纱的中国女孩，抑或是黑人在地铁这类公共场所各种嚣张跋扈。

面对这些照片和视频的撩拨，在跟帖的评论中，大概率都有"黑鬼"如何如何，如果只看这些内容，你会想当然认为中国人种族歧视很深，但在笔者看来，这种表现有欺骗性。

笔者以为，中国人这种侮辱性的种族歧视话语，彰显的不是自己的优越感，而是屈辱感，是对政府所给予外国人超国民待遇的愤愤不平，是对这种违反基本政治伦理的政策伤害自己却无力改变的愤懑，而屈辱愤懑是需要发泄出口的，而且这种歧视带有一定程度的防守性，是对异种入侵威胁的应激反应，下意识的试图通过贬低"他者"来隔离对方，通过蔑视性评价给自己种群的女性与之接触设置一层障碍，以降低跨种群通婚的数量，将威胁控制在一定限度。

正因为这种歧视并非产生于内在的优越感，所以它也是很容易治愈的。只要国家走向正常，尊重基本政治伦理，人们能从公共政治生活中获得自尊，能以正当的方式影响政治决策，不再被恣意地伤害尊严和损害利益，能理性地认清种族歧视无论从道德上还是从利弊权衡角度都是不可取的，以中国人普遍温和的性格，当能顺利克服之。

自春秋以降，中国的传统文化确实讲华夷之辨，但并不排斥以夏变夷。这足以证明华夏根底上还是一个文化而非种族共同体。一个世俗的族群，其实很难对其他种群产生很深的隔阂，偏见歧视只是理性不及的产物，而一个不具有正常公民权利的人很难理性。

而且我们都会有个经验性常识，人越卑微，在争执中就会越大声，肢体语言也会越夸张，而有份量的人说话会有一份静气，人们都会侧耳倾听。大多数人们只会关注到两者素质的高低并厌恶卑微者的呱噪，却没看到身份对话语权的加持。卑微的人没有资格优雅地说话，因为你小声说话没人能听见，而一个没有政治权利的人，必定卑微。

所以中国人这种泄愤式的歧视话语，我从中体会到的是一种无力感，一份无奈和愤懑，还有一份忧虑和恐惧。

实在的说，卑微的人也没有资本假装自己强大且宽容，否则被损着牙眼连疼痛你都喊不出声，你的生存境遇将愈发悲惨。有人可能会问，忧虑与恐惧还不至于吧？古语有履霜坚冰至叶落而知秋的说法，或许人多多少少有夸大威胁的倾向，而且政治社会经济地位越低的人对威胁的感受越强烈，但国人此处对威胁的看法，笔者以为并非是全然虚构的，政府"全天候"的超国民待遇强化了这种受威胁意识。

二、羞辱国人的超国民待遇

在华的外国留学生，不仅免收学费及各种杂费，而且每人每年还有 10 多万的生活补贴，这个数额足以碾压中国 98%以上国民的收入。中金公司 2022 年发布的数据显示，中国月收入 5000 元以下的人口累计 13.28 亿，占总人口的 94.8%。虽然 98%这个数字是笔者估测的，但恐怕还是保守了。

在华的留学生们无一不生活的优游自在，而反观我们的孩子，学费杂费生活费都要依靠父母承担。官方信息显示，我们有 6 亿人月均收入不足 1000 元。一般来说国民收入是符合正态分布的，想象一下，月收入在 1000-2000 元之间的又会有多少人呢？在校大学生有多少孩子出自这些家庭呢？

这样家庭出来的男孩子，自负精神枷锁，何敢潇洒的恋爱呢？相对于那些出手阔绰住宿条件又特别优越的外国留学生，他们又如何去公平竞争呢？

何况一些高校还专为外国留学生推出一种学伴制度，以给予女学伴潜在的各种好处的方式，鼓励女生担任留学生的学伴，现实中虽然发生过留学生试图非礼女学伴的事件，但更多是玉成了女学伴与留学生的恋爱关系。

打着冠冕堂皇的旗号，客观效果却是将女生当作"和亲礼物"的学伴制度，无疑是对女生赤裸裸的物化。即便所有参与的女生都是自愿的，即便她们都对批评这种制度的人持敌视的态度，甚至诞生一种不屑一顾的莫名优越感，也无改于她们被物化的现实，这种有组织的作为也仍然是不折不扣的校耻和国耻。

这种为留学生刻意制造的近水楼台的便利，又进一步让我们的男孩子处于竞争不利的位置。

笔者在 2018 年曾发起过一次公民行动，反对给予外国留学生超国民待遇，当时有 49 名律师，8 名媒体人和作家及 240 多名公民参与联署，这份公民意见书传播甚广，两次被公众号转载阅读超过 10 万，其中一次是多年专注于促进女性权益的冯媛教授转发的。一个文本，能两次被转载阅读超过 10 万，它必定是引起了公众广泛的共鸣。

除此以外，笔者当时还向教育部、财政部和山东省政府申请公开如下信息：奖学金年度财政支出总额、享受奖学金的留学生人数以及奖学金的申请标准，但均未获回应。权力依旧傲慢地奉行着"不回应、不反省、不改变"的"三不"方针。此次公民行动虽然没起作用，但我个人仍然为此付出了相当的代价，当然这个不足挂齿。

笔者之所以对给予外国留学生超国民待遇耿耿于怀，乃是因为我将其视之为对包括我在内的所有国人的刻意羞辱和权利践踏，而且它的动机和想达成的目的，也让我一直困惑。这种政策无异于让我们的孩子在嫉妒与怨恨中成长：生于斯长于斯的我们天生低人一等？

这样如何培养平视外国人的心态？如何培养一种自信平等开放包容的现代公民意识？如何让他们从内心深处对国家怀有感情呢？

平等是启蒙时代以来最深入人心的价值追求，很多人可能无法体察自由所具备的中心性和本体性的价值，但几乎所有人都厌憎不平等，至少在感情上如此。

如此在政策层面和执行层面公开的对自己的国民进行歧视，在我有限的阅读和认知经验中，古今中外闻所未闻。

无论一个人多么进步主义，恐怕也得承认一个事实：一个国家的文化传承是有族群依附属性的。亨廷顿在《我们是谁》一书中对昂撒文化可能的衰落忧心忡忡，其基本论据就在于西欧裔白人在美国人口数量的相对比例下降。

尽管笔者对亨廷顿身上那份通过学术包装但一不小心就会流露出的白人优越感有点厌恶，也将他在《文明冲突论》中所提出的儒教文明与伊斯兰文明会联合反抗西方基督教文明的前景视为无稽之谈，但我理解他在《我们是谁》中的忧虑。

笔者一直觉得，totalitarian 国家的治理，内在的有一种破罐破摔的精神气质，有一份嬉皮士的玩世不恭，呈现出某种类似于癫痫症患者的不稳定。这种不稳定，从内部来看，各种荒唐荒诞荒谬的政策不断出现，从对外关系看，其往往在狭隘的民族主义与激进的世界主义之间快速横跳，而不是处在一种成熟理性的平衡状态。

世界各国，无一例外都优先保障自己国民的权益，因为是国民让渡部分权利组成政府，是国民在纳税供养政府的运转，正常的政治伦理是权力要追问来源并向来源负责，否则政治就不存在了。梁山上有座次有权斗但没有政治。

性是一种资源，对性资源的争夺几乎充斥了整个人类史，罗马城的奠基就来自于对萨宾女人的抢夺，罗马史将之作为一个开端性事件来回溯，已经蕴含了某种文明大幕开启的象征意义。女性生理上的柔弱，在性活动中的被动，导致在心理意义上就自然地成了被征服的对象，男人进而在文化意义上将性活动的征服意味进行了固化，成为了一种人类共通的文化母题，各国的文学作品都在佐证这一点。

上述观点乍一听似乎对女性有点冒犯，但实则有一部分来自于波伏娃。我只是在重述一个事实，并无价值判断在里头，我就只有一个女儿，我当然期待一个性别更平等，对女性更宽容的世界。在这里我之所以啰嗦这些笔墨，只是想说明一点，男人内心里都不愿意见到自己种群的女人跨种族跨信仰跨文化传统外嫁，如果种族和文化背景跨度越大，他会越难以释怀。这是一种普遍的感受，所有民族和种族均如此，没有例外，它深植于人性。因为在男人心里，习惯将与自己不同种族信仰和文化背景的人视为"他者"，他者与自己，形成一种二元对立的关系，对立并不一定导致现实中的冲突，对立首要的动机是将自己树立为主体，强化对自己种群身份的认同。自己种群女性的外嫁，他会觉得自己的姐妹或者他视为"姐妹"的人被"他者"征服了，他会莫名地感到一种屈辱感，一种连带的被征服感，甚至他会将之隐喻化，视为自己所属种群竞争力的失败，自己种群被"他者"压制的状态。

特别是当种族通婚性别不对等的时候，更会让男性感觉受伤害。比如在美国，亚裔与白人的通婚集中于白男亚女的模式，而白女亚男很少。当然这与白人身材高大的生理优势有关，但更与亚女渴望进入美国主流社会有关。从个体趋利避害来说，亚女的选择本身也体现了一种理性，也是个体的自由，他人无权干涉，但是如果否认这种现象会给亚男带来内心的隐痛，也实属掩耳盗铃。

男人的这种心态如果仅仅以狭隘来看待，把它蔑视性地仅仅视作一个有待治愈的病态心理，那除了能满足个别人的某种智识的优越感外，于群体心理并不能改变什么。实则这种心态并非专属于华人。"外国人正是通过女人，力图将一个地区的灵魂据为己有"，"歌德被阿尔萨斯的女人爱上，在德国人看来是阿尔萨斯并入德国的象征"（见《第二性》）。能说这种心态是健康的吗？但它就是普遍存在着。当今这个世界对跨种族通婚更宽容是事实，但群体心理并不会轻易改变。当不断有洋人在社交媒体呼召他的同胞来大陆猎艳，说此地人傻钱多女孩容易上，一个中国人如果对此完全无感，甚至对引致这种后果的超国民待遇置若罔闻，我并不认为他更宽容更值得尊重。

当一个种群的女性单向输出，必然意味着这个种群的持续萎缩，意味着这个种群行走在被淘汰的路上，这也会挫折这个种群男性的自尊，而一个种群男性的自尊对该种群的存续是基础性的，男性的自暴自弃和自卑对一个种群的瓦解是致命的。自有文明以来，上至苏美尔人、古埃及人、亚述人下到中国契丹人、党项人，有多少种群已经邈焉难寻。不幸的是，现实中几乎所有的政策，都在直接或间接地瓦解中国男性的的自尊，当然我们的女性被当作"和亲礼物"进行物化时，更是遭遇人格凌辱，但有一些女孩却骄傲地指责中国男人嫉妒。本来很简单的道理，自主跨种族恋爱是一回事，被权力当作礼物是另一码事。当然我坚决反对把批判的矛头指向那些女孩。

如果一个男人不浑浑噩噩，这种自己种群的女人单向输出的状态，必然会让他感到内心的苦涩。但是如果一个人感受到苦涩却连承认的勇气都没有，苦涩对他的伤害将尤其严重。

人不像蚂蚁一样，只是一个生理性的存在，人是一种历史文化文明的建构者，西班牙人殖民南美，杀死印第安男人，占有印第安的女人，生下混血的西班牙裔后代。单从遗传学上来说，混血的后代有一半的印第安血统，可这些混血的后代会认印第安人是祖先吗？那些幸存下来的印第安人看到这些混血的后代身体里流淌着自己种群一半的血统，会感到骄傲吗？

现代文明奠基于个体主义的权利观，没有以尊重个体消极自由为核心的权利观念，就没有现代文明。婚姻属于消极自由的范畴，从个体来说，一个人想嫁给谁，嫁给哪国人，嫁给哪个种族的人，都是她的权利。但一个正常的国家，永远不会主动鼓励跨种族通婚，原因无它，国家是一个建构性的存在，它的文化特征，它的稳定，它的凝聚力，国民对它的认同感，是与一个主导型的族群联系在一起的，也是与既有的族群生态联系在一起的，原有的族群生态是经历了长期的磨合过程才形成的。现代国家的制度建构固然追求一种价值中立性，以此涵容多元价值的共存。但只有国际主义精神病才会刻意引进他者搅扰既有的族群生态。

像白罗斯那样将本国美女视为"国宝"，视为"战略资源"进行"出口管制"当然是极端的。但一个正常的国家肯定不会处心积虑为外国人创造机会来接近自己的女孩，如果该国同时存在男多女少性别比例严重失衡的局面，那就更加不可思议。设若在一个民主政体内，这种有辱国格对自己女孩物化，故意羞辱该国男性的行为，不知道会引起多么剧烈的抗议。但在此地，却只有冷嘲和喟叹。

三、突破法律平等适用原则的超国民待遇强化了洋人在性资源竞争中的优势

东亚社会现在流行所谓"草食男"和"宅男"，这两类人在男女情感上都表现的比较清心寡欲，不积极不主动，对爱情持无可无不可的态度，缺乏这个年龄段本应具有的活力，给人一种荷尔蒙分泌不足的感觉。这可能是一种后现代的症候，而我们的孩子尚未充分享受现代化就提前展现出了这种病症。

这种症候可能也与东亚人普遍内敛的性格有关，东亚男性与女性交往大多是温文尔雅的，如果想追求对方，往往经历长时段的情感铺垫。往好了说这体现了对女性的尊重，往坏了说就是谨慎胆小。

相较于我们的男孩子，那些洋人更有野性，特别是那些来自于非洲的小哥，看上去个个都是满满的荷尔蒙气息，仿佛随时要炸裂一样。他们的行为一般比较狂放，较少受道德和规则的束缚，较少遗留那种成熟文明对人的规训洗礼的痕迹，较少在意别人异样眼光的凝视，心理素质超好。在性资源竞争中，这都是优势。

而我们国家所给予他们的全方位无死角的超国民待遇，更加强化了他们的竞争优势。这种超国民待遇并未停留在单纯的经济补贴层次，而是早就突破了法律的平等适用原则。他们享受的这些超国民待遇，自然会让他们在大陆滋生一种特权意识，让他们有俯视甚至鄙夷国人的心态。如此荒唐非理性的政策，竟然一直得不到纠正，这个族群的男人也的确配得上被鄙夷被蔑视。

对在华洋人，面对他们的违法甚至犯罪，公检法有默契地践行着大事化小小事化了的原则，对违法和轻微的犯罪不予惩戒。这里没有任何夸张，完全是客观现实的反映。这种法律适用层面的纵容，也在激发一些人的侵略性和动物性，有的已经造成严重后果。

2021 年宁波工程学院已婚外教沙迪德·阿布杜梅纠缠女生小陈，纠缠不成竟然残忍地将之杀害，在受害人身上脸上砍了数十刀。对于这样一个恶性案件，鄞州公安分局在抓获犯罪分子后，在没有调

查清楚时，竟然单方面采信犯罪分子的说法对外通报"因感情纠纷行凶"。

为了降低案件的关注度，为了减轻舆论对学校和警方责任的追问，甚至可能想为未来的轻判作铺垫，竟然不惜对一个再也无法澄清的死者，一个毫无过错的花季少女进行泼污。可以说丧失了基本的人性和羞耻感。

随着案件的进展，后来透露的信息显示，面对犯罪分子的骚扰纠缠，品行端正的小陈曾经向学校举报，也曾经报警。但却没有得到任何帮助，学校和警方也没有对犯罪分子进行惩戒。这种多方纵容包庇最终导致惨案的发生。

任何民族种族都有残忍的犯罪分子，杀人毕竟是个案，笔者完全无意通过个案来给特定种族贴标签，我之所以不惜笔墨来提及这个案件，是让世人看清这种突破了法律平等适用原则的超国民待遇，在现实层面会引致多么严重的恶果。

杀人这种惨案当然是个案，并无代表性，但洋人在公共场合调戏骚扰欺辱女性的治安案件不断，却也是事实。我同样认为根源不在于特定的种族，而是大陆全方位的超国民待遇所致。

就在这几天，沈阳航空航天大学一位黑人留学生众目睽睽之下，在公共食堂一楼对着筷子笼撒尿，有人证有视频，后来学校辟谣说非洲小哥并没有真尿到筷子上。而且据传第一时间就把发布视频的同学雷厉风行地给处分了。黑人小哥此种行为伤害性不大，但侮辱性很高。

同样就在最近几天，社交媒体爆出，广东清远一名黑人在一家便利店内调戏非礼一名女生，当地派出所的回复是"证据不足正在调查"，而便利店内明明安装了监控摄像头，也有人证。

今年 3 月份在西安人潮涌动的大街上，光天化日之下，一个黑人竟然一路尾随骚扰一个女孩，最后也是不了了之。

2022 年，一名巴基斯坦裔的留学生追打交警的图片一时也传的沸沸扬扬。

至于在地铁上，一两个黑人就可以霸占车厢车座的照片，更是不断出现在社交媒体上。

现在大陆社交媒体流行一句话，"千万不要招惹洋人，因为他们背后有你强大的祖国"。这句让人五味杂陈的话能流行起来，本身也证明了一种现实。

上述这些有侵略性的，带有侮辱性的行为，诸位细想一下，到底是因为适用法律的纵容还是因为种族的原因呢？

笔者一再强调勿要种族歧视，并非出于一种政治正确的虚伪，而是认为它既是不道德的，也是愚蠢的，在世界范围内，我们本身也是被歧视的对象，己所不欲勿施于人。再说，国人有什么资格歧视黑人呢？人家穷是穷了点，但在其国内享有基本的政治权利，更被当作人来对待，人家在你的祖国被待若上宾，本身就是人家在自己国内享有政治权利的副产物。人家懒是懒了点，但你这勤快的，省吃俭用也不过购买了一套 70 年产权的房屋，欠了一屁股的债务。一株没有政治权利的韭菜，它的勤奋不过是挣扎着多长几茬，方便被收割而已。

四、黑人为何成了我们发泄不满的对象？

众所周知，黑人不是超国民待遇政策的制定者，也不是唯一的受益者，如果理性的看，对黑人的歧视没有道理，为何黑人成了中国人发泄不满的对象呢？我认为原因可能有以下几点。

第一，在政府以高额补贴引进的留学生中，黑人占比高。非洲国家普遍贫穷，一些国家连温饱都无法保证。来大陆留学顷刻间就成为高收入群体，一人来华甚至可以改善整个家庭的经济状况，有这种不付代价的好事，谁不想来呢？黑人来得多，自然就格外扎眼。

第二，黑人国家的历史都比较短，在白人殖民时代之前，非洲基本上处于部落时期，客观地说文明还处于较低的层次。二战之后殖民体系崩溃，非洲掀起了独立浪潮，但并无形成成熟的民族国家，很多国家内部仍然部落林立，社会发展程度较低。正如笔者在前面分析的，这就使得黑人并未经历成熟文明的洗礼与规训，还比较原生态，规则意识和法律意识较为淡薄，比较自我。优点是心态好，按照渡边纯一的说法就是钝感力强，能对周围人异样目光的凝视免疫，没有入国问禁入乡随俗的那种小媳妇心态，有时会给人一种反客为主的感受，会给既有的社会秩序造成一定程度的冲击。这就容易造成黑人与国人之间的摩擦，从而对他们形成一种不好的观感。

第三，因为非洲普遍比较贫穷，有些国家内战频仍，治安环境差，在非洲经商的华人经常性成为被劫掠的目标，今年3月份，9名手无寸铁的华人在非洲被内战一方雇佣的瓦格纳佣军以行刑方式虐杀，财产遭到劫掠，至今也未见行凶者受到惩处。最近这几年，在光天化日之下非洲已经发生多起针对华人的商铺纵火案，不仅劫财而且杀人，因为案件发生频率高，在此不一一列举。华人成为非洲人劫掠的主要目标，在他们来说也是一种理性权衡的结果，因为洗劫华人一般不需要付出相应的代价。这会给国人有一种我待你如上宾，你视我如仇寇的感受。

五、反对超国民待遇的正确姿势

反对给予外国人超国民待遇，无论从哪方面来说，都有正当性。但是要想纠正这一政策，或许将是一个长期的过程，甚至不排除直到一场宏大葬礼的到来。

从实体上来说，我们反对给予外国人的超国民待遇，不是反对这些洋人享有而我们尚不享有的正当权利，比如在刑事和行政案中每个人本应当享有的实体权利与程序权利。我们无意把洋人拉低到和我们相同的权利贫困的境遇中，以求得一种更低层次的平等。但涉及到税收的处分，我们作为纳税人自然享有优先受益权，而且从政治伦理角度讲应当有决定权。

正如笔者在《反对给予外国留学生超国民待遇》法律意见书中所特意点明的，我们不是狭隘的民族主义者，我们不反对国家在力所能及范围内对更贫穷的国家提供援助。

我们也不反对全球一体化的愿景，也乐见国与国之间的商贸往来与人际流动。但同时笔者也主张扎紧篱笆，对于非法居留的外国人应当遣返。

我们反对的是对自己国民基本权利的无视，同时又给予外国人种种特权，而且这些特权从政治伦理和基本法律来审视都是不正当的，在其他国家也是不可想像的。

我们的反对必须保持一种基本的政治正确，愤懑固然可以理解，但种族歧视要不得，针对拟议中的外国人永居条例，笔者在 2020 年曾写过一篇文章《不掺杂种族歧视话语，我们的反对将更有力量》，我在文章中提及，要警惕种族歧视的表达，这不只是狡黠的策略，而是它确实是一种现代社会的基本政治伦理，如果突破它，没有谁是真正受益的。种族歧视，会让我们处于道德洼地，即便是正当的诉求都会变得可疑，而且恣意呈口舌之快徒然会增加种族仇恨和隔阂。

在我们反对的过程中，不要让愤懑压倒理性，不要一切以结果导向，为达目的不择手段，要将反对奠基于正当的政治伦理之上，时刻以合法性与正当性来审查自己的言行，把反对的过程视为一次权利意识培育的机会，一次启蒙与自我启蒙的契机。

我们不要排外，一排外我们就输了，不排外并不妨碍守护我们珍视的权益，而且唯有如此，我们的反对才能保持一种张弛有度的状态，才会被认为是理性的。另外我们要切记，我们言说的对象是政府而非洋人，如果对象搞错了，极容易堕入丑陋的排外主义。

总之，我希望我们在反对的过程中，让世人看到我们是一群有正当权利意识的公民，意志坚定但同时又是高度理性和文明的，言行也是审慎节制的。

2023 年 6 月 21 日

第五篇

要求停止对外国留学生"普惠式"

财政补贴政策的公民意见书

——未经纳税人同意对外籍学生巨额补贴是违法和不道德的

作者按：这是一封寄给中国政治高层的公民建议书，共有 295 人联署，其中律师 49 名，也有多个媒体人和作家参与联署，这份公民建议书在网路上引起巨大反响，为多家外媒报道，著名自媒体人"小民之心"还做了专题评论，两次被微信公众号转载阅读超过 10 万。一个文本，能两次被转载阅读超过 10 万，必定是其内容引起了公众广泛的共鸣。这一公民行动也被维基百科"中华人民共和国外国留学生特权问题"词条收录。

除此以外，笔者当时还向教育部、财政部和山东省政府申请公开如下信息：奖学金年度财政支出总额、享受奖学金的留学生人数以及奖学金的申请标准，但均未获回应。权力依旧傲慢地奉行着"不回应、不反省、不改变"的"三不"方针。

反对给予外国留学生超国民待遇这一议题，一不小心就容易滑向民粹，笔者在执笔这份公民意见书时，一直保持清醒的边界意识，牢牢站稳公民的权利本位，是一份理性、内敛、禁得起推敲和追问的法律意见书。

于 2025 年 5 月 8 日

■正文：

提醒：本文稿系征求意见稿，执笔人会根据大家的修改意见作适度修改，一旦同意联署，即视同为同意执笔人的修改。排名顺序未必全部按照报名先后，可能以联署人职业分类排名。执笔人主要从达成社会效果和排名整齐规律角度。

本联署欢迎实名联署，留下电话号码。

首先我们声明：

我们不是一群排外者。

我们不是一群种族歧视者。

我们乐见不同民族和种族有更多联系和交往，增进理解消除隔阂。

我们理解政府对更贫穷国家的适度援助。

我们理解意图吸引更多留学生并给予真正优秀的留学生适当奖学金甚至给予其绿卡的想法。

我们反对的是给予外国留学生普惠式的财政补贴。

我们反对的是政策制定者的某种癫狂。

我们看重的是作为国民，作为纳税人的权利。

无论一个人持有什么样的观点，有个现实必须承认：国家在可预见的将来不会消亡。这就决定应当内外有别，一个政府首要的职责在于让自己的国民先过上有尊严的生活，所谓老吾老以及人之老，幼吾幼以及人之幼，如果一个国家的国民尚且有 4000 万人处于赤贫状态，人均年收入不过区区 2300 元的时候，它却几乎普惠式的给予外国留学生 6-10 万不止的奖学金，而且留学生的数量庞大，我们认为这种政策体现了某种非理性，从契约意义上，也构成对自己国民应承担义务的违反。众所周知，政府自己不生产财富，其支配的财富或者作为财富一般等价物的金钱都来自于纳税人，应当主要取之于民用之于民，政府的财政预算应当征得纳税人的同意，向本国国民以外的人捐助，自然更应当取得同意，当然这种同意一般是代议制下的同意，其同意也可能是对政府各项预算的概括同意，而并不一定需要逐一对政府在分项预算总额之下每次捐助支出进行审议。

但无论如何对外援助需经纳税人同意，这是一个政府起码的德行，也是其对国民履行契约义务的正常状态。

在发达国家，针对自己的国民，教育从来不会成为一项产业，因为这是强国之本，因为这是联合国经社权利所赋予政府的义务，但吸引留学生却在显著产业化，发达国家每年通过吸引留学生赚取的是巨额的真金白银。

以美国为例，本科留学美国四年学费、食宿费等加起来大约需要30万美金，而且现在仍然一直还在上涨。美国高校分私立和公立学校，公立学校本州学生的学费明显低于留学生，如UCB本州学生的学费一般为留学生学费的38%左右。这是因为公立学校部分经费来自于本州的税收，私立学校学费一视同仁但价格显著高于公立学校。

美国大学对学生的补贴方式包括奖学金、助学金和贷款、勤工俭学。其中奖学金全称为"基于成就的奖学金"（merit Basede Scholarship），只有部分大学提供此类奖学金，学生需要额外单独申请（写申请书、提供推荐信等），审核严格，留学生可以申请，但经济形势不好时此类奖学金会严重缩水而且竞争惨烈，入校四年要想保住这一类奖学金的话，必须保持一定的成绩（GPA）和其他的附带条件。助学金全称为"基于需求的奖学金"（Need Based Scholarship），美国大多数的高校都提供这类奖学金，获得该奖学金只取决于学生的家庭条件，美国的常春藤盟校斯坦福、MIT、加州理工等只设立这种基于需求的奖学金而不设基于成就的奖学金，而且这类奖学金也在缩水，美国本国学生拿到的机会都越来越少，而给留学生的比例更低，且已经遭到美国学生的抗议，因为纳税人的权利不容侵犯。贷款因为是需要偿还的资助，对留学生基本上是不可能的。至于勤工俭学，学生签证是不准校园外打工的，一旦违反被发现会直会被吊销学生签证，因为这触犯了移民法，学生只可以在校园里打工，勤工俭学倒是不分内外一体平等，考虑到留学生的语言劣势，和本土学生竞争一般也处于劣势，而且全时学生每周工作时间不得超过20小时，此类工作一般只支付联邦最低工资。全年算下来，相对于每年留学费用不过是杯水车薪。

还有一点值得注意的是，美国大学实行"宽进严出"的政策，几乎每所大学都有一定淘汰率，有些著名高校淘汰率甚至超过 50%。

美国高校的留学生比例普遍比较高，但这种高比例很大程度是基于产业化考量，以致有留学生是学校的"摇钱树"之说。其比较高的留学生比例不是其高等教育水平高的原因而是其结果，正是因为美国的高校教育水平高，才吸引全世界各地的优秀学子，当然汇天下之英才而教育之，反过来也会提高美国高校的活力和水平，但这不是行政命令的结果。更不是靠牺牲本国学生的利益，靠侵犯纳税人的权利，靠向外国留学生利益输送换来。

所以我们认为这种"大跃进式"的、依靠巨额财政补贴方式吸引留学生的政策是错误的，是畸形的。它更多是一项面子工程，是好大喜功驱使下的非理性行为，高昂代价换来的不过是刹那繁华。当然我们理解这背后或许有"一带一路"战略考量，通过提高所在国的留学生比例，希望他们学成归国成为各行各业中间，进而有助于推进战略施行。但鉴往知今，这种只算"政治账"、侵害纳税人权利、无关程序正义的行为效果存疑，而且注定难以为继且尾大不掉。

中国的留学生政策，不仅体现在这种数量上的大跃进，导致巨额财政负担，侵害纳税人的权利，而且其准入门槛之低非常罕见，甚至包括北大清华人大这类 985 名校。其生源质量堪忧，仅仅因为有一个外籍的身份，低质量的生源就能占据着国家优质的教育资源，同样是非理性的。这种做法既会挫伤国民的感情，也是对其平等受教育权的侵害。本来教育行业并不适用国民待遇原则，教育是政府对自己的国民承担的义务，而我们当下这种做法甚至让这些留学生享受了超国民待遇。如果再考虑到政府鼓励留学生留在中国甚至获得永久居留权，那么这对国民将更加不公平，他们以很低的水准占据了优质的教育资源，又从而以名校毕业生的身份留在中国与国人竞争工作岗位，所以导致双重的不公。

我们理解中国高校的成长焦虑，每个"985"都雄心勃勃要做世界名校，每个"211"也都豪言要做建世界一流学科。雄心壮志固然好，但应该把精力放在提高教学水平和科研水平上来，而不是通过拔苗助长的提高留学生比例来做表面功夫，何况你们是以向留学生利益输送的方式来达成，而输送的利益来自于纳税人的血汗。

然而令人感到诧异的是，这种"刮风式"的"留学生迷恋症"已经蔓延到一般高校，甚至出现了诸多令人啼笑皆非的癫狂举动。比如济南某大学的辅导员强令女生和非洲留学生结对子，至于为留学生腾宿舍的更是比比皆是，条件好的宿舍给留学生且一般 2 人一间，国内学生住老旧宿舍且 6 人一间，还有高校特地为外国留学生设置阅览室、充电桩，大陆学生不得入内。总之出现了诸多荒诞的剧目。

像这类一般高校以高额补贴方式吸引水平很差的留学生到底图的什么？实在让人费解，它们难道也有建成世界一流的冲动？对比下美国的一般高校，它们尽管也招收了不少留学生尤其来自中国的，但相比那些著名高校，它们更是当做一项产业来运营。可以肯定的是这背后必然是利益驱动，每引入一个留学生估计会获得不菲的补偿。后续我们会申请信息公开。

综上，我们认为中国教育部制定的留学生补贴政策没有经过国民充分讨论，没有经过纳税人同意，是对纳税人权利的侵犯，是对基于宪法的平等受教育权的违反，是拍脑袋决策的结果，是非理性的，也是没有任何法律依据的，应当立即废止。

2018 年 7 月 28 日

联署人（略）：

第六篇

紫陌红尘罩悲凉

——从年轻人相约自杀看政治权利匮乏导致的社会病症

前言：在我准备着手写这篇文章时，4 月 20 日另一起相约自杀案再次发生，3 个 90 后在四川什邡天鹅林场相约服毒自杀，这益发坚定了我写作此文的决心。

这些年轻人的悲剧让我深感痛心。这痛心又因为现实中感受到的权利不平等而加剧，更恼在有些人享受的并非一种正当的权利，而是一份超越自然公正的待遇，它来自于权力漠视基本政治伦理的任性。相较于待遇的不平等，权力对我们的蔑视带给我的屈辱感更加让人不堪忍受，所以那些矮嘴茅台与千里江山的曲水流觞盛宴，以及给予外国留学生普惠式的巨额补贴，都是一根根心头的刺。

而我们的孩子们，他们从小卷到大，那么努力但仍然普遍活得很艰难，在一些人的奢侈无度与寡廉鲜耻中慢慢失去生气尊严与骄傲，直至最后枯萎。

对于孩子们的贫穷以及背后主因的权利贫困，我都无法逃脱一种自觉的代入感，虽然我不能矫情地说自己同样贫穷，但权利贫困的状态却是一样的。我没有这些孩子们活得窘迫，只是因为我早生了 20 年，在加入世贸的上升期就业，工作在烈火烹油花团锦簇的时段。如今风流云散，时代的灰尘落到孩子们的身上，将他们埋葬在春天。

所以我不是假装自己关怀苍生，实是因为一种命运共同体的情感让我无法遮住眼睛掩上耳朵关上心门。

但作为一个中年人，一个审慎的法律人，单纯的情感表达，并不能令我满意。我一直提醒自己把愤怒与哀痛沉淀，保持适度的超然性，以方便去探究这些悲剧发生的原因，探究原因虽然对一个刚性体制大概率也不会有任何作用，但至少应该让人知道症结所在。我一直认为民间知识人有义务示范一种理性化的思维模式，在一个尚待祛魅的前现代国家，理性化地审视一切仍然极度必要。因为理性化就是人作为主体在省察在审视，这对于培养独立人格批判思维和权利意识都大有裨益，在康德那里这也才是人的成熟状态。

我一直认为表意文字体系的汉语是一种诗化语言，美则美矣，但似乎更长于表达那些片段化的情感，加之我们悠长的文人传统和趣味，以及写作者普遍存在的某种迎合掌声的动机，使得汉语写作一直缺乏足够的思辨力度，对此我一直觉得遗憾，也满怀警惕，时时提醒自己不要以词害意。

是为记。

■内容摘要：

◆ 我一直有点偏执的认为，如果一个国家自杀行为频发，是可以证明它在社会治理方面有严重的病症。

◆ 审视我们这个族群所看重的，无一例外都是外在的东西，它们之所以被看重，首先是因为它们稀缺，得到了会让别人羡慕。也就是说国人的满足感是通过与他人比较来感受的。

这点与西方人不同，从奥古斯丁开始人家就将现世的成功荣耀财富这些外在东西的意义给虚化了弱化了。人家的满足感注重的是个体的心灵体验，仅凭内在感受就能自足地获得，而不是通过与别人的比较争雄。虽然新教伦理对奥古斯丁以来对财富的消极看法有所扬弃，强调了创造财富的积极意义，但创造财富的目的在于荣耀上帝，而不是相对于别人获得优越感。也即是说人家的心灵满足依赖于人-神关系，而我们依赖于人-人关系。

◆ 本尼迪克特说西方是罪感文化，日本是耻感文化。我觉得耻感文化可能并非日本独有，而是东亚社会的某种文化共性。耻感文化表现在很在意别人如何看待自己，有一种自觉的被凝视感。羞耻感也是建立在与他人比较的基础上……向外求助，在东亚人看来是令自己羞耻的行为。

◆ 东亚人几乎有一种威权的本能，初次相识也能很快根据社会地位、财富等形成一种等级秩序，形成话题的权威和中心。而如果是朋友聚会，哪怕围坐在按理说意在彰显平等的圆桌上，座次都能从一开始就排定了。这样的社交，除了主角，几乎都是不自在的，那些"混的差"的全程都会局促不安。

◆ 东亚社会的社交是一场精神内耗，但人作为一种社会化的动物，又离不开社会而存在，所以东亚人就一直沉陷在人与人的相互关系中无法挣脱超越。

◆ 但我无意批评中国女性的功利，因为一种集体性的选择必有社会原因，每个人都是趋利避害的，道德臧否无法解决现实问题。解决问题不能以反人性的方式解决。婚恋观表面上是文化的原因，背后实则是经济和社会的原因，而归根结底又是政治的原因。既然每个人都有阶层滑落的强烈不安全感，有朝不保夕的焦虑，都在最大化利用自己的优势获得一个相对安全的位置，那么年轻女性依仗性资源最大化保障自己的利益至少是应当被理解的。

◆ 政治这个词在大陆被敏感化了，也被严重污名化了，政治似乎成了很脏的东西，好人都不要碰。从应然的角度，政治就是一门关于如何设置权力以便提供公共服务的学问，政治的运行应该围绕着提供公共服务来进行。

◆ 我们身边的权力能否以法治的原则来运行，根本上取决于我们的政治权利在实践中是否得到了保障。遗憾的是，国人的政治权利还只是停留在纸面上的东西，不夸张的说，我们一切的社会病症都可归因于政治权利的匮乏：像强制计生，像国富民穷、贫富两极分化的现状，像三年疫情期间权力的荒唐荒诞荒谬，自由与尊严的被剥夺，财产的被破坏等等。

◆ 正因为发达国家首先意味着一种文明的生活方式，所以非宪政民主国家，根本上就不可能成为发达国家。中东的那些产油国，即便富的流油，即便它的国民也很富有，也仍然不是发达国家，无它，其国民不享有基本的政治权利，因之他们的生活可以是很富裕的但不是文明的。事实上，一个其国民不享有政治权利的国家，国家的财富也不可能得到公平正义的分配，倒是政治上层的穷奢极欲和底层的贫穷相表里才是常态。

◆ 如果一个社会主流的价值观念不支持平等和民主，人在不平等与非民主的状态下生活，或许还是可以忍受的。问题在于，自启蒙时代以来，所有的力量都在或直接或间接的推动平等与民主的趋势，平等与民主成为负载道德的主导性价值观念。托克维尔甚至从信仰的角度来强化它们的道德属性，说这是上帝的旨意，那些反对它的人，以他们逆历史潮流的反动愈发彰显着平等与民主的可贵，在不自觉中成为上帝的工具。托克维尔在《论美国的民主》一文中，提出"想象的平等"的概念，所谓"想象的平等"，笔者的理解是个体对平等的信念和愿景，是个体确信造物主对平等的应许，是个体认为的社会应然的状态。

在托氏看来，单单是这种"想象的平等就让一切不平等成为非法"。让现代人永远忙碌而心神不宁，掀起了革命的巨浪并使现代社会"不断革命"，这种想象的平等试图征服一切领域，政治、经济、文化、教育、家庭……。

◆ 所以现代人对特权的憎恶是由衷的，对自己的政治权利仅仅停留在"账面上"的状态是极度不满的。一个非民主的社会必然面临持续的民主冲击，直至专制被冲垮。

◆ 一个不能自由结社的社会，必然是一个阴郁的社会，一个没有活力的社会。它的未来注定是灰暗的，而且它的危害是逐渐显露的，就像一个梨子的腐烂，由内而外。

◆ 当今时代，只有极少数极权国家保持了对权力的绝对垄断，保持了权力对社会无远弗届的渗透和控制，正常的国家都有权力下放的趋势，实行不同程度的地方自治，越是成熟的宪政民主国家，地方自治就越规范，越得到鼓励。

◆ 一个没有政治参与权的国家，国民的气质是阴柔的，精神是孱弱的，国民会丧失自组织的能力，一旦面临重大的社会危机，或者被入侵，国民一个个就是待宰的羔羊，会成为冷漠的不负责任的旁观者，就像犹太人在集中营里的表现：木然地看着同胞一个个被拉进毒气室，木然地等待自己也被拉去的那一天。

◆政治参与权，是公民的本质特征，人就其本质来说，是社会性的，更是政治性的。在雅典和古罗马，只有享有选举权的男性公民才是完整的公民，其他要么是奴隶要么是客居的外邦人。

◆几乎每个国家都在宣传爱国精神，但没有政治参与的爱国，就如同一场与捞女的爱情，对方虽然也说着爱你的情话，但一直对你严防死守，你付出了很多却连对方的手都没有牵到。虽然在某一时段你对捞女的爱可能也是真实的，甚至会感动到你自己，但缺了那份因为肌肤之亲所带来的血肉相连的真实感以及由此产生的责任感，这种爱也是容易迁移的，可能一个转念就洞悟了这段关系虚幻的一面，甚至由此产生某种悔恨交加的复杂感情。

◆一个剥夺自己国民政治参与权的国家，对自己的国民必定天性凉薄。此时"国不知有民，民不知有国""国家兴亡，肉食者谋之"这种意识也必然会成为清醒者的选择。当然这里我说的是政治国家。

■正文：

一、文章缘起

距离 4 月 4 日四个年青人相约在张家界自杀，已经过去了 17 天，对这起悲剧的关注基本已经平息了。而我反倒觉得是时候可以深入谈谈这个悲剧所揭示的社会病症了。在我心里，一直持有一份执念，权当自勉，就是越重要的问题，不妨稍微离得远一点看，不必着急地去追逐热点，很多信息浮出水面是需要时间的，而且以自己这种嫉恶如仇的个性，也得时时提醒自己，过高的道德义愤是应该警惕的，等愤怒或者哀伤的心绪平复之后，再做冷静地研判或许更好。

这份执念倒正与我素乏捷才，写作只能下笨功夫的特点暗合，也算是一种藏愚守拙之道吧。

回头看这起悲剧，有个小细节是值得一提的，在他们 4 月 4 日跳崖后，迟至 7 日搜狐网络才传出这则消息。这又让人联想起最近长峰医院的失火悲剧，从起火到信息被披露，已经过去了 8 个小时，距离救援结束都已经过去了 5 个小时。这两起悲剧都发生在众目睽睽之下，发生在动动手指就可以发布信息的互联网时代。

这种现象比两起悲剧让我心情更加沉重。我也没有足够勇气剖白它在我大脑中投下的浓浓的暗黑感。这到底意味着什么，只能自己体会。

面对这四个年轻人的自杀，人们都不约而同提到了绝望这个词。后来渐次披露的信息也确实证明他们是绝望的，工作辛苦，收入又低，负担还重，生活中似乎也缺乏温暖与爱。他们心如枯槁或者已经提前看到了自己庸常人生的尽头，这个社会似乎已经没有让他们留恋的美好。

我一直有点偏执的认为，如果一个国家自杀行为频发，是可以证明它在社会治理方面有严重的病症。当然频发是相对而言的，是从国家之间横向比较来定义的。因为我们必须正视抑郁症的存在，抑郁症可能是现代社会的一种副产物，因此每个国家纵向比较，都能看到自杀率的提高。

现代社会，随着人知识层次的提高，人会更敏感。而社会的竞争，人的孤独，人的原子化状态，人的流动与漂泊以及重复性的无创造力的机械工作对人的异化，都容易造成人的焦虑不安和无意义感，严重的就会产生厌世情绪。

我有一个直觉的判断，东亚社会的自杀率高于欧美，中国的自杀率高于日韩，特别是新冠疫情以来，但这不是我想谈的重点。因为每个国家统计口径都不同。我想重点谈的是中国人与这些发达经济体的国人在自杀原因方面存在的显著不同。

谈及自杀的原因，社会主流可能会对他们进行一种污名性的诊断，说他们死于严重的抑郁症。自杀行为本身又对这种污名化的诊断进行了证成。这背后的逻辑是这样的：一个人自杀，就首先推测他有抑郁症，一个人自杀了，也就证明了他有抑郁症。至于他们生前有没有明确的精神科医生的诊断，就无需再问了。

因为抑郁症并没有器质性的病变，诊断标准又很模糊宽泛。所以面对这种污名性诊断，一个人都无法反驳，你越较真反驳可能愈发证明了他们的诊断，明智的做法是不予理会。

社会主流将自杀者推定为严重抑郁症患者，就是将自杀者与自己进行区分切割：他们是一群特殊的病人，和我们不一样。这是普通人的一种自我保护，目的是降低对自己的心理冲击，也会减弱追问背后原因的冲动，毕竟追问原因是要冒风险的。

我这里不是否认抑郁症的客观存在，更不是教导人们在抑郁时抗拒去寻求医生的帮助，甚至恰好相反，我认为心理医生与精神科医生在现代社会都很重要。

我只是想说，如果我们在探讨自杀的原因时，停留在自杀者是否有抑郁症的层次，既容易引起无谓的争论，而且根本上也是无意义的。哪怕他们客观上真的是严重的抑郁症患者，抑郁症也只是一种症候，就像一个人患癌后可能低烧一样，发烧只是一种症候。抑郁症的背后是人的社会关系的反映，而社会关系又几乎是由社会治理模式给定的。

社会治理模式相当于社会关系的基础设施，搭建的好，社会关系总体就是和谐有序的，搭建的不好，它就会产生各种各样严重的问题。

年轻人频繁自杀就是一个严重的问题，而且非常严重。自杀虽然偶然有因为所谓"纯个人"原因的，比如悲惨的家庭变故，比如失恋。但频繁自杀则必定是有社会原因的。而且很多看上去那些"纯个人"的原因，也很难说与社会原因没有关系。

我把由社会原因导致的自杀又分成两类，一类是由文化传统造成的，一类是由社会治理模式造成的，后者是我讨论的重点。但是关于前者，也有必要简单地啰嗦几句。

二、文化传统方面的原因

　　文化传统是由悠长的历史给定的，社会治理模式是由现体制给定的。一些凝结文化内核的传统历经几千年浸润已经内化成我们这个族群血脉里的东西，很难短期改变。比如对于教育的看重，就与隋唐以来的科举取士有关，特别经历两宋重文抑武后，国人皆孜孜于读圣贤书走仕进路，早在千年之前就开启了考试的内卷之路。

　　另外，儒家文化是一种世俗文化，讲究六合之外存而不论，讲究不语怪力乱神，虽然宋儒受佛教影响开始讲心性之学，但总体上仍然缺乏超越性。国人对成功幸福的理解无外乎有社会地位，有财富，孩子有出息，人丁兴旺，当然后者因几十年的计生已经被废了。几千年来我们都没有本质上的改变。

　　审视我们这个族群所看重的，无一例外都是外在的东西，它们之所以被看重，首先是因为它们稀缺，得到了会让别人羡慕，也就是说国人的满足感是通过与他人比较来感受的。

　　这点与西方人不同，从奥古斯丁开始人家就将现世的成功荣耀财富这些外在东西的意义给虚化了弱化了。人家的满足感注重的是个体的心灵体验，仅凭内在感受就能自足地获得，而不是通过与别人的比较争雄。虽然新教伦理对奥古斯丁以来对财富的消极看法有所扬弃，强调了创造财富的积极意义，但创造财富的目的在于荣耀上帝，而不是相对于别人获得优越感，也即是说人家的心灵满足依赖于人-神关系，而我们依赖于人-人关系。

　　我个人的直觉感受是，欧美不存在像我们东亚社会（尤其中韩，日本因长期处于封建社会无悠长的科举传统要轻很多）那种惨烈的内卷，我觉得东西文化的这种差异，可以作为一种解释内卷的进路，而且它也可以用于解释东亚社会为何相较于欧美自杀率更高。当然内卷也只是自杀的诱因之一。

　　本尼迪克特说西方是罪感文化，日本是耻感文化。我觉得耻感文化可能并非日本独有，而是东亚社会的某种文化共性，只是程度不同。耻感文化表现在很在意别人如何看待自己，有一种自觉的被凝视感。羞耻感也是建立在与他人比较的基础上，所以就特别顾及面子，哪怕在家里吃糠咽菜，出门也要穿上体面的衣服，好好地倒饬自己，以掩饰自己的贫穷失意。东亚人遇到难处，喜欢装的若无其事，自己的苦自己担，严重的甚至把面子置于生命之上，承受不了就想到自杀。向外求助，在东亚人看来是令自己羞耻的行为。

东亚社会的人际关系也更复杂。市井小民整日里家长里短拨弄是非，素质高的也是群居终日言不及义，彬彬有礼更多也是表面上的，东亚人只要凑在一起，会首先打听对方的职业、学历，甚至子女的职业、学历，某些优势如财富或者人脉资源等别人暂时还不方便打听的，那些习惯主角光环的人会想方设法创造话题也要把它显摆出来。

东亚人几乎有一种威权的本能，初次相识也能很快根据社会地位、财富等形成一种等级秩序，形成话题的权威和中心。而如果是朋友聚会，哪怕围坐在按理说意在彰显平等的圆桌上，座次都能从一开始就排定了。这样的社交，除了主角，几乎都是不自在的，那些"混的差"的全程都会局促不安。

所以东亚人的社交压力不纯然是由个体性格造成的，实则整个社会也的确是颇为势利。我们的社交文化与政治权力在威权方面几乎是同构的。一个人看待另一个人，要么仰视要么俯视很少平视。

不夸张地说，东亚社会的社交是一场精神内耗，但人作为一种社会化的动物，又离不开社会而存在，所以东亚人就一直沉陷在人与人的相互关系中无法挣脱超越。我曾一度以为日本经历百年的现代化进程，情形会好一点，但日剧《白色巨塔》让我看到，这是一种文化基因的东西。

当然我说的这种压力，一般是在 10 人左右的场合，至于特别私密的三五好友的社交，还是能回归个体对社交的情感需求，简单轻松自在，至于大型的社交，必然会设置聚光灯，聚光灯之外的人，处于匿名性的存在，你在与不在，无人关注，人倒是不会感到局促，但它的情感意义呢？

在婚姻方面，从古代来说，中西都一样，都重视门第家境，都讲究门当户对。西方甚至犹有过之，一度用法律来禁止贵族与平民之间通婚，迟至《十二表法》制定时仍然如此。相较于他们，我们还只是从价值观念和行为示范角度来软性约束。虽然后来法律不再禁止，但欧洲封建制度彻底瓦解之前，现实中平民与贵族之间仍然很少通婚，直到资本主义兴起后，那些工商资本家取得了相当于古代骑士阶层的政治地位，双方的婚姻藩篱才打开了，但是穷人也只是和穷人结婚，阶级藩篱降低为了阶层藩篱。要看欧洲封建时代遗留的婚俗习惯，可参考英剧《康顿庄园》，别忘了这已经是 20 世纪初的景观了。

但在二战后，西方普遍受美国的影响，因为美国不曾存在过贵族，也就没有阶级差别，加之受平民化的清教精神的影响，所以平等意识深入人心。二战后挟胜利之威，美国文化流行，进一步荡涤了欧洲残余的贵族气质。西方呈现出更为平等的精神气质，女性平等意识和独立意识的提升，又加速了这一切。一旦女性获得了平等的政治权利和经济权利，把婚姻作为工具来构建家族关系网络就会变得越来越难，爱情就会成为婚姻的主导因素。

另外，二战后西方人生活水平提高很快，社会保障愈发健全，生存焦虑普遍走低，基于信仰原因的安心和笃定也颇为重要，《圣经》有言：鸟儿不事稼穑，天父尚且养活，何况贵重如人？

在各种原因的协同作用下，现代西方女孩的婚恋观更简单，更少功利，西方现在流行 partner 这种纯粹靠爱而非一纸契约来维系的恋人关系。这种关系更纯粹，剔除了婚姻契约中的财产动机。不像我们这边，女孩仍然有很大生存焦虑，害怕阶层的下滑，多数人希望通过婚姻实现一定程度的阶层跃迁，所以女性择偶一般只会盯着比自己更优秀的男士，即所谓"向上兼容"，宁愿独身都不愿意下嫁。现实中，有不少貌美的女孩宁愿在有钱人的小红楼里俯首做小，也不愿意嫁给普通人。流行的那句宁在宝马车上哭不在自行车上笑，虽则是假借女性口吻的讽刺之语，但也反映了一种社会思潮。

未来，中国将会有大量的男性不得已单身绝嗣。一个无爱的人，甭说动物激素对人反复的折磨，单从情感来说，这个社会对他还有多少让他眷恋的呢？

但我无意批评中国女性的功利，因为一种集体性的选择必有社会原因，每个人都是趋利避害的，道德臧否无法解决现实问题。解决问题不能以反人性的方式解决。婚恋观表面上是文化的原因，背后实则是经济和社会的原因，而归根结底又是政治的原因。既然每个人都有阶层滑落的强烈不安全感，有朝不保夕的焦虑，都在最大化利用自己的优势获得一个相对安全的位置，那么年轻女性依仗性资源最大化保障自己的利益至少是应当被理解的。

三、政治权利的匮乏

"人就其本质而言是政治动物，具有合群的性情和社会性，需要组成社会团体。"——亚里士多德

一谈到政治这个词，大陆人几乎都会条件反射式的悚然一惊。那份自我审查的犬儒智慧都快融到血液中去了，人们熟悉的莫谈国事就是莫谈政治，但政治谁又能回避得了呢？其实我们每天都生活在政治之中。

政治这个词在大陆被敏感化了，也被严重污名化了，政治似乎成了很脏的东西，好人都不要碰。从应然的角度，政治就是一门关于如何设置权力以便提供公共服务的学问，政治的运行应该围绕着提供公共服务来进行。因为先民让渡部分自由组成国家的最初动机，就是要求国家提供基本秩序这一公共服务，以保障人的生命、安全、自由和财产，国家的整个权力架构也应当围绕着提供公共服务来设置。随着社会进步，国民对公共服务的需求也越来越多、越来越高。

因此说吃喝拉撒都涉及政治，一点不过分，这并非泛政治化的表达。食品安全、饮水安全、垃圾处理，这些领域有的已经市场化了，有的因为无利可图则只能是由政府提供公共服务，但哪怕已经市场

化了，仍然需要权力的监管，有权力就有政治。

我们身边的权力能否以法治的原则来运行，根本上取决于我们的政治权利在实践中是否得到了保障。遗憾的是，国人的政治权利还只是停留在纸面上的东西，不夸张的说，我们一切的社会病症都可归因于政治权利的匮乏：像强制计生，像国富民穷、贫富两极分化的现状，像三年疫情期间权力的荒唐荒诞荒谬，自由与尊严的被剥夺，财产的被破坏等等。

（一）没有政治权利，每个人都在快速枯萎和沉沦

我曾在《从"主人"到"韭菜"—底层思维变迁史》这篇文章中表达过如下这层意思：一个国家一旦转型为宪政民主体制，跨越"中等收入陷阱"似乎就是顺理成章的事情，甚至你可能都未必听说这个国家经历了狂飙突进的经济增长，它也未必有畅销的工业产品行销世界。

所以，发达国家首先意味着一种文明的生活方式，而这种文明的生活方式有赖于一个文明的权力运行方式，至于较高的人均国民生产总值，发达的科学技术，都不过是文明生活方式的自然产物而已。

正因为发达国家首先意味着一种文明的生活方式，所以非宪政民主国家，根本上就不可能成为发达国家。中东的那些产油国，即便富的流油，即便它的国民也很富有，也仍然不是发达国家，无它，其国民不享有基本的政治权利，因之他们的生活可以是很富裕的但不是文明的。事实上，一个其国民不享有政治权利的国家，国家的财富也不可能得到公平正义的分配，倒是政治上层的穷奢极欲和底层的贫穷相表里才是常态。

如果一个社会主流的价值观念不支持平等和民主，人在不平等与非民主的状态下生活，或许还是可以忍受的。首陀罗心态平和地接受自己天生卑贱的命运，对婆罗门的特权他们不反抗也不嫉妒。罗马共和时期，平民与贵族的不平等也是天经地义，至于奴隶，那只是会说话的财产。贵族人数少的可怜，但掌握着罗马的政治权力。决定罗

马军政大事的百人团大会，第一等级的投票权重就过了半数，而且有先投票的特权，理论上贵族们如果不分裂，他们投票结束百人团大会就结束了。封建时期的欧洲，贵族既是领主也是管理者，还享有身份特权，佃农和农奴从不敢奢望与贵族平等，更不敢奢望享有平等的政治权利。

问题在于，自启蒙时代以来，所有的力量都在或直接或间接地推动平等与民主的趋势，平等与民主成为负载道德的主导性价值观念。托克维尔甚至从信仰的角度来强化它们的道德属性，说这是上帝的旨意，那些反对它的人，以他们逆历史潮流的反动愈发彰显着平等与民主的可贵，在不自觉中成为上帝的工具。托克维尔在《论美国的民主》一文中，提出"想象的平等"的概念，所谓"想象的平等"，笔者的理解是个体对平等的信念和愿景，是个体确信造物主对平等的应许，是个体认为的社会应然的状态。

在托氏看来，单单是这种"想象的平等就让一切不平等成为非法"。让现代人永远忙碌而心神不宁，掀起了革命的巨浪并使现代社会"不断革命"，这种想象的平等试图征服一切领域，政治、经济、文化、教育、家庭……。

在托克维尔这里，平等与民主这两个词多数时候可以相互指代，社会走向民主就是趋向平等，对平等的追求体现在政治领域就是追求民主，民主并不只是狭义的选举，更重要的是地方自治与结社权。

所以现代人对特权的憎恶是由衷的，对自己的政治权利仅仅停留在"账面上"的状态是极度不满的。一个非民主的社会必然面临持续的民主冲击，直至专制被冲垮。当然现代人所憎恶的特权限于不正当的特权，而区分特权正当与否的标准是宪法与政治伦理，以及体现多数民意的法律，没有谁会嫉妒时任总统的安保特权和应享有的特殊尊荣，因为这些特权是符合公共利益的。

在平等与民主两种价值观中，民主更被珍视，更起决定性作用，民主可以打破非平等的状态，可以塑造平等。而民主的本质就是公民享有宪法保障的平等的政治权利，政治权利也可称之为政治自由。

当今世界的所有国家，在宪法意义上都已经确认了身份平等的原则，在形式上也都形成了身份平等的现状。当然某些君主制国家享有一定特权的君主及其近支宗室仍然存在，但君主几乎都是虚君，且王在法下，贵族作为曾经的一股政治力量已经消失了。所以，现代人追求的平等是实体的平等，比如笔者矢志于反对的给予外国留学生的非正当的超国民待遇，也是一种追求实体平等的初衷，这种平等是符合正义原则的平等。而追求基于正义原则的平等，公民没有政治权利不可想像，也不可能成功。

（二）公民自由结社与政治参与

在使一个人绝望的情绪中，孤独无助感与无意义感尤其的要紧。而要降低这两种感受，前者特别需要结社权，后者特别需要政治参与权。

【结社权的重要性】

对于结社权，在当下这种政治环境下，笔者身在大陆，既没有足够勇气也没有足够能力论证如何实现自由结社，我只能谈结社的重要性，聊以自慰。

现代社会的高流动性，让每个人不停的离开原有的社交圈子，而进入新的社交圈需要时间、精力与财力，这些成本决定了重建新的社交圈并不容易。另外，普遍的"穷忙"状态也限制了人的社交，除了核心家庭成员，人碰到困难都无处求助，想找一个愿意听你倾诉的对象都很难，个体的孤独感可想而知。

在权力缺乏有效制约时，权力的滥用是普遍的，人的自由和财产经常性面临权力的侵害。此时只有原子化的个人直面权力的侵害。个体会感到异常弱小和无力，此时如果有各类支持性组织，个体就可以求助可以依托，不惟能安定受害者的情绪，也更容易能获得司法公正。

没有结社权的保障，这一切都无从谈起。有人可能说非政治性结社似乎当局也是允许的，这一事实判断放在十年之前或许部分成立，彼时确实诞生了几个协助公民维权的 NGO，但在 2015 年左右几乎被全部摧毁了，只留下一些官方建立的装点门面。事实上，当曾经一度有活力的民间 NGO 被摧毁之后，整个民间社会都处于肃杀的气氛中，此时就很少再有人有动力成立 NGO 了。

托克维尔有一个发现，就是如果一个地方禁止政治性结社，一般的结社也会很少。从根本上说，结社是一种习惯。当结社仍然面临可能失去自由的风险时，结社时就必定自我审查，特别当这种风险没有明确的可预测标准，没法理性地权衡时，人就自觉地压制了结社的冲动。

一个不能自由结社的社会，人的恐惧感是内生的，而且恐惧的原因是多维的：恐惧不受制约的权力伤害自己，恐惧遭到伤害后无力救济，恐惧寻求公力救济时遭遇报复，恐惧遭遇权力报复时无人声援，恐惧工作随时被"优化"，恐惧失业后连基本的生存都不保，恐惧大病无钱医治，恐惧微薄的工资无法养家糊口，恐惧自己突发疾病倒在路上无人施救，恐惧自己一个良心举动可能会遭遇讹诈，恐惧面对霸凌侵犯还手就是互殴，恐惧美好的情感背后是陷阱。

我们的恐惧无处不在，只是很多人不说出来，或者意识不到自己的恐惧。所以这里的年轻人，一个个有着与年龄不匹配的世故，没有应有的那份率真、阳光、自信、激情，他们未老先衰，仿佛不曾年轻过，他们脸上普遍挂着一张冷漠的脸、拘谨的脸、没有生气的脸。

这种种无法克服的恐惧纠缠在一起，让年轻人中的很多人，自觉放弃了爱，逃离了被爱。

这种内生的恐惧，从根源上讲，是社会原子化的症状之一。年轻人碰到麻烦后，突然会觉得很孤独，连倾诉的对象都没有，更不用谈求助。没有兄弟姐妹，朋友们也只是泛泛之交，父母一般也不在身边，或者可能已经撒手人寰，即便健在，他们也老了，告诉他们也帮不了自己，还凭空让他们为自己担忧，索性就不说了。

这些恐惧无法排遣，个体那种在世态炎凉中踽踽独行的孤独感如影随形，心理不够强健的人，自然地会产生厌世情绪。

所以，一个不能自由结社的社会，必然是一个阴郁的社会，一个没有活力的社会。它的未来注定是灰暗的，而且它的危害是逐渐显露的，就像一个梨子的腐烂，由内而外。

【政治参与的重要性】

政治参与权，对于一个良治国家的建构，对于个体精神人格的塑造都是基础性的、本源性的，无论如何强调其重要性都不过分。

一个没有政治参与权的国家，国民的气质是阴柔的，精神是孱弱的，国民会丧失自组织的能力，一旦面临重大的社会危机，或者被入侵，国民一个个就是待宰的羔羊，会成为冷漠的不负责任的旁观者，就像犹太人在集中营里的表现：木然地看着同胞一个个被拉进毒气室，木然地等待自己也被拉去的那一天。

这样的社会，整个人种都会退化，刚健有为的精神气质，直面挑战的责任感都会成为稀缺品。个体也很容易出现心理问题，而且阴柔的国民气质，孱弱的精神品格，又增加人际交往的难度。当个体遇到麻烦，人倾向于自我封闭自我沉陷。

而政治参与是个体避免沉溺于自我世界的最好移情方式。

一定意义上，抑郁是对自我狭小利益的不超越状态，也是思维的封闭状态。一旦抑郁，人就像一枚树叶被裹挟进漩涡里，浮浮沉沉身不由己，仅靠自己的力量很难逃脱出来。要摆脱抑郁，人需要外在力量搭把手。而在政治参与过程中，会自然的与他人打交道。

政治参与的过程，就是和人打交道的过程，无论选举国家领导还是参与地方自治。在选举国家领导时，公民可以做选举后援团的成员，为自己支持的候选人胜出而游说、辩论。

至于参与地方自治，那可做的事情就更多了。地方自治有选举，有对地方政策倡议或狙击，还有对地方领导和政策执行的监督。而选举不仅选举行政领导，还选举民意代表，公民既可以只做选民，还可以做候选人。这些政治参与行为都要求公民演讲、游说、辩论、批评甚至调研等。

这难道不是最好的移情方式？

当然，即便真有那么一天，公民的政治参与权不再只停留在纸面上，也不会出现所有人都参与政治的景象，总有人完全不关注公共事务，只愿意退回到由消极自由扎起的篱笆内，总有人仍然会沉陷在自我利益得失中不能自拔，又缺乏超越性的理性权衡能力，也找不到维权的路径，情绪宣泄的出口，他们仍然会抑郁，但至少人数会显著的降低。

【政治参与权的应然状态】

当今时代，只有极少数极权国家保持了对权力的绝对垄断，保持了权力对社会无远弗届的渗透和控制，正常的国家都有权力下放的趋势，实行不同程度的地方自治，越是成熟的宪政民主国家，地方自治就越规范，越得到鼓励。

所谓地方自治，是地方政府或社区在一定的权力范围内，由地方公民通过民主方式进行自我治理自我管理。地方自治的要义是地方公民的政治参与，没有公民的政治参与，就没有地方自治。

地方自治的好处太多了，既有功利主义的好处，如提高治理效率，也有人本主义的好处，如给公民提供民主训练的机会，培养现代公民关心公共事务、介入公共事务的共和精神。

政治参与权，是公民的本质特征，人就其本质来说，是社会性的，更是政治性的。在雅典和古罗马，只有享有选举权的男性公民才是完整的公民，其他要么是奴隶要么是客居的外邦人，奴隶是财产，主人可以生杀予夺，而外邦人则只有居住和经商的权利。

【没有政治参与权的爱国禁不住考验】

国家是一个建构的大政治共同体，不像家庭这种小共同体是基于血缘自然形成的，它甚至不如共享某种历史、文化、传统的民族这一共同体自然。

因为它是无数人参与建构的，在其建构过程中，主导的政治力量（比如某个党派）一直向国民宣传着对某种政治愿景的"应许"，比如"我们要建立一个美国式的国家"，"我们要建立一个共和国"。这种对某种政治愿景的"应许"构成了初始的政治契约。国民相信它追随它，愿意为它抛头颅洒热血，这就是以自己的行为来履行这份政治契约中己方的义务。在政治国家建构之后，主导的政治力量当然也有义务实现其"应许"的"政治愿景"。

而且从政治伦理来说，一个政治国家的合法性和正当性的证成不是一次性就可以完成的，每一代公民都享有对其合法性和正当性进行审议的权利。这审议的途径就是通过政治参与。政治参与意味着公民认可现有的政治秩序和法统，愿意通过政治参与来管理国家和社区的生活。

几乎每个国家都在宣传爱国精神，但没有政治参与的爱国，就如同一场与捞女的爱情，对方虽然也说着爱你的情话，但一直对你严防死守，你付出了很多却连对方的手都没有牵到。虽然在某一时段你对捞女的爱可能也是真实的，甚至会感动到你自己，但缺了那份因为肌肤之亲所带来的血肉相连的真实感以及由此产生的责任感，这种爱也是容易迁移的，可能一个转念就洞悟了这段关系虚幻的一面，甚至由此产生某种悔恨交加的复杂感情。

所以，没有政治参与的爱国，国民与国家之间就缺了一份休戚与共的情感，甚至国民对它的爱都可能是带着恨的。因为没有政治参与的权利，这个国家权力的运行就不可能是法治化的，所以注定不会是一个正义的国家，人类所珍视的那些诸如民主、平等、自由、尊严、公正与爱都不会成为制度建构的基础。这样的国家其国民也就不会享有免于恐惧和匮乏的权利。

一个剥夺国民政治参与权的国家，对自己的国民必定天性凉薄。此时"国不知有民，民不知有国"，"国家兴亡，肉食者谋之"这种意识也必然会成为清醒者的选择。当然这里我说的是政治国家。

要想国民爱这样的政治国家，它不仅需要给人提供公共秩序，更需要提供政治参与的机会。

当然在政治国家之外，还有一个自己的父母之邦，父母生于厮、长于厮，也葬于厮，这里有自己熟悉的山川湖泊、土地与同胞，有自己从小浸淫的文化历史，有无法排遣的乡愁，这些要素构成了另一个"国家"，祂是关于族群地理历史和文化的国家，与政治国家对映。

读者可能注意到了，这里我一直在说国民而非公民。因为一个不享有政治参与权的自然人，根本上就不具备公民的属性。不是有了国籍就能称得上公民，公民就其本质而言是政治权利的主体。

具体到中国，在自杀率高发的原因中，政治参与权的匮乏，我把它放置在第一位。它不止影响一个人的心态，它影响体制的建构，决定经济和社会的基本模式，它是一切的地基，反过来这些又都影响一个人的心态。

四、结语

我不会把年轻人的自杀简单化的归因于某个单一因素，其直接的诱因更是多种多样：生活艰难困顿，没有爱情，家庭变故，孤独抑郁都可能是压垮他/她们的最后一根稻草。

虽然无论东方与西方，极权、威权还是自由社会，年轻人都会自杀，但直觉告诉我，从概率上说，没有哪个国家年轻人的自杀像中国这样，与政治权利的匮乏有最大的关联性。如果把自杀视为露出水面的冰山之一角，那么政治权利的匮乏就是冰山的底座。

一个世俗的社会，主体国民没有宗教的抚慰或者麻醉，而统治此地的极权意识形态毕竟也是一套现代意识形态，赋予了平等这一价值观念先验的正当性，而实际又建立了一个等级森严的特权社会。几乎所有教材都在告诉人们此地是"人民当家作主"，但现实中人却成了权力支配的客体。这种理念与现实的反差，尤其让人意难平。

中国的人均 GDP 据说也超过了一万美金，进入了中等收入国家行列，如果继续维持公民政治权利账面化的状态，各种深层矛盾都无法得到解决。当政治诉求被压抑，人就会逃遁进彻底的私人生活，会倾向于做一个放纵的人。面对假大空的道德宣传，为了表达鄙视，人们不仅嘲笑假大空的宣传本身，甚至容易产生恶作剧般的对传统伦理、公共道德、公民责任的踩踏冲动。这种外在的压制与个体精神上的放弃，会协同导向国家政治公共性的坍塌，权力的运行会更加寡头化，更加漠视芸芸众生的利益和关切。

想起现状，我欲无言。

刘书庆

2023 年 04 月 27 日

第七篇

从"主人"到"韭菜"，底层思维变迁史

作者按：这篇文章最初发表在《独家人物》杂志，本想等拿到纸质的杂志后再公开，后来因为得知杂志主编陈志明老师因"你懂的"的原因失去自由，索性就公开了。

这篇文章在微信公号无法通过审核，只得做成图片并涂鸦后分享。文章公开后，既有很高的赞誉，素昧平生的吴云鹏律师在 500 人的微信群里说"这是他这一年来看过的最好的一篇文章，封神了"，朋友李剑老师则说"思想、知识和文笔都叹为观止"，李剑老师复旦大学哲学博士毕业，性格向来耿介，没有一丝媚骨，是大陆大学中少数几个被调离教学岗位的真正的良师，我不把他的赞誉视为同道间之间不走心的恭维。更有好几位人权律师朋友给予高度的评价，在此不一一赘述。

当然也收获有朋友的质疑，认为文章有民族主义的情绪。这可能是一种误读，笔者固然有政府应当为野蛮计生向汉人补偿的观点，也是出于个体权利视角。笔者的观点一以贯之，认为未来制度转型后，不分种族、民族，无论信仰、性别，所有人在具备正义品性的法律面前均应当一视同仁。我之所以提出政府应当就野蛮计生向普通汉人补偿，是因为野蛮计生的受害者主要是普通汉人是个不争的事实。而且他们遭受最残酷的计生摧残没有别的原因，仅仅因为他们先天地隶属于某个他们无法自主加入或者脱离的族群身份。他们与统治着这个庞大国家的几个"长老"同属一个族群，就成为他们遭遇人权迫害和不公正对待的原罪吗？那几个殿陛之间的长老，他们踏上权力神坛的过程与他们踏上神坛后所做的各项决策，普通的汉人何曾有丁点的话语权？让这些普通的汉人为长老们的行为负责，基本的

正义性何在呢？

笔者一直认为，一个知识分子不应当为了取悦一部分人，就将政治正确庸俗化，就有心机地刻意隐瞒自己的观点，否则他将很难保持逻辑的一致和自洽。

于 2025 年 5 月 11 日

■内容摘要：

◆ 但是这语气又表明他们不像是丁克理念的践行者，或者说在我们大多数人的想象中不是。它没有如丁克家庭那种对理念的笃信和自我成全的欣喜，而是透露出一种莫名的悲辛，一份平静的绝望，一点对当下这个世界的冷漠和拒绝。仿佛这一句话就道尽了整个世代的悲剧。

◆ 它和去年流行的"躺平"表达的是同一种社会情绪，就是对社会主流愿景的放弃弃绝逃离，说白了就是不跟你们玩了，不再服膺你们那套传宗接代出人头地的主流价值观——虽然是以人畜无害的消极方式。这里面到底夹杂有多少反抗收割的意识，谁也说不清。但一个权利贫困的社会注定也是一个缺乏活力的社会，人也更容易萎靡消沉。

◆ 一个人选择生与不生，选择躺与不躺，都是个体自由，而且这是应当被尊重的自由。但作为一个国家来说，"对不起，我们是最后一代"这种情绪是需要认真对待的，它能被迅速传播，也证明社会主流对此有情感上的高度共鸣。

◆ 人口的增长或者减少是指数性的，不要只看到现在人口还颇具规模，就以为谈论人口崩溃是杞人忧天。2010 年大陆总和生育率只有 1.18。按照这样的生育状况，到 2100 年中国人口将大约只有 5 亿人，而且将会是更加高龄化的 5 亿。这种说法很多人可能无法理解，因为他不了解指数降低的特点。事实上，中国已经掉进了低生育率陷阱，这种陷阱是一种下降螺旋，想爬出这一陷阱极难。

◆ 笔者认为应当对汉人遭遇的系统性人权迫害进行补偿，仅仅因为一个人祖先隶属于某个文化共同体就被区别对待，就被野蛮地剥夺基本的生育权，这是违宪的，也是违反自然正义的。法律的主体是现实中的每个人，而不是某个文化共同体。一个人属于汉族并非由其自己选择的，而且隶属于汉族并未给一个人带来某种特权和利益，甚至恰好相反，在生育升学工作甚至违法犯罪所接受的惩罚结果等诸方面，普通汉人往往遭遇的是歧视性待遇。

◆ 三十多年的强制计生，就是三十多年的规训与惩罚，他们为了推进计生政策从强制到自愿的转变，把人进行了最彻底的客体化。人不再是有基本人权的有创造力的有主观能动性的有感情与温度的可以为父母带来情感慰藉的活生生的生命，而是社会的负担和累赘，是一个个需要解决的问题。

这数十年如一日的把人客体化的结果就是人的权利意识极度淡薄，人已经把自己基本人权的被剥夺视作理所当然，把反抗行为和意识都进行了非道德化。已经从最初的权力把人客体化迈入人主动把自己客体化的阶段。这是最令人惊心动魄的价值评判尺度的扭曲和人的异化。

◆ 我们可以发现一个有趣的现象，对权力最敬畏和官本位意识最浓的地区，恰好是强制计生执行的最好的地区，比如山海关以北，比如齐鲁大地，这些地区的主体人口早早地完成了从被权力驯化到自我驯化的转变。

◆（东北亚）这样的社会，人倾向于把生育与达到某种经济条件挂钩，认为条件差的就没有资格多生，这种认知甚至不仅用于约束自己，而且约束他者，对他者进行负面的道德评价。比如我们常见某些市民鄙夷的说农村人越穷越生。

◆ 生育率的低下，还有一个原因已经被很多人注意到，就是年轻人在普遍意义上失去了对未来的希望和想象，这是最致命的。

造成这一现象的原因有多个，一是与高度的内卷有关，二是与过度的收割和权利意识的觉醒有关。

先说内卷，笔者以为两种因素导致了中国高度的内卷状态。其一是与中国的发展模式有关，其二是与自由和权利的匮乏有关。

◆ 当新冠病毒变异为弱毒的奥米克容之后，世界各国都陆续采取了与病毒共存的策略，而我们却反其道而行之，多次给社会按下了暂停键。先是西安，后是上海，特别是上海，因为它是中国的经济金融制造业中心，对中国影响巨大，这种影响是多方面的。

一是让欧美日觉得中国的政策不可预测，将产业链某些环节放在中国，一旦政策有变会形成瞬间断供的局面，就会连累上下游整个产业。

二是对青年人的心态的影响，这个才是最要命的。这次清零政策执行中发生的种种荒诞荒唐荒谬不胜枚举，对基本人权的无视和践踏普遍化庸常化，上海这个代表中国大陆文明天花板的世界大都市几乎在一夜之间退化成了蛮荒之地。两个月内大白们的表现多面向地摧毁了青年人对未来的信心。

◆ 在疫情防控过程中，在执行层面出现的荒诞剧目轮番上演。很多大白处于一种癫狂的状态，基本人权完全被无视和践踏，人丧失了安全感。几十年改开形成的那点制度理性彻底失效，人们突然发现，文明仍然距离我们很遥远。强行破门，强行进屋消杀，强行转移，刚性隔离，强制核酸，有急病得不到救治。健康码变成了良民证，而效力仅及于 48 小时。家都无法保护你，在大白们面前，你没有什么人格尊严。在医疗资源最充沛的上海，哪怕你再有钱病再急，一个健康码就能成为铜墙铁壁，把你牢牢地阻挡在医院门口，任凭死神把你掳走。

这种状况的出现，就表征着人的权利和自由的匮乏。宪法明示的自由和权利没有得到法律的保障，个体无法利用法律来阻止权力对其的侵犯。这样的社会，既是不安全的，也是没有创造力的。

◆ 一说韭菜的收割，多数人下意识就会想到各种税收，实则税收并非最锋利的那把镰刀，高房价才是。高房价是一把无形的镰刀，权力隐身于市场经济之中，不显山露水，偶尔出来就是抑制房价过快增长，让人感动。仅有 70 年产权的一套房屋，将会让一对青年夫妻奋斗二十年。

一个人被收割，如果不知道被收割，或者不知道被谁收割，他的幻灭感还会小一点，最怕的是他意识到了自己正在被收割。现在的年轻人并非浑浑噩噩的文盲，他们聪明而且敏感。在持续地被收割中，他们对于结婚买房生子忙忙碌碌一生产生了无意义感，而内卷状态又让他们看到未来职场的残酷，他们提前看到了自己庸常人生的尽头。就会觉得人生一世草木一秋这种奋斗不值得。这种心态下的年轻人，会愿意生二胎三胎吗？痴人说梦而已。

■正文：

一、对不起，我们是最后一代

时间：2022 年 5 月 11 日，坐标：上海，人物：一对年轻夫妇。

事件：这对年轻夫妇核酸本阴性，但一群着防疫服装的警察奉命要求对其转运，并威胁如果拒绝服从将被拘留，而拘留这一污点将会影响他的三代。这对夫妇回答："对不起，我们是最后一代"。

无异于平地惊雷，瞬间炸响整个互联网。

关键在于这对夫妇说这话时，没有叫嚣嘶吼，很平静很笃定。那句敬语"对不起"则隐约透露着一份独属于知识人的尊严，以敬语来提醒权力请保持基本的体面。这是知识人面对颟顸权力愤怒而又无可奈何的防守姿态，混合着愤怒屈辱倔强轻蔑又希望对方克制的种种复杂情绪。

而且"对不起"这三个字恐怕也不只是说给那几个警察听的，总觉得也是说给几个不在场的他们的父母。此时的"对不起"又是愧疚而真实的，毕竟我们这个族群讲究不孝有三无后为大。

但是这语气又表明他们不像是丁克理念的践行者，或者说在我们大多数人的想象中不是。它没有如丁克家庭那种对理念的笃信和自我成全的欣喜，而是透露出一种莫名的悲辛，一份平静的绝望，一点对当下这个世界的冷漠和拒绝。仿佛这一句话就道尽了整个世代的悲剧。

它和去年流行的"躺平"表达的是同一种社会情绪，就是对社会主流愿景的放弃弃绝逃离，说白了就是不跟你们玩了，不再服膺你们那套传宗接代出人头地的主流价值观——虽然是以人畜无害的消极方式。这里面到底夹杂有多少反抗收割的意识，谁也说不清。但一个权利贫困的社会注定也是一个缺乏活力的社会，人也更容易萎靡消沉。

针对躺平，去年笔者曾写过一篇文章《理中客看"躺平"和"内卷"》，就谈到了躺平的"反本能"的特点，这一特点就决定了践行者只会是极少数，所以对于躺平，作为不想参与践行的人我不敢叫好，我只是为年轻世代的艰难处境而深感痛心。

一个人选择生与不生，选择躺与不躺，都是个体自由，而且这是应当被尊重的自由。但作为一个国家来说，"对不起，我们是最后一代"这种情绪是需要认真对待的，它能被迅速传播，也证明社会主流对此有情感上的高度共鸣。

虽然现实中真正践行一个也不生的人很少，但在一胎化政策已经终结了几年的背景下，这个社会的主流家庭却仍然只生一个，从最初的政策驯化到被驯化者内在心理的自觉改变，仅仅需要三十年的时间，一切已经很难挽回。

二、中国的人口崩溃

按照经济史学家安格斯.麦迪森的估算，公元元年全球人口只有2.258亿，而中国人口为5960万，约占全球人口的26.4%。1820年中国人口3.8亿，占世界总人口（10.4亿）的36.6%。1949年中国估测为5.4167亿，占世界总人口的22%。

按照2020年的人口普查结果，中国现有人口为14.1178亿，印度在2022年3月4日超越中国成为世界第一人口大国。印度的人口统计数字应该是可信的，印度只在1976年英迪拉.甘地任内执行过强制计生，规定政府员工不结扎将失去工作，1977 年就触犯众怒遭遇选举惨败，从此印度历届政府不敢再碰触该敏感问题。印度因为不存在公众对计生政策合理性的质疑问题，没有动机粉饰和修改。至于中国的人口普查数字，其真实性相信每个人都有自己的判断。人口普查现在都是电脑统计，无非把各地数据汇总。理论上，人口统计截止日那一刻就可以汇总出结果。然而他们却用了 5 个月时间才统计出结果。而且该结果被很多研究者指出与既有的数据不能吻合，甚至差距甚大。按照人口学家易富贤的研究，无论采取多么乐观的预测，中国人口峰值也达不到 14 亿，事实上印度早就超过了中国。

人口的增长或者减少是指数性的，不要只看到现在人口还颇具规模，就以为谈论人口崩溃是杞人忧天。2010 年大陆总和生育率只有 1.18。按照这样的生育状况，到 2100 年中国人口将大约只有 5 亿人，而且将会是更加高龄化的 5 亿。这种说法很多人可能无法理解，因为他不了解指数降低的特点。事实上，中国已经掉进了低生育率陷阱，这种陷阱是一种下降螺旋，想爬出这一陷阱极难。

然则，人口总数还不是最要紧的，因为它有欺骗性，它很容易掩盖人口结构的严重失衡。中国人口结构的失衡体现为两方面，一是劳动力人口的快速萎缩，二是汉族人口在中国总人口中的比重大幅度降低。

中国已经未富先老，截止 2020 年 11 月 1 日，全国 60 周岁以上的老年人口为 26402 万人，占总人口的 18.70%，全国 65 周岁以上老年人口为 19064 万，占总人口的 13.50。而 2020 年新生儿出生数量为 1003.5 万。国际上通常的看法是，当一个国家或地区 60 周岁以上的老年人口占人口总数的 10%，或者 65 周岁以上老年人口占总人口的 7%，就意味着这个国家或地区进入了老龄化社会。而根据中金公司近年发布的中国家庭人均月收入 11 个等级的具体数据，中国人均月收入 0-500 元的有 2.1589 亿人，月收入 500-800 元的有 2.0203 亿，月收入 800-1000 的有 1.2404 亿。即月收入低于 1000 的有 5.32 亿人。北师大的调查数据与中金公司的数据也是吻合的。而李克强总理说有 6 亿人月收入低于 1000 元。可见这一数字是大体真实的。一个家庭出了一个重症病人，就足以让整个家庭返贫。而现在中国每年新发恶性肿瘤的病例约 392.9 万例，中国心脑血管疾病患者达 2.9 亿。仅仅治疗费都是很大的负担，更不用谈劳动能力的下降。

人口结构的另一个问题就是，民族人口生态正面临颠覆性变化。有人可能质疑笔者是大汉族主义者，对这顶帽子笔者敬谢不敏。我只是在谈论一个客观事实。

2005 年的 1%抽样人口调查显示，相比于 2000 年第四次人口普查，汉族人口增加 2355 万，各少数民族人口增加了 1690 万。这意味着，5 年来占全国总人口 90.56%的汉族增加的绝对人数竟然只占全国增加总人数的 58%。关键的是，这一局面不是自然形成的，而是野蛮的计生政策导致。

众所周知，中国执行的一胎化政策是有区别的，城市户口的汉族绝对的一胎化，农村汉族实行的是一胎半政策，第一胎是女儿的，可以再生一个，第一胎是男孩，就不允许再生。笔者生长在农村，隔着七八里就有回民村，90 年代回民每个家庭生三四个孩子还很普遍，实际执行中根本不存在他们只比汉人多生一个的政策，因为回民向来桀骜不驯，又很抱团，政府基本对他们是放任不管的。而彼时汉人计生正是最严苛的阶段。

笔者认为应当对汉人遭遇的系统性人权迫害进行补偿，仅仅因为一个人祖先隶属于某个文化共同体就被区别对待，就被野蛮地剥夺基本的生育权，这是违宪的，也是违反自然正义的。法律的主体是现实中的每个人，而不是某个文化共同体。一个人属于汉族并非由其自己选择的，而且隶属于汉族并未给一个人带来某种特权和利益，甚至恰好相反，在生育升学工作甚至违法犯罪所接受的惩罚结果等诸方面，普通汉人往往遭遇的是歧视性待遇。中国不同于美国，并不曾存在过类似于白人对黑人的奴隶制和白人至上的历史，不存在基于赎罪意识和补偿意识的肯定性行动的社会基础。不能因为这个国家的领导人基本都是汉族，就要求没有普遍受益的普通汉人去承担歧视性待遇。

道理如此简单，但很多知识人却惮于被贴上民族主义者的标签不愿说出来。而普通汉人普遍缺乏权利意识，还经常性浅薄的沾沾自喜，把自己想像成统治阶层的一员，是最可悲的一群。

三、中国人口缘何落入低生育陷阱？

造成当下人口极端危险局面的原因有很多，三十多年的强制计生已经彻底摧毁了中国境内世俗族群的生育观念，多子多福传宗接代观念已经所剩无几。一个前现代国家，其国民的生育意识却是后现代的，这本身就是悲剧性的。

三十多年的强制计生，就是三十多年的规训与惩罚，他们为了推进计生政策从强制到自愿的转变，把人进行了最彻底的客体化。人不再是有基本人权的有创造力的有主观能动性的有感情与温度的可以为父母带来情感慰藉的活生生的生命，而是社会的负担和累赘，是一个个需要解决的问题。

这数十年如一日的把人客体化的结果就是人的权利意识的极度淡薄，人已经把自己基本人权的被剥夺视作理所当然，把反抗行为和意识都进行了非道德化。已经从最初的权力把人客体化迈入人主动把自己客体化的阶段。这是最令人惊心动魄的价值评判尺度的扭曲和人的异化。

我们可以发现一个有趣的现象，对权力最敬畏和官本位意识最浓的地区，恰好是强制计生执行的最好的地区，比如山海关以北，比如齐鲁大地，这些地区的主体人口早早地完成了从被权力驯化到自我驯化的转变。

另外，经济发展本身就是最好的避孕药。这一结论几乎适用所有国家。而东亚国家的文化特征与发展模式更是极化了生育陷阱。以中日韩为代表的东亚社会是传统的农耕社会，在古代，因为生产力水平的低下，生产工具的落后和稀缺，需要互助合作才能完成，包括儒家伦理规范，也是适应这种落后生产力条件下的农耕社会的意识形态，所以集体主义一直是东亚社会主流的价值观。子不语怪力乱神又堵塞了中国人对彼岸的关注，宗教信仰一直没有进入中国人的主流。汉传佛教虽然流传甚广，但却又是世俗化和理性化的，其超越性不足。

东亚这种传统的价值观，决定个体是不彰的，人相对缺乏自由和独立意识，人特别关注自己在他者心目中的形象，人就容易生活在与他者比较的焦虑中，对成功的理解是与他者比较意义上的，无法自在自为自足的生活。又因为缺乏宗教给人提供的终极意义上的归属感，所以在个体精神上是不坚实的，不足以抵抗外在的各种压力。这种社会文化，体现出来就是个体特别看重面子。别人有车有房而我没有，我就是没面子的，别人的孩子学钢琴进私立学校，我的孩子学电子琴进公立学校就是没面子的。没面子就会自卑，就会消沉，所以东亚社会是普遍压抑的。这样的社会，人倾向于把生育与达到某种经济条件挂钩，认为条件差的就没有资格多生，这种认知甚至不仅用于约束自己，而且约束他者，对他者进行负面的道德评价。比如我们常见某些市民鄙夷的说农村人越穷越生。

过去生育文化没有遭到破坏时，养儿防老观念强，这种观念有其现实意义，女儿出嫁后照顾父母确实不方便，邻里之间打架斗殴没有儿子一方也容易遭人欺负。所以当时没有儿子可能成为家庭与家庭比较的主要指标，由此客观上也刺激了人的生育意愿。但现在观念已经不同了，人只管自己这一辈的意识越来越流行，传递香火意识已经很薄了，邻里之间打架的也少了，而快速的城市化以及城市化后生存成本的高企又加速了生育意识的瓦解。

生育率的低下，还有一个原因已经被很多人注意到，就是年轻人在普遍意义上失去了对未来的希望和想象，这是最致命的。

四、青年人对未来不再有想象

造成这一现象的原因有多个，一是与高度的内卷有关，二是与过度的收割和权利意识的觉醒有关。

先说内卷，笔者以为两种因素导致了中国高度的内卷状态。其一是与中国的发展模式有关，其二是与自由和权利的匮乏有关。

中国并非是内需驱动的发展模式，而是依赖基建投资和出口导向的重商主义。基建投资过去是楼堂馆所，现在主要是铁路、公路、机场、水利基础设施等，俗称"铁公基"。中国有限的消费又是畸形的，集中在改善居住条件，利用国人安居乐业的传统意识，将市民辛苦积攒的血汗换成仅有 70 年产权的钢筋水泥，通过人为控制土地供应造成持续的稀缺状态，通过价格调控形成房价单边上升的心理预期。对老百姓进行钝感收割。

问题在于建成的商品房数量已经够多，很多人已经有多套房子，购买房子已经不再是刚需，而是当作一种投资手段。谁都知道中国人的平均薪资水平根本撑不起这么高的房价。但不妨碍人们继续炒房，本质上还是利用房价单边上涨的预期玩博傻游戏。很多人在参与玩博傻游戏的时候，是加了高金融杠杆的，所以这博傻游戏又蕴含着高度的金融风险。一旦心理预期扭转，这游戏就可能崩盘。建筑寿命平均只有 50 多年且产权只有 70 年的房子，本应是高折旧商品，竟被当作保值的投资品。可见中国人投资渠道的匮乏。

现在房价单边上升的心理预期正在扭转，房价之所以还能挺住没有跳水，除了行政力量介入禁止开发商降价销售之外，也与资金链的断裂有滞后效应有关。即便如此，也已经有多个大型的房地产企业处于困境，像著名的恒大，已经进了重症监护室。

有一个现象已经昭示了这一切：土地流拍越来越普遍。2022 年一二线城市（北京是唯一例外）的土地出让金都出现了同比腰斩以上的减少。直辖市重庆最惨，一季度同比大跌 90.31%。而地方政府对土地出让金的依赖，可以体现在下面一组数据中：2020 年全国土地出让收入为 8.2 万亿，房地产行业税收为 2.5 万亿元，广义土地财政依赖度达到 38.8%。

土地出让大幅度减少，意味着地方政府在财政上捉襟见肘，各种危机就开始显现。现已经形成了一种恶性循环，高房价挤压了其他消费，导致其他方面消费乏力，但如果刺破泡沫，不仅可能面临断供潮导致的金融危机，而且可能造成严重通胀。过去几十年超发货币之所以没有引起非常严重的通胀，一是所有商品几乎都形成了买方市场，在通胀背景下很多商品价格仍在下跌，特别是白色家电，二是房地产作为货币蓄水池。一旦房价泡沫刺破，大量货币会否进入日常消费端而造成严重的通胀呢？严重的通胀瞬间会让低收入阶层沦为赤贫阶层。

从出口来看，自 2018 年川普政府发动对中国的贸易制裁开始，人们对中国的出口前景就开始持悲观的看法，虽然因为产业链的转移需要时间，美国暂时无法摆脱对中国廉价商品的依赖，短期无虞，但如果中美贸易争端得不到解决，中长期来看大家对中国出口是看衰的。新冠疫情发生后，西方一段时间处于"锁死"状态，生产几乎停止。而中国依靠主流国家根本不敢想象的那种烈度的管控措施，率先遏制住了疫情传播恢复了生产，所以一段时间，中国出口反而相比于过去增加了。但有识之士都意识到这只是暂时现象。特别是中国国内一些事情的溢出效应，欧美与中国有渐行渐远的趋势，而且似乎已经不可逆转。美国现在频频讲脱钩，声言将重要的产业链迁回国内或者转移到东南亚等地，欧日也在隐隐的配合。而且这次的脱钩并非只是恫吓，而是以各种政策来激励跨国企业的产业链转移，甚至不惜为企业转移的成本买单，同时美国对中概股的独角兽企业进行打击，从市场准入到技术制裁再到融资全方位下手，中兴、华为的遭遇大家都看到了，而且制裁范围还在增大。这景象给人一种感觉就是脱钩已经不可避免，就像一段婚姻，以前虽然打打闹闹但并没破裂，而今一方似乎已经彻底厌倦，另一方也在布局和宣传离开欧美之后的内循环。

当新冠病毒变异为弱毒的奥米克容之后，世界各国都陆续采取了与病毒共存的策略，而我们却反其道而行之，多次给社会按下了暂停键。先是西安，后是上海，特别是上海，因为它是中国的经济金融制造业中心，对中国影响巨大，这种影响是多方面的。

一是让欧美日觉得中国的政策不可预测，将产业链某些环节放在中国，一旦政策有变会形成瞬间断供的局面，就会连累上下游整个产业。欧美日的商会组织在上海被按下暂停键的两个月内，都曾以不同形势向上海市政府表达过忧虑，其急迫的心情可想而知。这必然会让他们加速脱钩的进程。跨国企业往往是待遇优厚的优质企业，这种加速脱钩状态又必然提高青年就业的压力和焦虑。

二是对青年人的心态的影响，这个才是最要命的。这次清零政策执行中发生的种种荒诞荒唐荒谬不胜枚举，对基本人权的无视和践踏普遍化庸常化，上海这个代表中国大陆文明天花板的世界大都市几乎在一夜之间退化成了蛮荒之地。两个月内大白们的表现多面向地摧毁了青年人对未来的信心。

城市按下暂停键，青年们无法正常上班挣钱，按照全国一盘棋，一方有难八方支援的政治传统，上海市民不应当出现挨饿和蔬菜匮乏的情形，哪怕没有全国支援，只要快递和商店都能正常营业，也不应出现匮乏和价格暴涨的现象。但现实是出现了大量的挨饿的情况。以至引发很多人喟叹：谁能想到，一群住着上千万房产的人正在挨饿。

诺贝尔经济学奖获得者弗里德曼曾说如果然给美国联邦政府管理撒哈拉沙漠，五年之内，那里沙子都会短缺。他说的是当权力排除市场，再丰富的东西都可能匮乏。所以以下的场景就合乎逻辑了。首先他们打着疫情防控的旗号让商店、超市关门歇业，将市场排除出资源配置的行列。然后通过发放通行证这种特权对准入主体进行控制，准入主体要么是他们的亲朋友好友，要么就是给他们输送利益的人。

他们还通过控制食品蔬菜的流入量，维持一种稀缺状态。同时，他们还利欲熏心，将全国各地捐赠的物品，私藏的私藏，弃掉的弃掉，或者将捐赠物撕去捐赠标签再转手以高价出卖发国难财。所以蔬菜食品等的价格都出现了令人咂舌的增长。导致他们的消费支出大幅上升。还要考虑到，年轻人正处于爬坡阶段，房贷车贷房租压力都很大，这两个月的暂停，不仅收入锐减且很多民营企业没有挺过来，一些跨国企业要走。这意味着很多年轻人呆在家里已经失业，所以发生了多起跳楼自杀案件。

以上是从就业、收入和消费支出的角度审视的对青年人信心的打击，而最让人幻灭的可能是基本人权的被无视和践踏。

在疫情防控过程中，在执行层面出现的荒诞剧目轮番上演。很多大白处于一种癫狂的状态，基本人权完全被无视和践踏，人丧失了安全感。几十年改开形成的那点制度理性彻底失效，人们突然发现，文明仍然距离我们很遥远。强行破门，强行进屋消杀，强行转移，刚性隔离，强制核酸，有急病得不到救治。健康码变成了良民证，而效力仅及于 48 小时。家都无法保护你，在大白们面前，你没有什么人格尊严。在医疗资源最充沛的上海，哪怕你再有钱病再急，一个健康码就能成为铜墙铁壁，把你牢牢地阻挡在医院门口，任凭死神把你掳走。

这种种不可思议的疫情防控措施，对于高学历集中的上海年轻人，将会形成何等强烈的心理冲击呢？

这种状况的出现，就表征着人的权利和自由的匮乏。宪法明示的自由和权利没有得到法律的保障，个体无法利用法律来阻止权力对其的侵犯。这样的社会，既是不安全的，也是没有创造力的。

当人感到不安全，就会得过且过不为长远谋划。而一个没有创造力的社会就很难产业升级，创造新的增长点。甚至自由和权利的匮乏，也体现为各种小共同体难以形成，比如各种行会农协等。中日韩三个国家中，日本的内卷相对较轻就与日本的创造力有关，也与日本各种协会的博弈能力有关，而这背后就是自由和权利得到尊重的结果。

日本是工业制造大国，但日本国土狭小，农业容易受到冲击，但日本农协把日本农民组织起来，保障自己权利的同时也互助互补，使得日本的农业没有被冲垮，而且形成了自己独特优势。其实欧洲国家也是如此。有人说这是贸易保护主义思路，不值得提倡，但欧日同时给予农业高额补贴不是没有原因的，甚至农业最强的美国各种直接间接的补贴也不少。我们会发现一点，所有的发达国家，不仅制造业先进，其农业亦然。

而且我们还会发现，凡是进化到宪政民主的国家，成为发达国家似乎都是顺理成章的，欧洲的很多国家，世人没听说他们有世界品牌，资源也是稀缺的，但人家很自然地就成为了发达国家，而且不会再返贫。那些陷入拉美化的发展泥淖的国家，几乎都存在制度没有进化的短板，要么民粹主义要么威权主义甚至极权主义。所以唯心一点说，国家发达的原因实质在于一种文明的生活方式，那些中东的土豪国家再有钱也不是发达国家。所以笔者在《理中客看"躺平"和"内卷"》一文中说"有且只有法治才能破解内卷"。这里的法治是自然法意义上的法治，实际就指的是宪政民主。

有的国家幻想既能保持专制的权力和极权的社会结构，又能充分发挥个体的创造力，在科学技术上完成对西方的超越，完全是梦呓。创造力依赖于自由精神，而自由精神的培养和习得必须在法治环境下。

话题扯的有点远了，我们回到青年生育意愿降低这一母题。这就又回到了青年人对未来不再有想象的第二个原因，即过度的收割与权利的觉醒。

一说韭菜的收割，多数人下意识就会想到各种税收，实则税收并非最锋利的那把镰刀，高房价才是。高房价是一把无形的镰刀，权力隐身于市场经济之中，不显山露水，偶尔出来就是抑制房价过快增长，让人感动。仅有70年产权的一套房屋，将会让一对青年夫妻奋斗二十年。

一个人被收割，如果不知道被收割，或者不知道被谁收割，他的幻灭感还会小一点，最怕的是他意识到了自己正在被收割。现在的年轻人并非浑浑噩噩的文盲，他们聪明而且敏感。在持续地被收割中，他们对于结婚买房生子忙忙碌碌一生产生了无意义感，而内卷状态又让他们看到未来职场的残酷，他们提前看到了自己庸常人生的尽头。就会觉得人生一世草木一秋这种奋斗不值得。这种心态下的年轻人，会愿意生二胎三胎吗？痴人说梦而已。

如果想挽狂澜于既倒，政府首先需要意识到，现代的年轻人已经不再是 80、90 年代的年轻人，彼时的年轻人那种大而无当的豪情壮志，那种认定自己与这个国家休戚与共的主人翁情怀已经不再。现在你们面对的是一群清醒的年轻人，有基本的权利意识，不再抱持虚幻的理想主义，而是更实际更自我利益中心。现代年轻人的特点将决定你们的政策选择，希望政府能固本培元，扼住生育率断崖的趋势。

刘书庆

2022 年 6 月 25 日

第八篇

社会整体的蒙昧化，对清明理性的人构成威胁

——为什么我们应坚持捍卫常识？

作者按：对日本排放核污水事件，考虑到日本一直配合美国对东大的科技进行绞杀和制裁，东大政治性的利用它对日本进行牵制也是可以理解的。外交根本上是国与国之间利用自己手里的牌进行利益的博弈和交换，完全道德化的看待外交问题是幼稚的，在国家没牌可打时凭空造牌都并不鲜见，所以笔者并无意对东大的外交立场置喙。

但因为外交立场对民间舆论的主导性影响，一个外交立场被迅速扩大化，最终经过民间的流转，竟形成了一股强大的反智浪潮。尽管按照洋流的流向，福岛核电废水流到中国，是几个月之后的事情，但民间有几个人去这样思考问题呢？所以东大近海渔业养殖遭遇毁灭性打击。甚至淡水养虾的都遭遇了严重损失。山东省无棣县就有两个养殖淡水虾的，因为价格大幅下跌，养殖户赔的很惨，在绝望下跳楼了。而且民间想当然认为盐是从海水中提取的，担心污染，又出现了提前哄抢囤积食盐的荒唐行为。网路上流行着各种反智的言论，而根据 IAEA（国际原子能机构）抽检的结果，福岛核废水是在允许的安全限度内的。日媒更报道，2021 年东大核电排放记录显示，废水中的氚水平也超过了日本排放核污染水的最高含量。东大外交部对此的评论是不能把核废水和核污水相提并论，两者性质不同，来源不同，处理难度不同，不能混淆。但客观的说，对老百姓而言，关注的是排放终端的海水中放射性元素的浓度。如果超过了 IAEA 规定的标准，就应当向周边遭受损害的百姓赔偿。

为了把戏做足，就要引导舆论激起民间情绪，而这非理性情绪的

激荡，需要以理性的被压制为前提，理性被压制就会导致社会整体的朦昧化，一个朦昧化的社会，会对社会的正常发展和清明理性的人构成威胁。

清明理性的人不能置身事外。

于 2025 年 6 月 4 日

■ **内容摘要：**

◆ 人类当然希望既能享受现代科技所带来的便利，生存环境又能维持桃花源的状态。但那只是一种梦想。人类享受科技带来的便利，必然伴随着代价。人类对科技的应用，对自然的开发，都是价值权衡的结果。

◆ 福岛核事故是由大地震引起的，地震是大自然加诸于人类的灾难，在这种灾难面前，全世界的人都应该集合智慧携手应对，毕竟任何国家都可能面临这种不可抗力的悲剧。对此类非人为灾难，对受害的国家课以很高的义务并不公正。

◆ 前两天，当在家人群里看到我两位姐姐也商量着第二天去抢盐时，我才意识到问题的严重性。对日本核污染水的恐惧感，已经形成了颇有点类似于发生在 1768 年的"叫魂案"的效果，恐慌在社会上迅速蔓延，整个社会被一种蒙昧的气质所裹挟，而讽刺的是，本次蒙昧主义的宣传，却以科学的名义在进行。这一幕又自然地让我联想起三年疫情期间轮番上演的荒唐荒谬荒诞的政策剧目。他们刻意渲染恐惧，以方便权力与蒙昧交媾，生产出各种的装神弄鬼，各种的平庸之恶，权力没有心理障碍的突破应守的边界，侵犯公民的自由，践踏公民的权利。

◆ 记得维稳的朋友在与我交流时，几乎每次都能涉及到爱国话题，看得出来，在他们眼里，一个人如果不爱国，那就意味着不可救药了，这种人遭受专政铁拳就是活该了。关于爱国，我对它的理性看法与我自己情感状态是不同的。从理性角度，政府与国家是两个不同的概念，区分开两者，很多的看法就不再拧巴了，但即便如此我亦反对把国家偶像化。爱国应该是一种自然的感情，而感情是不能强迫的。

◆ 而且人对何谓爱国的认知，远比爱与不爱两者的差异要大，其造成的后果也会严重的多。正统的观念是爱国就是爱政府，爱政府就是支持政府，支持政府就是不要批评政府。这是一种奴隶的爱国价值观。这种价值观盛行，将会让一个国家成为一个奴隶之邦，一座服从性训练的大号军营，让国家退回到蛮荒状态。

◆ 当几乎整个德意志民族伸出右手，向纳粹表达效忠，向犹太人宣泄种族仇恨时，那少数几个抱起双臂，冷眼旁观的人，表达鄙夷的人，批评狂热的人，救援犹太人的人，在我看来是真正的爱国者，真正的爱国是理性而不应是狂热的，是守护正义而不是以正义为代价的，没有道德良知支撑的爱国不值得赞扬。

◆ 在还能发出异议的声音时，如果放任一种蒙昧的仇恨情绪蔓延，一旦越过某个临界点，整个社会就变得很不安全，对于清明理性的人尤其不安全，因为，在一个蒙昧的社会，想讲道理的人本身就是异端。在一个弥漫着仇恨情绪的社会中，一个异端很容易处于被恶人群起投掷石块的境地。随便一个汉奸卖国贼或者间谍的标签，就有可能让一个异端遭到愤怒民意的即决式审判。

◆这个世界已经祛魅了，但这不是说任何人都已经习得了理性思考的能力，更不是说理性的光芒已经照耀到世界各个角落。而且单单有理性是不行的，所以我强调清明理性，强调良知，也不排斥信仰。清明理性是清澈清醒澄明明智智慧且理性，几可与良知等同，因为有清明理性的人才能真正有良知，也必然会有良知。所有的狭隘偏执仇恨不讲道理一定意义都是清明理性匮乏的产物，因为他缺乏自我省察的能力，把自己作为唯一的主体，又不接受别人的批评。

◆一个人能被称清明理性要求他必须有超越性，既超越自己利益的迷障，也能超越历史的仇恨。唯有超越，也才能真正看清自己，自己所属的小团体以及国家的核心利益。

◆ 一个国家的核心竞争力，不在于它先天资源的禀赋，而在于它是否有一群人格独立和清明理性的公民——他们不崇拜偶像，不迷信权威，也不讨好大众。这样一群人的存在才是一个国家可真正立足于世界民族之林的资本。

◆ 对自己的国家，我一直存有一个美好的期待，美好到甚至我禁不住拟人化的表达。首先我期待她是自由的，生活在她怀抱中的人是自由的，真正享有 free to 与 free from 的自由，她自己也是自由的，即独立和自主的。其次，我期待她是清明理性的，是睿智的，她对自己利益的理解是深刻的，行事是稳健的。最后我期待她既是刚健有为积极进取的，同时又是雍容大度，温柔敦厚的。

■ 正文：

一、师出无名的挞伐

在自然界中，有不少昆虫是有组织能力的，比如行军蚁。在《人与自然》节目中，我看过行军蚁的征伐行为，它们所到之处，一片焦土，殆无孑遗。它们撕咬一切，肢解一切，吞噬一切，当然这一过程，也伴随着行军蚁的尸横遍野。行军蚁当真是踩着战友的尸体前仆后继，那景象端地是相当令人惊骇。

这不是因为行军蚁勇敢无畏，而是因为它们低级，低级到没有生的意识，也没有死的恐惧，它们只是在信息素的引导下为本能所驱使。它们更没有意识去辨析自己参与的这场征伐是否代表正义，但人类却不同。

人类的战争是需要正当理由的，如果没有，那叫师出无名，往往是取败之道。如果士兵都觉得己方理亏，那上了战场大概率会毫无斗志丢盔曳甲，对此可参考晋秦韩原之战。其实何止是流血的战争，即便是国与国之间的批评挞伐也需要占据道德高点，也就是你必须首先占理。如果明明不占理，却依靠煽动仇恨和蒙昧主义，依托民众对"不苟且者不得食"的恐惧感，来制造一种全民同仇敌忾的气势，那是令人嫌恶的。整个族群要么被视为是低级如行军蚁一样的昆虫，要么被视为是高级如第三帝国时期的民众，偏执狭隘癫狂不可理喻。

那么，占不占理又是如何判断的呢？

这取决于两方面，一是你国批评他国的事实是否属实，二是如果你国批评他国的事实存在，依据形式逻辑能否推导出你的结论。如果事实为假，对不起那叫前提不成立，遑论其他。如果事实属实，但根据形式逻辑得不出你的结论，那你的批评仍然不占理。

最近，针对日本福岛核电站排放核废水问题，中国对日大加挞伐，当然俄国朝鲜这些一贯正义的国家也进行了战术策应，只是稍显敷衍。中国批评的动机无疑且必须是好的，但是否占理呢？可以套用我上面提出的分析框架来辨析一下。

首先，日本排放核废水属实否？属实，日本确实开始向太平洋里排放核废水。接下来的问题是，它排放核废水的行为是否应该被谴责。这个需要通过形式逻辑来判断。在形式逻辑中，需要遵循一个叫同一律的规则，这个规则要求在同一思维过程中，必须在同一意义上使用概念和判断。说白了你不能搞双重标准。

人类当然希望既能享受现代科技所带来的便利，生存环境又能维持桃花源的状态。但那只是一种梦想。人类享受科技带来的便利，必然伴随着代价。人类对科技的应用，对自然的开发，都是价值权衡的结果。自从人类发现了原子核链式反应能释放巨大的能量，就开始盘算着核能的利用了，甚至比将之武器化的想法都要早。

后来通过多年的努力，制成了核反应堆，这想法就成真了。但也带来一个副产物，就是放射性元素的释放。几乎每个老百姓都知道放射性元素可以致癌，殊不知它还可以致畸致突变。然而他们不知道的是，在人类利用放射性元素之前，它早就在人类身边存在了，这叫天然本底辐射。动物漫长时段的（基因）突变是进化之源，放射性元素或许在其中起了很大作用也未可知。

所以问题的关键还是在于量的多少。你的量是否超出了公认的安全标准。当然所谓公认的安全标准，确实也并不代表绝对安全。制定标准，是依赖动物的毒理学实验，以及工作在辐射环境下人的辐射剂量与身体表现的统计结果，但实则个体的体质有差异。

作为个体，你当然可以说日本排放核污染水，哪怕它排出的量低于安全标准，你都不愿意，因为并非绝对无害，不过如果注意吃相的话应该不分国籍一体反对，批评抨击游行示威都可以——只要所在国能允许。但作为政府来说，这样做就没有正当性了，特别是当你自己的国家也在发展核电，那就显得粗鲁无礼了。因为这违反了形式逻辑需要遵循的同一律，是在玩双重标准。现有的核电站都是用水来冷却反应堆的，这也是为何核电站多数建在海边的原因，排放含有放射性元素的冷却水是运营核电站必须忍受的代价。

如果讲道理的话，如果一国认为应该制定更严苛的排放标准，那也只能在 IAEA 的框架内去争取修改。但在未修改前，该国只能认可原有的标准，别的国家只要达标，该国就无权批评。当然如果一国明明自己排放的数量远多于对方，还能义正词严地去挞伐对方，那只能证明该国发言人心理素质超好。

面对中方的指责，日本驻华使馆释放了针锋相对的信息，列出了中国四座核电站（广东阳江核电站，福建宁德核电站，辽宁红沿河核电站，秦山第三电站）每年的氚排放量。结论是中国这四座核电站的氚排放量是福岛核电站计划排放的 4.1-6.5 倍。至此，在科学方面，中方的指责是否占理已经见了分晓。

当然，笔者作为一名已经六七成熟的中老年人，对国与国之间的争执，肯定不好意思甲醇地完全从道义这一单一纬度来看待。我亦承认在国与国的博弈中，几乎每个国家，都在交叉使用道义、智谋和力量。

毋须讳言，中方此次对福岛核污水排放的挞伐，与最近中日之间紧张关系有关。日本正在强化美日韩关系，有在东北亚建立"小北约"的趋势，在台湾问题上发言也越来越大胆，在芯片领域加入米帝主导的对中制裁体系，日本在该领域是关键角色，掌握多项卡脖子技术，而高性能芯片是人工智能、机器人、高端制造业的基础，其严重性可想而知。

中方对日向来有轻慢心理，现在的日本，出于大国化考量与日本生命线被切断的隐忧，自觉地配合美国遏制中国的战略雄心，这让中国尤为恼怒，可以说窝了一肚子火，急于想敲打日本。心情可以理解，但在这件事上火力全开，笔者认为相当不智，在国际上会招致严厉批评，在国内则会被侧目而视。

在国际上，因报复的意图过于明显，这上纲上线的敲打不会有人响应。日本甚至借此在国际上孤立中国，联合国、国际原子能机构都在发表声明力挺日本，多个欧美国家，包括一向仇日的韩国，都在此时宣布取消对日海产品的进口限制，其站台意味不言自明。

福岛核事故是由大地震引起的，地震是大自然加诸于人类的灾难，在这种灾难面前，全世界的人都应该集合智慧携手应对，毕竟任何国家都可能面临这种不可抗力的悲剧。对此类非人为灾难，对受害的国家课以很高的义务并不公正。"如果核污染水是安全的，就没必要排海，如果不安全，就更不应该排海"，发言人毛宁这番话实则是一个很极端的要求，这无异于要求日本永久性储存核废水，请问哪个国家能承担得起这种成本。

法新社记者向外交部发言人汪文斌提了一个尖锐的问题：日本排放的污染水中氚含量低于世卫组织标准，且中国核电站在 2021 年排放的核废水中氚含量高于日本福岛排放的最高值，中方反对日本排放的依据是什么？

汪文斌的回答是，日本排放的水是经过核电站堆芯融化的水，这种污染水和正常的核电站废水排放不是一码事，两者性质不同，来源不同，处理难度不同。

应该说汪回答的很机智，但机智归机智，却是明显的强词夺理。因为道理很简单，对人造成损害的是放射性元素，而不是放射性元素的产生机制，更准确的说与损害有关的是释放终端废水中氚的浓度。至于它是核事故造成的，还是核电站日常运营产生的，这个并不影响其对周边环境的危害性。

如果以功利主义的视角来评价此次外交行为的话，这波高强度的对日挞伐，可以说是无收益的，甚至是负收益的，它不但没有伤到日本分毫，反倒可能为日本做了一个宣传，让世人看清日本是在负责任地解决该问题。

至于有人认为此次高调敲打为中国禁止进口日本海产品提供了正当性理由，并由此伤害了日本经济，我只能呵呵。自己的海产经济倒是已经遭遇回旋镖效应了。

客观评估这波对日外交打压，可以用完败来形容。不仅在国家层面没有获得它国的支持，甚至都没能真正触动散布在世界各地的民粹力量，从而也无法转化为对其政府的外交压力。整个世界的民粹力量，有且只有我们国家的被成功地激发了，而且来势汹汹。

而这也正是我辈公民不得不起来捍卫常识的原因，因为一个国家整体的蒙昧化，对清明理性的人构成一种现实的威胁。

二、清明理性者的责任，从利己与利他出发

前两天，当在家人群里看到我两位姐姐也商量着第二天去抢盐时，我才意识到问题的严重性。对日本核污染水的恐惧感，已经形成了颇有点类似于发生在 1768 年的"叫魂案"的效果，恐慌在社会上迅速蔓延，整个社会被一种蒙昧的气质所裹挟，而讽刺的是，本次蒙昧主义的宣传，却以科学的名义在进行。这一幕又自然地让我联想起三年疫情期间轮番上演的荒唐荒谬荒诞的政策剧目。他们刻意渲染恐惧，以方便权力与蒙昧交媾，生产出各种的装神弄鬼，各种的平庸之恶，权力没有心理障碍的突破应守的边界，侵犯公民的自由，践踏公民的权利。这才过去了几天啊，哪怕是一条鱼都应该还记得吧。

8 月 22 日，一位工作在维稳战线且一直负责我心理和行为动态的朋友私信我，给我转发了一篇名为《福岛核废水将开始排放，外界强烈反对》的文章，还跟着问了我一个问题：核污染的废水是否会对周边海域造成影响？

这位朋友虽然工作在维稳战线，又长期负责我，但我对他并无成

见，我一向对具体的人以善意看待，习惯超然地看待众生的无奈，也体谅体制与职业对人的异化。屁股决定脑袋，没有几个人可以超越，因此双方表达出的理念肯定不同，我也从未试图去说服他们，但他们请我吃饭喝茶时，我亦从不虚与委蛇掩饰自己的观点。我个人将这份坦率视之为是对他们个人品质的认可。

我不知道他发我这篇文章的意图何在，是提示我注意风险？是希望我也转发？还是真的在询问我个人的看法？

如果从个人趋利避害的角度，最好的选择是转发并抨击日本，这叫与政府和衷共济，次优的选择是感谢他发送我文章，但装傻不表态，最差的选择是表达我真实的看法。

可我没有犹豫就做了最差的选择。我一直持如下一种处事观，一个普通人，又没有令自己不安的野心，他是无需藏锋韬晦的，坦荡磊落才能对得起自己的内心，否则聪明反被聪明误，极易让自己陷入逻辑不能自洽的窘境。

在我不算很长的人生历程中，已经被很多人说过书呆子气了，但我一直不以为忤。唯一惭愧的是自己没有读过多少书，有点名不副实。我为何不生气呢？因为书呆子这个词里有我欣赏的特质，那是一种不油腻与不圆滑的东西。我大半生对八面玲珑长袖善舞不以为然。

在回答这个朋友之后，我接着发了一条朋友圈，因为当时农村和城乡结合部的人们还没有抢盐，舆论也才刚刚发酵。我那段文字写的还是中规中矩，但第一句话就表达了我的原则：关于日本排放核废水，我不会参与民族主义的狂欢。

第二天该朋友又转发给我另一篇文章，是央广网发的一篇微博，题目叫《#日媒称 24 号核污染水排放可能取消#》，是继续提示我风险？抑或是对我看法不以为然？

记得维稳的朋友在与我交流时，几乎每次都能涉及到爱国话题，看得出来，在他们眼里，一个人如果不爱国，那就意味着不可救药了，这种人遭受专政铁拳就是活该了。关于爱国，我对它的理性看法与我自己情感状态是不同的。从理性角度，政府与国家是两个不同的概念，区分开两者，很多的看法就不再拧巴了，但即便如此我亦反对把国家偶像化。爱国应该是一种自然的感情，而感情是不能强迫的。

从我个人的情感来说，我对这个国家无疑是爱的，而且是带着深深的忧患，但这并不值得夸耀和自我感动。这就像一个人喜欢另一个人，不能因为他爱上了另一个人就证明他是高尚的是有良知的。

而且人对何谓爱国的认知，远比爱与不爱两者的差异要大，其造成的后果也会严重的多。正统的观念是爱国就是爱政府，爱政府就是支持政府，支持政府就是不要批评政府。这是一种奴隶的爱国价值观。这种价值观盛行，将会让一个国家成为一个奴隶之邦，一座服从性训练的大号军营，让国家退回到蛮荒状态。

当几乎整个德意志民族伸出右手，向纳粹表达效忠，向犹太人宣泄种族仇恨时，那少数几个抱起双臂，冷眼旁观的人，表达鄙夷的人，批评狂热的人，救援犹太人的人，在我看来是真正的爱国者，真正的爱国是理性而不应是狂热的，是守护正义而不是以正义为代价的，没有道德良知支撑的爱国不值得赞扬。

纳粹劫持了德国，在德意志人心里投下仇恨的蛊虫，整个国家充斥着嫉妒、怨恨、仇视，阴险、残忍又狂妄自大的病态气质，直接摧毁了德国，而那些跟着纳粹舞蹈自认为真诚爱国的人都是事实上的从犯。

德国的教训不可谓不惨痛。俄国现在正在发生的悲剧又何尝不是呢？俄罗斯民族一直被一种饕餮无度的扩张主义和大国沙文主义情节所控制，这为普京绑架国家提供了民意基础。那些粗鄙的具有俄国农民气质的真诚爱国者，那些崇拜普京上天入地无所不能的俄罗斯大妈，一定意义上都是这场战争的从犯。

如果当初那些清明理性的德国人，在希特勒《我的奋斗》出版后，在纳粹种族主义的宣传开动马力后，能站出来捍卫常识，对纳粹的邪恶宣传进行批判抵制，而不是如沉默的多数一样保持沉默，也许德国的悲剧都不会发生，但在水晶之夜之后，一切就都为时已晚了。

这个世界上的很多国家都有可能面临第三帝国式的滑落。公民对此表达忧虑，并不意味着他所在的国家一定会滑落，更不意味着他所在的国家会滑落到纳粹那种邪恶的地步。但是面对不好的苗头，公民应当站出来，否则，你今天的苟且犬儒最终可能会让你异日付出更惨痛的代价。今日的俄国人对此应该有很深的体会。

在还能发出异议的声音时，如果放任一种蒙昧的仇恨情绪蔓延，一旦越过某个临界点，整个社会就变得很不安全，对于清明理性的人尤其不安全，因为，在一个蒙昧的社会，想讲道理的人本身就是异端。在一个弥漫着仇恨情绪的社会中，一个异端很容易处于被恶人群起投掷石块的境地。随便一个汉奸卖国贼或者间谍的标签，就有可能让一个异端遭到愤怒民意的即决式审判。

所谓明者防祸于未萌，清明理性的人又如何能大意呢？特别当宣传同时诉诸了蒙昧和仇恨这两种有毒的手段时，尤其值得警惕。如果单单诉诸蒙昧，大不了回到启蒙时代之前，如果单单诉诸仇恨，理性可以慢慢瓦解它。但是这两者同时并用，则是真正的荼毒人心。一旦蒙昧仇恨的大气候形成，国家前景会非常暗淡，因为一个弥漫着仇恨的癫狂气息同时又蒙昧的国家，没有人会愿意和它来往，这样的国家会越来越封闭和贫穷，当权者也会越恐惧，也越怕失去权力。而要继续掌权，就更加依赖蒙昧和仇恨这两种手段。从而形成一种恶性的螺旋下降的循环，让国家坠入深渊。有良知的人生活在这样的国家，其危险性可想而知。

三、结语：理性与清明理性

马克思.韦伯在 20 世纪初，提出了一个中心性的判断，就是现代社会已经是高度理性化了，已经祛除了蒙昧魅惑。现代人不会再被神秘的、迷信的、蒙昧的东西所迷惑，他们相信世间所有的现象皆有因果，世界是受因果律支配的。伟大的爱因斯坦则说"世界的永恒之谜在于它的可解读性"，说的其实也是一个意思。

韦伯下的是一个总体判断，自启蒙时代以来，人类就处在一种持续的以科学理性来消除蒙昧消除神奇的过程中，并取得一个又一个里程碑，也都在验证韦伯的判断。但在此我需要澄清一句：我这里强调理性的胜利，并不排斥信仰，理性是对蒙昧的胜利，而不是对信仰，信仰属于超验之维，是科学不能证成也不能证伪的。

而且人之所以信仰，也不是因为它能解释世界——特别对现代人而言。信仰本质上是根植于人性的需求，人是一根会思考的芦苇，很容易折断，本性是软弱脆弱的。所以，科学再发展，理性再高扬，信仰也仍然需要，而且可能更加需要，毕竟理性化本身就是一个价值意义破碎的过程，人更容易感到虚无，也更需要抚慰。

这个世界已经祛魅了，但这不是说任何人都已经习得了理性思考的能力，更不是说理性的光芒已经照耀到世界各个角落。而且单单有理性是不行的，所以我强调清明理性，强调良知，也不排斥信仰。清明理性是清澈清醒澄明明智智慧且理性，几可与良知等同，因为有清明理性的人才能真正有良知，也必然会有良知。所有的狭隘偏执仇恨不讲道理一定意义都是清明理性匮乏的产物，因为他缺乏自我省察的能力，把自己作为唯一的主体，又不接受别人的批评。

所以我们会看到，在一个已经祛魅了的世界，现代人既不承认自己非理性，同时却又干着非理性的事情。因为很多人认为只要自己做事有目的，就是有理性，甚至连工具理性都可以不顾，对理性做事所要求的比例原则都无视。渲染恐惧煽动仇恨对某些人有利可图，所以渲染恐惧煽动仇恨就是理性的，坚持双重标准可以打击报复敌人，所以坚持双重标准就是理性的。

笔者不想去争论这是否是理性，但它肯定不是清明理性。一个人能被称清明理性要求他必须有超越性，既超越自己利益的迷障，也能超越历史的仇恨。唯有超越，也才能真正看清自己，自己所属的小团体以及国家的核心利益。一个超大型国家，其国家利益具有复杂的面相，如果偏执地只顾及某一方面比如安全，则很容易导致政策失衡，把经济和社会窒息，最终连安全也保证不了。

一个国家的核心竞争力，不在于它先天资源的禀赋，而在于它是否有一群人格独立和清明理性的公民——他们不崇拜偶像，不迷信权威，也不讨好大众。这样一群人的存在才是一个国家可真正立足于世界民族之林的资本。

对自己的国家，我一直存有一个美好的期待，美好到甚至我禁不住拟人化的表达。首先我期待她是自由的，生活在她怀抱中的人是自由的，真正享有 free to 与 free from 的自由，她自己也是自由的，即独立和自主的。其次，我期待她是清明理性的，是睿智的，她对自己利益的理解是深刻的，行事是稳健的。最后我期待她既是刚健有为积极进取的，同时又是雍容大度，温柔敦厚的。

刘书庆

2023 年 9 月 4 日

第九篇

从尹熙悦闹剧式的"戒严令"管窥总统制

和一院制议会对民主政体稳定性的负面影响

前言：从世界范围内的民主政治实践看，基础的政体选择对民主政治的维持可谓兹事体大。这体现为基础政体选择会形成路径依赖，长久地影响国家的未来。但一个国家的政体选择，有时并非在白纸上画画，它受诸多在先条件的约束，韩国的总统制加一院制国会就是一个例子。

韩国总统尹熙悦出人意料发布的戒严令以及后续的政治演变，既让我看到韩国民主政治内在的生命力，也重新唤起了一直以来我认为韩国政体存在某种固疾的意识，就产生了借韩国这次政坛风波写一篇文章，纵论政体优劣的想法。

■内容摘要：

◆ 尹锡悦展示了一个想做坏事但又不够坏的失败典型，当然他之所以不够坏，根源还是在于民主政体限制了他策划并制造紧急事态的能力。普京为了打车臣战争，自己就可以策划一场恐怖主义的屠杀，以激起俄罗斯的民族情绪。

◆ 笔者以为，为了理顺权责关系，同时又充分考虑国政行为所必须的审慎，宪法可以规定总统在作出国政行为前必须听取总理和相关国务委员的意见，把这作为正当程序的一部分，如未经这一程序，可在后续可能的违宪审查时作为裁决违宪的理由。

总理和相关国务委员虽然享有知情权和提意见的权力，但他们的意见不影响国政行为的生效。

◆　总统制是相对于议会制而言的，两者都是民主政体的主流形式。总统制的优势是符合人的心理习惯，人几乎很习惯在共同体中有个一言九鼎的人，拥有崇高的威望和权力，国人至今有句口头禅"家有千口主事一人"。

这种心理可能是人类在漫长君主制时代形成的观念遗存，抑或是几千年父权制的家庭结构对人类政治想象的禁锢。

◆　个体的威望和权力，在祛魅了的现代，通过天命神授和继承都不再能提供，有且只有通过普选。而总统制国家的总统，恰好就是普选出的。总统是唯二可以毫无惭色地说自己代表全体国民的国家机构，另一个是作为整体的国会。

因为总统是以民主方式选举出的国家元首，对他的弹劾都会设置很高的门槛，这也是对民意的尊重。否则，那就意味着民意代表可以轻易推翻全民普选的结果，这在政治伦理上是反民主的。

◆　总统制或许还有一个优点，就是总统如同帝制时期的皇帝，一定意义上，有超越种族、民族身份的中立属性，而成为一国团结之象征。对于多种族多民族的国家，总统制或许有利于维护国家的统一，但说到底这至多也只是心理意义上的。

◆　总统制虽然是一种民主政体，但总统的存在对民主政体本身没有明显的加固作用，如果从维护民主政体角度来审视的话，它不具有本体性的优点，甚至可能恰好相反，它内在的具有某种瓦解民主政体的势能。因此它的优点是附丽性的，而缺点是本体性的。

从世界范围的实践看，采用总统制这种政体形式的国家，其民主本身就经常遭遇反复，即便能勉强维持竞争性选举的形式，也经常伴随着混乱和无序，时常面临独裁和民粹的双重威胁，给人一种不容易进化为民主宪政体制的既视感。

◆　从既有的中外经验教训看，政体基础制度的选择会形成路径依赖，长久地影响国家的未来。所以笔者认为，如果没有在先条件的约束，一个国家在转型时能自由地建构基础的政体制度，应该毫不迟疑地选择议会制，因为对于一个刚刚民主转型的国家，总统制带来威权回归的风险是相当大的，而且不容易培育理性内敛的政治文化和政治传统。

◆ 韩国的国会斗争与美国相比，就能看出两者的不同。美国虽然在议会也有党争，但议员的独立性更强一点，他们被党派"捆绑"的不那么紧，在表决时反水的比例更高。

◆ 当然影响议员独立性的原因，是多方面的。首先，选举方式对议员的独立性就有影响。"小选区制"选举是选民对候选人的选择，而"比例代表制"选举则是选民对党派的选择。两相比较，后者是依托于党派而当选，自然独立性不如前者。另外，一个社会如果有长期的地方自治和结社传统，议员在竞选时就不那么依赖党组织，其独立性就更强。

◆ 在听闻尹锡悦宣布戒严令的消息后，笔者第一时间判断了尹的必然失败和他的下台，当时政变的细节还不清楚，我只是基于戒严令的严重违宪作出的判断，因为尹是"想用极端的紧急状态冻结韩国的民主宪政"，其行为不可原谅。后来更多细节渐次披露，尹也从严重的违宪行为被坐实为一次军事政变，很多政治要人在抓捕名单上。笔者又判断尹遭遇刑事处罚已不可避免。

笔者之所以如此笃信，是因为相信韩国人民智已开，没有腐化，没有对民主的倦怠。并直陈这是尹锡悦戒严令被迅速挫败的最基础的力量。哪怕尹有军队的支持，也必然失败。

马基雅维利曾经说过"腐败的人民在获得自由之后，也极难维护这种自由"，韩国人在获取政治自由和权利的过程中，曾有多少人以自己的热血和生命为之献祭。这献祭锻铸了民主政体的筋骨，建构了令人骄傲的民族集体记忆。

◆ 世人都知道，韩国总统是个高危职业，卸任后能颐养天年的没有几个。从好的方面来说，这叫眼里不揉沙子，没有谁可以逍遥法外。但从稳定宪政体制的角度考量，这种动辄把前总统送进监狱的行为并不值得效仿，而把现任总统送进监狱更应当慎之又慎。

从人性来说，没有谁面临失去自由的威胁会坐以待毙。一个总统如果成日担忧卸任后可能会被投进监狱，他对政治斗争的理解一定是残酷的。残酷的政治斗争，作为专制政体和极权体制的必备特征，威权政体的偶发特征，本应是民主政体完全超越的状态，但在韩国，一定程度上似乎还有，或者至少给人这种印象。

民主政体应当只有政治竞争而没有政治斗争，卸任的总统当然可以被追究刑事责任，但追究的动机不应当是党派斗争和政治报复，而是司法机关基于犯罪行为的职业抉择。

■正文：

一、戒严令的违宪性

【鲁莽的戒严令】：

尹熙悦荒腔走板地宣布全国戒严，不到三小时即被挫败，证明韩国已经是成熟的民主国家，说它成熟，是指它的民主政体不会轻易被颠覆，已经具备了一定的韧性。

如果不了解全国戒严的本质，就无法理解尹的鲁莽。从尹发布的戒严令内容看，其本质就是暂时中止宪政民主的运行。戒严令暂时剥夺公民言论、结社、集会、游行、示威等政治权利，暂时停止人身保护令状，抓人无需经过司法审查的程序。

尹是想用威权的办法来解决民主政体下自己的政治困局。

【戒严令的正当性要件】

在民主政体下，为维护公共安全与秩序，如局地有暴乱或骚乱，政府可能会宣布执行宵禁政策，偶尔也有宣布局部戒严的，但宣布全国戒严且剥夺公民政治权利的，实属罕见。

从应然的角度，只有当国家被全面入侵，而敌国的渗透又极其严重，为保卫国家安全需要甄别敌人，或者爆发全国性的打砸抢烧，公民的生命财产安全切实地处在危险状态，需要紧急戡乱，执行全国戒严才有正当性。

显然韩国根本不具备戒严的情形。从事后逐渐透露的信息看出，这是尹熙悦孤注一掷但又毫无胜算的鲁莽举动，事前都没有知会总理，仓促导演了一出没有沙盘推演的闹剧。一国总统行事如此轻浮乖张，让人大跌眼镜。

尹锡悦展示了一个想做坏事但又不够坏的失败典型，当然他之所以不够坏，根源还是在于民主政体限制了他策划并制造紧急事态的能力。普京为了打车臣战争，自己就可以策划一场恐怖主义的屠杀，以激起俄罗斯的民族情绪。

对一个经历过光州起义，为了争取民主曾前赴后继流血牺牲的民族，尹竟然幻想靠他和国防部长就能联手把国家拉回到威权时代，幻想在造成既成事实后发一个通告就能让国民心安理得地忍受之。

多么狂悖的想法。

或者我善意地理解或许尹锡悦根本就没有严肃地想过他在做什么，他意识不到他的作为有多么的不得人心，激烈的党争让他身心俱疲，在某一刹那，某种受迫害的悲情突然来袭，然后就失去了理智。

财联社电报
财经通讯社

2024-12-03 22:48:46 星期二

【韩国戒严司令部发布一号戒严令】

财联社12月3日电，韩国戒严司令部发布一号戒严令，宣布从2024年12月3日23:00起在韩国全境公布以下事项：

1、禁止国会和地方议会、政党的活动和政治结社、集会、示威等一切政治活动。

2、禁止否定自由民主主义体制或企图颠覆的一切行为，禁止假新闻、捏造舆论、虚假煽动。

3、所有的言论和出版都受戒严司令部控制。

4、禁止造成社会混乱的罢工、怠工、集会行为。

5、包括实习和住院医生在内的正在罢工或离开岗位的所有医务人员在48小时内回到本职工作，如果违反，将根据戒严法进行处罚。

6、除了反国家势力等体制颠覆势力外，普通国民将尽量减少日常生活的不便。

对于违反上述戒严令者，可以根据大韩民国戒严法第9条（戒严司令官特别措施权），在没有逮捕令的情况下进行逮捕、拘禁、扣押搜查，并根据戒严法第14条进行处罚。

【违宪的戒严令】

从戒严令的内容看，尹打着为了铲除"从北势力"，维护"自由宪政秩序"的旗号，实际就是搞了一次军事政变。

　　至少从字面上看，是一次中止民主政体回归威权体制的尝试——不管他实际能走多远。按照韩国宪法第 77 条，总统有权在战争、叛乱、或国家紧急状态或类似的非常状态时宣布戒严，但国会有权以多数票决解除戒严。而尹的戒严令第一条就是禁止国会活动，这等于试图剥夺国会对戒严的审查权，因此戒严令内容本身就违宪。

　　此外，根据宪法第 89 条，总统宣布戒严需经过国务会议的审议。从陆续透露出的信息看，似乎确实审议过，但参加会议者几乎都反对。不过客观地说，宪法并没有明确国务会议有对总统的否决权，这也符合行政权和军权归属于总统的宪法原则。设置国务会议审议戒严令的前置程序，其目的不是用于否决总统决策，而是让总统决策更审慎。

　　另外，根据宪法第 82 条，"总统国法上的行为以文书做出，该文书由国务总理和相关国务委员副署。关于军事方面也相同。"发布戒严令当然是国法行为，应当由总理和相关国务委员副署。

　　对于韩国宪法第 82 条，笔者不敢藏拙，谈点一管之见。

　　"副署"这个词，据百度百科，是指在正式文件或公文上，由主要负责人签字之后，副手再次签署，表示对主要负责人的支持和同意。

　　考虑到国政行为的严肃庄重和后果的严重性，要求总理和相关国务委员副署，意在统合集体智慧，自然会让总统决策更审慎。但问题在于，如果总理和相关国务委员拒绝"副署"，那总统的国政行为就没有生效吗？

　　如果没有"副署"就不生效，那相当于总理和相关国务委员拥有了对总统决策的一票否决权。这是否又侵夺了总统的权力？从权责一致的政治原则来说，既然宪法规定行政权归于总统，那么总统就是国政行为的最终责任人，他就应该拥有最终拍板权。

　　笔者以为，为了理顺权责关系，同时又充分考虑国政行为所必须的审慎，宪法可以规定总统在作出国政行为前必须听取总理和相关国务委员的意见，把这作为正当程序的一部分，如未经这一程序，可在后续可能的违宪审查时作为裁决违宪的理由。

总理和相关国务委员虽然享有知情权和提意见的权力，但他们的意见不影响国政行为的生效。

其实不必过于担心总统的恣意，因为几乎所有的民主政体，都赋予了议会对总统国政行为的批准权和事后的撤销权，也赋予了对总统的弹劾权。

因为总理对尹熙悦 3 日晚上发布戒严令并不知情，显然戒严令并没有获得总理的"副署"。这自然也是程序的重大瑕疵。

根据既有的信息复盘尹宣布戒严的整个操作，他并没有把精力放在寻求国务会议的支持上，也没有想通过舆论寻求国民的谅解。而是与国防部长金龙显、戒严司令朴安秀密谋搞军事政变。在调动军队时，他们还刻意向中下层军官隐瞒了政变意图。

因之，尹熙悦宣布戒严既没有正当性，其程序也有重大瑕疵，更要命的是内容破坏宪政，可见违宪无疑。尹熙悦与金龙显、朴安秀大概率都会下台，甚至最终是否会坐牢都难说。

二、韩国的政体特征刺激了尹锡悦的鲁莽

贵为总统的尹熙悦，为何会使出这种昏招？个人认为主要还是拜激烈的党争所赐，但党争又是民主政治的主要特征，所以党争不是问题，而且现代民主政治是祛魅的政治，政坛就是沼泽地，是角斗场，摸爬滚打在里面的没有谁不是一身烂泥鼻青脸肿。不过韩国的党争似乎有更强的非理性一面，倒符合韩国人展示给世人的某种民族集体性格特征：激烈、狭隘、不妥协。

尹熙悦指责反对党频繁弹劾官员，缩减行政预算，瘫痪司法和行政系统，这些指责有的也的确属实，但在党争之下也不能算很出格，美国一定程度上也存在。

尹熙悦宣布戒严的行为，固然是相当个人化的行为。但如果探究更深层的原因，有人会将之解释为是某种民族性的产物，但在笔者看来，更可能与韩国政体的特点有关。但是政体的选择并非在白纸上随

意画画，很多时候是受在先条件限制的。

韩国在二战独立后就一直实行总统制，并辅以一院制国会，期间更有朴正熙和全斗焕两次通过军事政变上台，实行独裁统治的历史。而发表 6.29 民主化宣言并当选第一届民选总统的卢泰愚，又是全斗焕一手扶持起来的。

为了让国家顺利地从威权过渡到民主，韩国在野的民主力量，不得不向卢泰愚让步，因陋就简地接受了既有的政体框架，这其中就包括总统制和一院制国会，而且赋予了总统强大的行政权。韩国所谓的"半总统制"徒有其名，细读韩国宪法就能看出总理的权力很有限。

宪法规定行政权属于以总统为首的政府，总理只是辅助总统，且总理统辖行政各部的权力渊源是总统的命令，而不是宪法的授权。理论上总统可随时撤销授权命令，总理即时下岗。

总理更像是总统决策的执行人，是总统与部长的中间环节。但即便这中间人的角色，都并不稳定。因为宪法又规定总统是国务会议的议长，理论上是可以直接指挥行政各部的。

如果再考虑到总理是总统提名的，各部部长虽由总理提名但需经总统首肯的，就更能感受到总理权力的尴尬。

总理的尴尬地位，意味着他虽然可以替总统分担一部分行政管理任务，但没法分担最终的责任。这也是总理韩德洙在执政党与反对党斗争时相对超然的原因。

因为反对党没有把攻击的目标对准没有多大实权的总理。

很多人对韩国的"半总统制"有误解，以为韩国总统权力有限。甚至本次尹锡悦闹剧式的戒严令，就有相当多人把原因归咎于总统权力还不够大。笔者在这里放一句有点反直觉的话：尹焦头烂额身心俱疲不是因为他被赋予的权力小，而是权力过大。

一个权力很大的总统，配上一院制的国会，党争注定会激情澎湃地近身肉搏。

笔者写这篇文章，主旨不是臧否韩国政体的优劣（虽然难免会涉及），而是分析政体框架与党争烈度的因果关系。另外，笔者也带有些微的野心，期待自己的分析并不局限于探讨韩国的政体，而是适当扩充，使之具有某种普遍的规范意义。

但笔者清楚自己才疏学浅，因此无意也更无力把它铺陈成一篇比较政体优劣的严谨的学术论文，文章内容主要来自于自我的直观感觉，聊作抛砖引玉之意。

（一）总统制内在地有瓦解民主政体的势能

【总统制是一种自然的制度】

总统制是相对于议会制而言的，两者都是民主政体的主流形式。总统制的优势是符合人的心理习惯，人几乎很习惯在共同体中有个一言九鼎的人，拥有崇高的威望和权力，国人至今有句口头禅"家有千口主事一人"。

这种心理可能是人类在漫长君主制时代形成的观念遗存，抑或是几千年父权制的家庭结构对人类政治想象的禁锢。

中国从上古神话时期就有三皇五帝。考古证明苏美尔人、古埃及人、古巴比伦人，亚述人、古波斯人建立的国都有自己的王。古希腊人城邦林立，虽然多少都有一定的民主色彩，但也僭主不断，后来更被马其顿王国征服，再后来被共和晚期的罗马征服，其大部分的古代历史也是被王统治的。至于古罗马，只有共和时期是没有王的，共和时期虽然没有王，但有过多个独裁官，独裁官就是在国家危急存亡之秋推选的掌握绝对权力的人。在以色利人的早期政治生活中只有先知和祭司，后来其长老就祈求先知撒母耳"给我们立一个王，像列国一样"，他们对王的期待是"治理我们，统领我们，为我们争战"，凸显了战争是设立君王的主要动因，因为战争天然地要求集中共同体的全部资源，只有设立一个拥有崇高威望和权力的人才能做到。

【总统有至高权威的心理基础】

个体的威望和权力，在祛魅了的现代，通过天命神授和继承都不再能提供，有且只有通过普选。而总统制国家的总统，恰好就是普选出的。总统是唯二可以毫无惭色地说自己代表全体国民的国家机构，另一个是作为整体的国会。

因为总统是以民主方式选举出的国家元首，对他的弹劾都会设置很高的门槛，这也是对民意的尊重。否则，那就意味着民意代表可以轻易推翻全民普选的结果，这在政治伦理上是反民主的。

因此总统在竞争上岗后，在任期内权力基本是稳固的。这会让他们在国际外交场合更自信，因为他是实打实的国家元首，不仅掌握至高的权力，也有至高的民望。

而议会制的总理，是通过议会选举这种间接方式选出的，总理不敢妄称自己代表全体国民，且内阁总理更迭较为频繁，这导致其自信心不如总统。相同体量的国家，总理一般不如总统在国际政治中的存在感强。而一国领袖在国际场合的存在感，一定程度也能转化为国家的存在感，有时也能影响国家利益。这算是总统制不多的优点之一。

总统制或许还有一个优点，就是总统如同帝制时期的皇帝，一定意义上，有超越种族、民族身份的中立属性，而成为一国团结之象征。对于多种族多民族的国家，总统制或许有利于维护国家的统一，但说到底这至多也只是心理意义上的。

【总统制不容易进化为宪政民主】

以上笔者所论及的总统制的优点，更多来自于人的主观感受。总统制虽然是一种民主政体，但总统的存在对民主政体本身没有明显的加固作用，如果从维护民主政体角度来审视的话，它不具有本体性的优点，甚至可能恰好相反，它内在的具有某种瓦解民主政体的势能。因此它的优点是附丽性的，而缺点是本体性的。

从世界范围的实践看，采用总统制这种政体形式的国家，其民主本身就经常遭遇反复，即便能勉强维持竞争性选举的形式，也经常伴随着混乱和无序，时常面临独裁和民粹的双重威胁，给人一种不容易进化为民主宪政体制的既视感。

拉美国家几乎都采用了总统制，其运行很难说成功。当今世界实行总统制并能进化为宪政体制的民主国家屈指可数，美国、韩国、法国，宝岛台湾是个中翘楚，但也面临各自的问题。

笔者所说的民主宪政体制是一种以尊重公民消极自由和权利为本位的，以竞争性选举和法治为主要特征的政体，它是民主政体臻于成熟的状态。

【轴心时代城邦共和国对独裁的防范】

为啥说总统制内在的有瓦解民主政体的势能呢？

因为总统的地位过于尊崇，权力过大，一旦竞选上，就意味着史册留名了，所以对总统职位的角逐非常激烈，竞选时各方无所不用其极。试想，如果雅典城邦的执政官不是九位而是一位，而且拥有当代总统制下总统的权力，通过抽签来决定人选可能吗？

对于赋予一个公民以至高的权力，西方从轴心时代就非常警惕。即便像伯里克利这种最杰出的政治家，也是靠他的演讲才能来影响城邦决策，而不是靠规范性的权力。雅典的"陶片放逐法"甚至专门针对民望高的政客而设置，可以无因地将一个杰出公民驱逐出城邦长达 10 年。

罗马共和国也是如此。

罗马的最高常设官职是执政官，但元老院、公民大会、保民官、监察官等机构的设置都或多或少地在制衡减损执政官的权力。而且执政官是两人，职责分工以抽签来定，并实行同侪否决，且只有短短一年任期。很难说这是一个有多大权力的岗位。

可即便如此，在竞选执政官时都发生过喀提林阴谋。所以千万不要低估荣誉感对个体的激励作用，马略、苏拉、凯撒、渥大韦，都是在追求荣誉的过程中，一步步走向了独裁，也顺便把罗马共和国埋葬了。

有政治抱负的人，最初都是为了追求荣誉而角逐权力，然而一旦掌握了权力，权力本身会就成为追逐的目标，因为权力与荣誉是相互加持的，很少有政客一开始就想做独裁者，关键在于制度是否给他们提供了独裁的机会。

虽然历史学家普遍认为罗马从共和国转变为帝国是大势所趋，因为只有帝国才能解决扩张带来的问题。笔者也无意对此提出质疑，但西方人还是更钟情于共和政体也是不争的事实。毕竟有谁不想做公民而愿意做臣民呢？

【中世纪城邦共和国对独裁的戒备】

正是有鉴于罗马共和国的教训，意大利半岛的几个城邦共和国，如佛罗伦萨和威尼斯，从中世纪晚期直到文艺复兴时期，为了维持共和政体，进行了一场令人叹为观止的制度设计竞赛，制度在不停地嬗变，叠床架屋地设置了多个冗余机构，比如威尼斯设置了民众大会、大议会、元老院、四十人委员会、十人团、内阁、咨议团、大公这些机构。这些机构间的权力既交叉重叠又相互制衡，可谓繁杂已极，佛罗伦萨也不遑多让。而且挑选上述机构的官员时，机制更是精巧而复杂，抽签和选举并用。

总的原则有二，一是建立一种混合政体，保证贵族、平民、手工业者等不同阶级和阶层都能分享权力，这正是亚里士多德所谓共和政体的特征。二是保证不会出现独裁者。

为了防止独裁者出现，可谓苦心孤诣，近乎羞辱地去限制最高领导的权力。例如在威尼斯，最高官员是大公，大公终身任职但不世袭，虽然他被称为"君主"，但其权力又受到极大限制。没有大议会的许可，大公不得自由地离开威尼斯，甚至都不得离开他的官邸。他也不得与外国王公、使节通信，其兄弟、儿子、亲戚不得担任公职。他必须时刻接受咨议官的监督，不得单独行使任何行政权力，就连开启来自外国的信函，也必须有至少 4 名咨议官在场。大公死后或离职后，还不算完，他还要接受审计，大议会会选举 3 位审查官，审查大公任内的行为，如发现大公有渎职或失当行为，其财产可能被充公。

笔者之所以不厌其烦地叙述这些制度细节，乃是想让读者能有一个直观的感受，威尼斯这个共和国是如何像防贼一样防范最高领导的，尽管这个最高领导的权力实则非常有限。

【现代共和国降低了对独裁的警惕性】

为何西方在轴心时代，在中世纪晚期一直到文艺复兴时期，对共和政体下的最高官员持有如此强的戒心，而现代人反到放心地赋予总统以至高的权力？

是广土众民的现代国家相较于城邦国家更难滑向独裁吗？是现代民主政体的权力制衡足以保证独裁不可能吗？是现代国民的民主意志更坚定足以捍卫民主政体吗？是现代人勘透了怀揣利器杀心自起的人性困境，从而能自我谦抑，保持分寸感，不再追求独裁吗？

诚然，祛魅时代民智已开，公民的自由和权利意识更自觉，广土众民对政客的凝视，以地方自治为基础的纵向分权与以三权分立制衡为基础的横向分权，专制独裁者比比皆是的历史教训，这些因素叠加在一起，或许让现代民主政体比城邦共和国更稳定，政客们也更不敢造次，但愿如此。

然而俄罗斯、南非、土耳其、拉美国家的表现都不支持这种乐观。俄罗斯、土耳其丝滑地转入个人独裁，南非、拉美国家则结伴陷入左翼民粹的泥淖。

当然这些国家的转型挫折，原因各异，并不能完全把责任推到总统制上面。但如果与议会制国家相比，后者转型的优势是明显的。

（二）议会制对维持民主政体具备本体性的优势

议会制下，政府虽然可能更迭频繁，但民主政体却非常稳定，几乎不会遭受实质性挑战，而且几乎都能进化到成熟的宪政民主状态。一定意义上，可以说议会制以政府的不稳换来了政体的稳定。政府更迭起到了一种释放政治斗争内压的功能。

议会制之所以稳定，盖由以下原因造就。

首先，内阁总理由执政党或执政联盟的领袖担任，总理与执政党或执政联盟磋商来确定内阁成员，议会与内阁之间利益是一体的，一荣俱荣一损俱损。内阁政策只要得到执政党或执政联盟的认可，其施政不会遭遇议会的杯葛。也就不会出现尹锡悦这种被在野党抵制到失去理智的现象。

其次，因为内阁总理是由议会选举而不是选民直选，他不敢声称代表国民意志，没有只身对抗议会的民望和自信，其权力来源决定他所在的党组织有足够能力制约他，即便内阁成员，也是党内派系博弈的结果，总理也没法让阁员完全听命于他。

再次，议会制一般不采取阁员向总理负责，总理再向议会负责的这种垂直权责体系，而是由整个内阁对议会负责，总理只是内阁第一人，由他对外代表国家，因之总理的权力是有限的。

这样的职权设置，容易锻炼出政客一种更从容的心态，上台下台的得失心没那么重，总理们被倒阁时普遍表现的很有风度，有一份事了拂衣去深藏身与名的潇洒，而且在角逐总理岗位时，相互之间的攻击也能维持基本的体面。

相对于总统制，议会制塑造的政治文化更为理性内敛，这种文化也不容易驱动浓烈的对立情绪，而浓烈的对立情绪为民粹意识的恣肆生长提供了情绪环境。

所以，议会制多维地降低了对民主政体的冲击。

韩国之所以发生戒严令闹剧，首先是宪法赋予了尹锡悦戒严的权力。如果是议会制，涉及中止公民宪法权利的戒严令，内阁总理一个人决定并搞突然袭击完全无法想像。

从既有的中外经验教训看，政体基础制度的选择会形成路径依赖，长久地影响国家的未来。所以笔者认为，如果没有在先条件的约束，一个国家在转型时能自由地建构基础的政体制度，应该毫不迟疑地选择议会制，因为对于一个刚刚民主转型的国家，总统制带来威权回归的风险是相当大的，而且不容易培育理性内敛的政治文化和政治传统。

当然总统制对宪政体制的负面影响，在不同的国家，体现的面相不同。对于美国，因为有联邦制和悠久的地方自治传统，民主政体是稳固的，总统制影响的是政治文化。美国的选举政治越来越撕裂，川普以政治素人出道，就是靠撩拨极右翼民粹，煽动种族歧视和仇恨来建构基本盘，而且实践证明效果不错，二度入主白宫。

韩国的总统制，虽然本次经受住了尹锡悦的鲁莽试炼，但不能因此就认为其民主政体坚如磐石，韩国的人口出生率之低冠绝全球，如果得不到改善，韩国必然遭遇持续的经济衰退，经济衰退可能会诱发严重的社会危机，届时一个手腕高超的强势总统是有动摇民主政体可能的。另外，韩国的总统制再叠加一院制的国会，也是塑造不妥协的政治文化和传统的主要力量。

（三）总统制叠加一院制议会会降低共和精神

尹锡悦能被反对党"逼"到宣布戒严的地步，还有他在面临弹劾下台甚至可能遭遇刑事逮捕而为自己申辩时，他仍满腹委屈的样子，都证明他确实被反对党控制的议会弄到心力交瘁的地步了。

尹锡悦既然进入了政治的角斗场，自怨自艾没有意义，他为自己的鲁莽付出代价也是应得的。民主政治不讲"三七开"，也不会顾及政客的初衷是否是好的，更不会讲将功折罪，在这里错了就会被惩罚，违宪就会付出代价。

尽管尹锡悦被惩罚的确无可推诿，但尹锡悦走出戒严这步臭棋，又确实与韩国这种不妥协的政治文化有莫大的关系。而这种政治文化，正如笔者在前面已经提及的，主要由政体制度造成的。

虽然总统制相对于内阁制本身就更容易塑造一种对立的政治文化，但笔者认为，对韩国来说，一院制的国会，相比于总统制，对不妥协的政治文化的塑造，可能是更主要的因素。

在看到尹锡悦闹剧式的戒严令后，笔者第一时间发了一条朋友圈，扼要的谈了一下一院制国会的缺点，但没有展开。

我把这段朋友圈内容发到一个群里后，笑蜀兄和张千帆教授还跟评了两句，证明我们对问题的看法是有共识的。之所以在此提及他们两位，不是为了攀附名人造作身价，而是因为他们的跟帖以及我的再跟帖，激发了我写这一篇长文来更详细地阐述我观点的想法，感谢他们。

以上算是一个小插曲，回到正题。

正如笔者在前面已经提及的，韩国的一院制与总统制一样，也是继承自威权时期的"负资产"，为了转型顺利，沿袭旧制在当时是明智的，但遗憾的是民主转型后，韩国并没有改革一院制议会的制度。

实际上，韩国在转型后完全可以对此进行改革，因为议会制度相对于总统制，对后续政体改革的约束性没那么强，其形成路径依赖的程度也没那么深。直白

一点说：想从总统制改为内阁制，的确可能伤筋动骨，但从一院制改为两院制，可以波澜不惊地完成。

如果把总统制、内阁制与一院制、两院制视为四个变量，可以有四种组合模式，分别为"总统制——院制，总统制—两院制、内阁制——院制和内阁制—两院制"。

笔者以为这四种组合中，党争最激烈、宪政最不稳的就是第一种，如果反对党又正好控制了国会，那理论上执政党的任何议案都无法通过，这对总统施政会造成极大困扰。另外，国会可能出现滥用弹劾权的现象。

尹锡悦在双十二面向韩国国民发表了电视讲话，他痛心疾首地指责反对党"为了推翻现任总统，不断煽动辞职和弹劾"，"为了瘫痪总统的国政运作，自本届政府成立以来，他们推动了对数十名政府官员的弹劾。尽管这些官员并无过错，但在弹劾从提案到判决期间，长期处于停职状态，在弹劾案通过之前，许多官员已经主动辞职"，"他们甚至弹劾调查他们自身不法行为的监察院长和检察官，恐吓法官，这是为了掩盖自身违法行为的「防护性弹劾」"，"此外，他们还提出多达 27 次违宪的特别检察法案，以进行政治煽动。甚至推行「自我豁免」的立法，为犯罪者开拓罪行"等等。

以笔者对韩国政坛的关注，撇开道德性的贬抑措辞，尹锡悦指控的客观事实确实存在，但基于反对党所占议席未达到三分之二绝对多数的现状，国会的权力只能以消极方式体现：即它足够阻挠总统施政的议案通过，但却无法顺利推进自己所提议案获得通过。

因为对国会提出并通过的议案，韩国宪法也给总统设置了制衡性的手段：总统如对议案持有异议可将议案退回国会要求重新审议，国会如果再次审议，需要经在籍议员的过半数出席和出席议员的三分之二以上赞成方可通过。

此外，对于已经生效的议案，韩国宪法仿照美国宪法，设置了宪法法院和大法院的违宪审查权。如果议案是法律议案，则由宪法法院负责审查，如果议案是"命令、规则或处分"时，由大法院负责审查，不过违宪审查是基于具体个案的被动审查。

因此，其国会哪怕制定了「自我豁免」的立法，想成为正式法律也难。

【一院制议会诱导并强化了非理性党争】

如果我们以超然的视角来审视韩国朝野两党的斗争，就会发现韩国议会的党争时常处于一种"准失控"状态。这种状态给人的观感是党团利益取向而非价值观取向的，双方争夺的目标缺乏超越性，似乎就是为了政权更迭和党派利益，这种"自利性党争"会减损一个国家的共和精神。

一院制议会诱导并强化了这一切。

一院制议会，特别当反对党或反对党联盟在议会占多数时，总统成为"跛脚总统"，他在国会就与反对党迎头相撞，又因为只有这一个"战场"，在这里"输掉"就意味着议案可能通过或胎死腹中，（虽然理论上还有宪法法院和大法院的违宪审查，但属于基于个案的事后审查），双方都有"输不起"的心态，所以议会斗争就会异常激烈，上演全武行都有可能。而且这种激烈情绪很容易相互感染，从而表现出以党派为阵营的集体非理性，这会使得超越分歧寻求共识的共和精神变得越来越稀缺。

恰好韩国还有另一个政体特点也容易造成"跛脚"总统的局面，即议员的任期与总统任期不一致，两者竞选的年份很难重合在一起。议会和总统选举结果并不反应同一时段的民意。

现代政治决定了总统候选人都是依托党派来竞选，选民对特定候选人的支持几乎也意味着对其所属党派的支持，如果议员与总统同时竞选，胜出的总统候选人所属党派在议会选举中更有可能同时胜选。

韩国的国会斗争与美国相比，就能看出两者的不同。美国虽然在议会也有党争，但议员的独立性更强一点，他们被党派"捆绑"的不那么紧，在表决时反水的比例更高。就如拜登援助乌克兰的议案，共和党阻挠的方式，是通过议会议事规则所赋予的议长的程序权力来操作，因为川普清楚一旦表决，很多建制派共和党人会反水。

当然影响议员独立性的原因，是多方面的。首先，选举方式对议员的独立性就有影响。"小选区制"选举是选民对候选人的选择，而"比例代表制"选举则是选民对党派的选择。两相比较，后者是依托于党派而当选，自然独立性不如前者。另外，一个社会如果有长期的地方自治和结社传统，议员在竞选时就不那么依赖党组织，其独立性就更强。

美国为了"过滤"掉小党，塑造两党制的局面，众议员的选举几乎都采用"小选区制"。美国更有长期的市镇自治和结社传统，托克维尔对此有过令人印象深刻的描述。

三、两院制议会是民主政体的主流

两院制议会是当今世界民主政体主流的议会模式，只是在不同的国家称呼不同，英国称为上议院，其它国家称为参议院。因为两院制议会的设置最早是模仿英国的宪政制度，所以参议院的设置多少都体现出一定的贵族性，对参议院宪政功能的期待也是它能更冷静和理性，与变幻莫测的民意保持适度的距离，这就要求它更"寡头化"，更长的任期，让参议员的地位更超然。

【议会制下两院制是政体主流】

在议会内阁制的民主政体下，参议院的权力一般会弱于众议院。

英国作为最早的宪政国家，因为以前上院议员不是民选，为体现民主的原则，下院在政治中处于主导地位是符合政治伦理的。上院对下院通过的法案审议，可以提出修正案，可以要求推迟该法案的实施，最长可达一年，但并不影响法案的生效。英国上院对议案的审议权，是一种暂时搁置权。

日本对众参两院的权力设置，笔者以为最值得借鉴，首先其权力划分清晰，其次其权力的划分有分寸感，参院权力虽然弱于众院，但又有足够的制衡能力，使得通过的议案足够审慎。

按照日本宪法，如法律议案被参院否决，但经众院出席议员三分之二以上再次多数通过，则法律生效。即日本参院的否决显著提升了法律议案通过的门槛，承担了总统制下总统的职权。

西班牙宪法对众参两院的权力分配，情况与日本相似，西班牙宪法说的是众院绝对多数可以推翻参院的否决，只是没有明确"绝对多数"的标准。

德国参院的权力更弱，它甚至都不属于联邦议院的范畴，因为联邦议院特指众议院。加之参院是由联邦政府任命及征召的各邦政府委员组成，并非由选举产生。因此严格地说，参议员只能称之为"邦政府"的代表，称之为"邦"的代表都有点牵强。参院只能对联邦法律中涉及到邦的利益的法律或条款有否决权，其它议案，则只有提意见和建议的权力。

英日德三国的内阁总理都是议会多数党领袖，由众议院（德国称之为联邦议院）选举的。

虽然议会制的参院权力一般会弱于众院，但也有例外，像意大利的两院权力相当，议案想成为法案需经两院表决通过，而且没有赋予众院三分之二多数推翻参院表决结果的权力。

另外，意大利的总统并不完全是虚职，有相当的实权，总统任命内阁总理，根据总理提名任命各部部长，统帅国家武装部队，在听取两院议长的意见后可以解散两院或其中一院。

意大利任命总理的程序与英日德不同，英日德由众院选举，由虚位元首根据众院选举结果来任命，虚位元首没有自主意志。而意大利的任命程序类似于半总统制国家。总统任命总理，由议会投票确认，总统有一定选择权。

不过意大利宪法同时也规定"总统发布具有法律效力的法令以及其他依法颁布的命令，必须有总理的副署"。这里的"副署"与韩国宪法中规定总理或相关部长对总统命令的"副署"，笔者以为并不完全一致，意大利宪法这里的"副署"应该理解为"同意"或"赞成"，否则意大利就是一个半总统制而非内阁制国家了。

正是这条保证了意大利是内阁制而非总统制国家，因为这相当于赋予了总理否决总统命令和法令的权力。

【总统制下两院制议会也是政体主流】

其实相对于议会制，总统制国家更需要两院制国会。因为内阁制无论搭配一院制还是两院制议会，内阁在施政时一般都不会面临议会出于党争目的的掣肘，是能推进政治议程的。

事实上，当今世界总统制搭配两院制议会也是主流，参议院的设置也多参考美国，参议员一般代表纵向分权的政治实体如州或者邦。但除美国以外，一般规定参院只具有审议与州利益相关的条款，众议院（下议院）在政治中居主导地位。俄罗斯属于这种情形。俄罗斯联邦委员会（上议院）由俄罗斯联邦每个主体，包括直辖市、共和国、边疆区和州等各派两名代表组成，一名来自于各联邦主体的地方议会，一名来自于各联邦主体的地方政府。

法国虽然是单一制国家，但也是两院制，其参议院是由间接选举选出，保证共和国的各地方单位的代表性。法国的政体是名副其实的"半总统制"，因为宪法赋予了总理相当大职权。

法律议案应当在两院审议，如果两院意见不一，总理有权要求由两院相等人数组成的混合委员会举行会议，拟定一个新的文本，再提交两院表决。如果混合委员会没有拟定出新的文本，或者拟定出的文本在参院仍然没通过。此时，在政府要求下，国民议会能以绝对多数票通过使之直接生效。显然国民议会的权力优于参议院，这点类似于日本。

【总结几点规律性的东西】

综合以上信息，大体可以归纳出一些规律性的东西。第一，无论议会内阁制还是总统制，两院制议会都是主流的配置。第二，无论联邦制还是单一制国家，参议员多数都被视为地方的代表（日本除外），如为联邦制国家则代表邦或州，而单一制的法国参议员以省为单位来组织选举，用以保障各地方单位的代表性。第三，参院的权力普遍弱于众院（美国除外），议会制下内阁总理由众院选举，众院得以绝对多数表决结果推翻参院的否决。如果参议员是直接选举产生，参院的权力就相对更大一些，其审议的议案范围和众院相同，否则一般只能对涉及地方利益的条款有表决权。第四，参议院更寡头化，议员任期更长，一般为六年左右，如果是直接选举产生，会分批次改选议员。第五，参院不得被解散，参议员更长的任期使得参院与瞬息万变的民意保持了适度的距离，更为从容超然冷静，这会让它对议案的审议更具超越性。议案在参院无法通过，不仅可能会影响众议员的投票意向，而且提高了在众院批准生效的门槛，从简单多数变为绝对多数。甚至哪怕只是像英国上院只是一年的搁置权，也会让众院更冷静。

四、结语

在听闻尹锡悦宣布戒严令的消息后，笔者第一时间判断了尹的必然失败和他的下台，当时政变的细节还不清楚，我只是基于戒严令的严重违宪作出的判断，因为尹是"想用极端的紧急状态冻结韩国的民主宪政"，其行为不可原谅。后来更多细节渐次披露，尹也从严重的违宪行为被坐实为一次军事政变，很多政治要人在抓捕名单上。笔者又判断尹遭遇刑事处罚已不可避免。

【韩国国民没有腐化，对民主没有倦怠】

笔者之所以如此笃信，是因为相信韩国人民智已开，没有腐化，没有对民主的倦怠。并直陈这是尹锡悦戒严令被迅速挫败的最基础的力量，哪怕尹有军队的支持，也必然失败。

马基雅维利曾经说过"腐败的人民在获得自由之后，也极难维护这种自由"，韩国人在获取政治自由和权利的过程中，曾有多少人以自己的热血和生命为之献祭。这献祭锻铸了民主政体的筋骨，建构了令人骄傲的民族集体记忆。

事实上，韩国各阶层表现的比我预想的还要好。广大市民走上街头护宪，谴责尹锡悦抗议戒严令，他/她们相当于"以公民不服从"直接挑战了戒严令，那些无畏的国会议员们爬墙进入国会大厦，通过罕见的全体一致决议否决了尹的戒严令，那些年轻的士兵和中高级军官事实上都在消极地执行尹

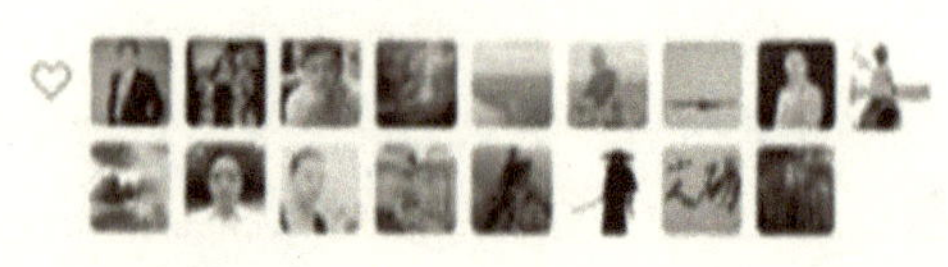

的戒严令，执政党紧急与尹锡悦切割，包括内阁总理在内的阁员也都站出来反对尹，尹很快成了孤家寡人。对尹锡悦的弹劾在国会已经获得通过，这需要执政党的议员多人倒戈才行，这证明在汹汹民意的压力之下，超越党派的共和精神在提升。

虽然没人愿意看到宪政处于危机中，但积极一点看，只要迅速成功地化解了危机，而且破坏宪政的人也遭受了相应的惩罚，那么破坏宪政的试炼只会让宪政更具韧性，就跟接种疫苗一样，会产生一定的免疫记忆效应。而且只有在面临宪政危机时，整个国家守护民主的力量和活力也才能更充分的彰显出来，足以警示那些在民主政体下想以威权方式来搞党派斗争的政客。

回头复盘韩国人护宪时的表现，体现出的政治活力让人印象极为深刻。但因为韩国党争异常激烈的政治氛围，国会有时候对宪政的理解不尽如人意，

比如在 12 月 10 日韩国国会以 191 票赞成、94 票反对、3 票弃权的结果通过了"要求迅速逮捕涉'内乱罪'嫌疑人"的决议案，其中

也包括尹锡悦。

国会这种做法违宪。因为宪法没有赋予国会以多数决方式来决定逮捕公民，逮捕事关公民人身自由的宪法权利，不能赋予民意机关，民意机关也不掌握"犯罪嫌疑人"的定性权，明显是立法机关侵夺司法权。对于总统，更不能由议会决定逮捕，因为执行逮捕相当于剥夺了总统执行公务的权力，等于在弹劾之外又创造了一种事实上废黜总统的路径，而且这个路径相比于弹劾容易的多。笔者在当日还专门为此写了一篇名为《国会有权通过决议方式要求逮捕尹锡悦？》评论文章。

【总统职位高危不值得效仿】

世人都知道，韩国总统是个高危职业，卸任后能颐养天年的没有几个。从好的方面来说，这叫眼里不揉沙子，没有谁可以逍遥法外。但从稳定宪政体制的角度考量，这种动辄把前总统送进监狱的行为并不值得效仿，而把现任总统送进监狱更应当慎之又慎。

从人性来说，没有谁面临失去自由的威胁会坐以待毙。一个总统如果成日担忧卸任后可能会被投进监狱，他对政治斗争的理解一定是残酷的。残酷的政治斗争，作为专制政体和极权体制的必备特征，威权政体的偶发特征，本应是民主政体完全超越的状态，但在韩国，一定程度上似乎还有，或者至少给人这种印象。

民主政体应当只有政治竞争而没有政治斗争，卸任的总统当然可以被追究刑事责任，但追究的动机不应当是党派斗争和政治报复，而是司法机关基于犯罪行为的职业抉择。

当一个现任总统认定政治斗争残酷的时候，他的行事很难平和理性，他的政治对手亦复如此。双方出于防卫意识，都会尝试对政治对手进行预防性打击，从而让政治充斥着无法共存的对敌斗争意识。而且当反对党议员在国会占多数时，总统很难推进政治议程。

这是韩国宪政最大的问题。但探究原因，与总统制辅以一院制议会的关系很大，前面已经详细论证过，这里不再赘述。

【韩国政体总体健康】

但笔者在此想做一个特别的说明。虽然韩国政坛存在党争敌对化，容易出现"跛脚"总统的痼疾，但不能因之就整体上否定韩国政体。事实上，尹的政变行为能被波澜不惊地挫败，足以证明韩国的民主政治总体是健康的，它的问题是次要的，不是根本性的。变革政体除掉这一痼疾属于锦上添花，维持现有的政体也没有问题。

而且鉴于在先条件的约束，笔者认为韩国总统制的政体，已经形成路径依赖很难改变。如果韩国朝野达成共识，将一院制议会改革为两院制倒是有可行性。

【"跛脚"总统并不致命】

甚至如果我们换一个视角来审视"跛脚"总统，就会发现它其实也不全是坏处。民主政体除了本身因为更正义、更人本主义而可欲之外，它也有一定的工具性价值。其工具性价值之一就体现为可以防范草率决策，表面上拖沓扯皮降低了执行效率，但也只是具体政策的出台效率，在党争背景下的讨价还价、批评、挑刺，大众舆论的介入，都会让出台政策更审慎。

民主政体以具体政策效率的降低为代价，换取的是整个系统的效率提升。而且民主政体天然对自由市场是亲近的，由市场主体来优化资源配置也能提高整个社会的效率。

一个法治国家在和平时期，总统对于维持社会运转没那么重要。社会有自发的运行秩序，只要一国的事务官（相对于政务官而言）这个集体正常工作，有没有总统的政令，都不影响社会的运行。

就此而言，尹锡悦施政的挫败感，只对他个人才是特别重要的。他鲁莽的戒严令，虽然对韩国宪政是一次挑战和破坏，但也是一次试炼。一部没有漏洞的"完美宪法"未必是有生命力的宪法，同理，一个未经试炼的宪政，也未必就是有生命力的宪政。韩国方兴未艾。

刘书庆/2024 年 12 月 23 日

第十篇

对东北亚矫情民族主义的超越

——我看殷锡悦对日"亲善"

作者按： 东亚的所谓民族主义，有很强的表演性，也有很强的非理性，特别是中国和韩国。一旦形成集会游行的场面，总会给人一种要随时失控的感觉，剖析这背后的深层原因，在笔者看来是一件挺有意义的事情。

关于中国的反日游行，笔者曾经写过几篇文章，第一篇是 2005 年游行示威后写的，一篇长文，题目《真伪民族主义之风雨如晦》，当时发在凯迪，至今已经不知所踪，第二篇《可以反日，但不要耍流氓》，是写在 2012 年反日游行时，本篇文章因为与前几篇时隔太久，且主题和风格也并不一致，作为一个系列不合适，我就把这篇放在此处。

于 2025 年 6 月 18 日

■内容摘要：

◆ 很多知识分子认为民族主义就不可能理性，不可能健康。笔者在理论层面无意质疑这点，也无法质疑，毕竟-ism 这个后缀已经隐含了这点。但在感情上，我还是更认同以赛亚.伯林基于理解之同情的心态来看待民族主义。伯林审慎地为民族主义进行了一定的辩护，因为他认为民族主义首先是自然的，人生活在同类中更自在，种族相同语言相通，共享历史、文化、传统和信仰的人更有亲近感。伯林是犹太人，想必他对民族主义的辩护部分地植根于自己族群两千年来持续的民族苦难。他曾以无比悲辛的语气指出犹太人无论身处何地，都没有"在家"的感觉。

◆在给民族主义做了一定的辩护后，伯林提倡了一种健康的民族主义。这种健康的民族主义应该是理性的，能与"他者"共情的，是可以各美其美的。这里的理性是说能体察人情世事因果，不偏激不激进。伯林认为这种健康的民族主义是可行的。

◆恐怕没几个人因为爱自己的孩子，想让自己孩子读清北，就认为别人家的孩子应当为他的孩子让路。绝大多数人还都是认可按照一定的公平规则来。国与国之间的利益之争也是如此，过去使用战争的模式，就看谁的拳头硬，但在联合国、国际仲裁法庭、海牙国际法庭等一些多边机构建立后，使用战争方式解决问题越来越得不偿失，国与国之间的利益之争是可以基于国际规则来解决的。

◆个人以为健康的民族主义，也就是各美其美但没有攻击性的民族主义是可能的，理性的人即便不是从道德上排斥战争，也会在权衡利弊之后排斥战争。当然我不是说战争从此就会消失了，因为总有像普京这样的战争贩子，不惜以国家利益为他的野心献祭。我是想说战争不一定就是由民族主义引起的，民族主义表达的感情与其说是排他的，还不如说是有圈层的，因此它也可以是与邻为善的。众所周知，儒家是最讲圈层结构，讲亲疏远近的，孟子大骂墨家提倡的"爱无等差"为禽兽的伦理，但儒家的"老吾老幼吾幼"导向的是"以及人之老以及人之幼"而不是导向对其他老人孩子的憎恨。

◆中国和韩国的民族主义，都还处于较低的阶段，有很强的表演性，总给人一种很容易失控的感觉。当然中韩之间民族主义的诉求还是存在明显的不同，韩国的民族主义诉求基本上与国家利益是契合的，它的游行示威似乎在配合政府达成一种短期目标，无论抗议日本还是抗议美国，明眼人一看都有与政府默契协调的意图。

◆一谈到大陆的民族主义，我会感到异常尴尬，因为它表现的非常浅薄，给人的印象都是一种无法控制自己的失序状态，张牙舞爪，各种野蛮的打砸。他们没有利益诉求，只有破坏性的情绪宣泄，他们打砸日系车，殴打他们眼里的"汉奸"，光着膀子、头上缠着写有反日口号的白丝带，或者在自己爱车上喷上各种粗俗不堪的反日口号。这些人和 100 年前的义和团相比，在精神上几乎没有进化。给人一种非常愚蠢的感觉。

◆ 大陆的民族主义诉求与真实的国家利益基本是脱钩的，甚至我认为大陆的民族主义表演根本上就没有利益诉求，它就像一个长期被囚禁在笼子里的野兽，只要放出来，就会怒吼甚至会伤人，但这只是一种自然反应。

■正文：

首先声明，今天笔者谈论殷锡悦的对日外交，不是站在中国立场来谈论，而是力图从外交行为本身来考察，考察这一突破性外交的地缘背景，其可能会给殷锡悦个人带来的政治损益，以及对韩国国家利益的影响。同时籍着韩国国内对殷锡悦所谓"跪拜外交"的游行示威谈谈我个人心目中的东北亚民族主义的特征及对它的期许。

一、体现了殷锡悦的务实理性和政治勇气

为了展开讨论辨析，笔者先把自己的结论亮出来。笔者以为，在东北亚地缘政治可能剧烈变动的前夜，做出韩日和解，建构面向未来的韩日关系，体现了殷锡悦的务实理性和政治勇气。韩日亲善对韩国有利无害，对殷锡悦个人也利大于弊。

基于历史的原因，韩日关系和解的阻力一直在韩方而非日方，所以此次韩日和解也主要是殷锡悦的功劳。当然，美国出于在东亚围堵削弱大陆的战略需要肯定在幕后做了很多劝和工作。殷锡悦改善日韩关系是一种非常明显的对美协调姿态，甚至完全可以解读为选择了明确站队美国。

3 月 16 日殷锡悦对日本进行国事访问，岸田给予他高规格接待，对外呈现两人融洽的个人关系。双方达成如下外交成果：军事情报共享协议正常化；日本对韩国取消半导体材料的出口限制，韩国撤回在 WTO 起诉。

3 月 6 日殷锡悦政府公布了解决日本强征劳工赔偿问题的"第三方代偿"方案，这一方案为韩日外交正常化扫清了最大障碍。虽然双方还有一个潜在的爆点就是竹岛的主权争议，但这个问题短期无解。因为竹岛由韩方实际控制，相信从稳定日韩关系大局考虑，日本的政客在竹岛归属问题上会更克制，最终可能止于自说自话。

在中文圈，很多人认为殷锡悦的对日亲善走的太远了，过界了，成了所谓的"跪拜外交"。这可能会让他付出重大政治代价。对此观点笔者实不敢苟同，甚至我认为可能恰好相反。这可能会是他在剩余任期内顺利执政的最大一笔政治资本，甚至可能成为他未来的最大一笔政治遗产。

笔者之所以做出这种判断，是有理由的，容我慢慢道来。

（一）日本强征劳工赔偿案的前因后果

首先，殷锡悦并不存在所谓的"跪拜外交"，他没有损害韩国的实际利益，韩国舆论中那份可期待的利益（日本强征劳工赔偿）实则是韩国单方面违反契约制造的问题。制造这一问题的是韩国的最高法院，从权力分立的角度，代表行政权的总统府不好直接出面干预，否则有干涉司法独立的嫌疑。加之当时左翼的文在寅政府一直迎合民间反日情绪，对日本也存有轻视之心，在判决之后还公开表示支持。

为什么说"强征劳工赔偿问题"是韩国单方面制造的问题？为了方便读者理解，笔者先扼要的介绍下这一问题的来龙去脉。

据韩国提供的资料显示，在 1910-1945 年日本殖民时期，朝鲜半岛有 80 万居民被强征至日本从事劳动。当时日本政府强征的劳工被分配到三菱重工等日企劳动，遭到了非人的待遇。

这是韩国单方的说法。日本对这些劳工都是被"强征"去的这一说法并不完全认可，日本认为这些劳工当初进入日本的渠道复杂，有的是自愿赴日，有的是类似于劳务派遣，有的可能是被强征的。

双方在这一问题上有争议。但这个争议只在双方恢复邦交关系时才是重要的，对于现在的韩日外交并无实质性影响。因为日本政府支持自己的企业拒绝赔偿的理由是问题早就已经"一揽子解决了"，而非日本对是否有强征，有多少工人被强征存有争议。要理解日方的抗辩理由，这就需要提及一下韩日建交时签署的《日韩请求权协定》了。

在 1965 年，韩日两国恢复邦交时签署了《日韩请求权协定》，其中规定日本向韩国提供 5 亿美元的经济援助，双方确认"关于两缔约国及国民（含法人）的财产、权利和利益以及两缔约国及国民之间的请求权的问题"得到"完全和最终解决"。

所以日本政府及三菱重工这些公司据此认为，韩国劳工的请求权问题已经解决，再无权索赔。

但韩国部分劳工仍然在追索自己的赔偿，他们曾在日本、韩国提起多起索赔诉讼，均遭败诉。但 2012 年开始，韩国最高法院裁定推翻之前的败诉判决发回重审。2013 年，首尔高等法院判处被告方日本新日铁住金公司向二战劳工赔偿。被告方不服提起上诉，2018 年 10 月 30 日，韩国最高法院认定，《日韩请求权协定》并不妨碍原告的个人请求权，支持韩国劳工的索赔权。判决涉事日企向每名原告赔偿 1 亿韩元，约合人民币 60.2 万元。

韩国最高法院这一判决虽然只是针对四个劳工的请求权，但这一判决实际为更多类似诉讼开了口子。虽然很多劳工已经去世了，但其亲属还在，仍然可以主张权利。事实上也的确如此，三菱重工等公司也很快就遭遇了巨额索赔。如果按照韩方 80 万强制劳工的说法，按照每人 60 万人民币赔偿，这些企业需要拿出 4800 亿。日企再财大气粗肯定也肉疼，它们拒绝赔偿。

原告就向法院申请执行或者保全这些日企在韩国的资产，法院也履行了查封扣押冻结手续。安倍政府自然要保护这些日企的海外利益，所以就发起了对对韩国关键的半导体材料的出口限制。这一手出乎文在寅的意料，因为战后日本在外交方面身段一直很软，从未对自由阵营的国家主动发起过贸易制裁。因为一些关键技术依赖日本，韩国半导体行业一度显得很脆弱，文在寅政府在对日外交方面也一度很被动。

这就是"日本强征劳工赔偿案"的前因后果。

（二）以第三者视角公允看日本强征劳工赔偿案

如果站在第三者角度来看待这个外交争议，明显错在韩国政府一边。这也是文在寅做出让步的主要原因。

从《日韩请求权协定》可以看出，该协议明白无误的排除了个人赔偿请求权。韩国最高法院所谓《日韩请求权协定》并不妨碍原告的个人请求权的判决理由，难以自圆其说。

韩国最高法院可能认为签订协定的是代表行政权力的政府，而它可以不受政府所签协定的约束。有些人从司法独立角度也认为韩国最高法院的做法并无不妥。

但笔者认为这种理由并不成立。因为《日韩请求权协定》实则是两国政府代表自己的国家签订的国家间契约，韩国民众和韩国最高法院均属于韩国国家的组成部分，都应当受该协定的约束，而且最高法院也是韩国政府三权中的一权，是韩国政府中代表司法权的部门，所以韩国政府与外国政府签订的协定对它也有约束力。如果韩国政府契约意识强的话，对劳工赔偿案，最高法院应当裁定驳回起诉，理由也是现成的，该问题涉及外交，属于政治问题，司法不审查。

《日韩请求权协定》实则是韩国政府代表自己治下的国民放弃了索赔的权利，从应然角度，日本赔偿的这 5 亿美金包含了对强征劳工的赔偿，韩国政府当时应当从中拿出一部分用于对这些劳工的赔偿，但估计因为韩国政府当时亟需发展资金，就牺牲了这些劳工的利益。

因此，追根溯源应当由韩国政府承担这部分赔偿责任。殷锡悦的"决断"只是承担了韩国政府本应承担的责任而已，并没有损害韩国的正当合法的利益。

2018 年最高法判决后，文在寅政府很快踢到了日本的铁板上，日本对韩国的半导体材料出口管制抑制了韩国半导体行业的发展，导致韩国半导体公司损失巨大，甚至领先地位一度摇摇欲坠，而半导体行业是韩国的经济命脉。

可以说韩国的司法民族主义不但没有给韩国人带来实际的利益，还暴露了半导体行业的短板，可谓弄巧成拙因小失大。在日韩斗法的过程中，文在寅政府颇为狼狈的表现，三星表现出来的压力和焦虑都让韩国人看到眼里，也让他们骄狂的民族主义情绪冷静了很多。一些理性的声音开始出现，事件本身的是非曲直也能得到理性讨论了。

其实偏右翼的殷锡悦能在激烈的总统竞选中胜出，就已经证明了韩国主流民意的变化。以武力为后盾遏制北韩，强化美韩同盟，不被排除于美国构建的印-太同盟体系之外，改善韩日关系，这正是殷锡悦的竞选纲领中的主要内容。

殷锡悦当选后，在外交方面基本是按照自己的竞选承诺来操作的，对日亲善也是其中之一。这种不首鼠两端言出必行的行事风格反而会提高殷锡悦的政治威望，他的拥趸对他的支持也会更忠诚，而且会得到美国的外交支持。

另外，殷锡悦在"日本强征劳工赔偿案"上的政治决断确实需要相当的政治勇气，在国内必定会遭遇批评，"媚日""跪拜外交""卖国"，这些激烈的词汇恐怕他是躲不过的。但笔者以为这种激烈的批评可能很快就会过去。因为这些批评正如笔者在前面指出的，并无事实依据。韩日亲善对韩国有利无害。另外，东北亚人表现出的激烈的民族主义情绪有很多表演性在里面，这种矫情的民族主义情绪因无法沉淀和理性化而难以持续。

所以接下来笔者将谈一下东北亚地区盛行的这种矫情的民族主义。

二、民族主义可以理性健康？

作为一个自由主义者，一个人权捍卫者，我对民族主义是带着很复杂的感觉看待的。24 年之前，在人潮汹涌的武昌街道口抗议美国时自己那一副因愤怒而狰狞的嘴脸，如果有一面魔镜能重现，自己再看到肯定会羞愧难当。

一旦提到"主义"这个词，就想起冯克利老师在酒桌上给我们讲的一个知识点：-ism 这个后缀在拉丁文里是病态的意思。言外之意任何词汇只要和这个后缀结合，都有值得警惕的一面。自然这也包括自由主义、民族主义和冯老师自己服膺并译著等身的保守主义。不过在这几种主义中，个人以为民族主义尤其值得警惕，因为一旦丧失理性它是有攻击性的，而且会给自己和别人带来巨大的灾难。

当然很多知识分子认为民族主义就不可能理性，不可能健康。笔者在理论层面无意质疑这点，也无法质疑，毕竟-ism 这个后缀已经隐含了这点。但在感情上，我还是更认同以赛亚.伯林基于理解之同情的心态来看待民族主义。伯林审慎地为民族主义进行了一定的辩护，因为他认为民族主义首先是自然的，人生活在同类中更自在，种族相同语言相通，共享历史、文化、传统和信仰的人更有亲近感。伯林是犹太人，想必他对民族主义的辩护部分地植根于自己族群两千年来持续的民族苦难。他曾以无比悲辛的语气指出犹太人无论身处何地，都没有"在家"的感觉。

民族主义在理论层面可以被彻底否定，但在实践层面则无法根除，因为它是自然的，当一个族群面临生存危机时，它必然会产生——无论你是否乐见。

我们中国五四之后的"救亡压倒启蒙"，本质就是民族主义压到了自由主义。虽说"德先生"和"赛先生"并称新文化运动两大主题，实则"德先生"作为主题名不副实，当时写民主的文章不多，彼时的启蒙是奔着破除封建礼教张扬人性去的，这种人本主义的价值观大致是可以归在自由主义的旗帜下的，鲁迅提倡的"掊物质而张灵明，任个人而排众数"是很契合当时启蒙主旨的。至于"赛先生"，倒是没有遇到任何障碍，因为救亡也需要"赛先生"。

在给民族主义做了一定的辩护后，伯林提倡了一种健康的民族主义。这种健康的民族主义应该是理性的，能与"他者"共情的，是可以各美其美的。这里的理性是说能体察人情世事因果，不偏激不激进。伯林认为这种健康的民族主义是可行的。

你只要是理性的，哪怕你是骄傲的日耳曼人，也应该能意识到希特勒、希姆莱、海德里希、艾希曼之流是恶魔。

你只要是能"共情"的，你就应当知道你讨厌自己的种族被奴役被歧视，别人也是。你与和你相似的人生活在一起感觉是自在的，别人也是。

你可以认为自己的国家最好，自己这个族群最伟大，别人也可以。这叫各美其美。

恐怕没几个人因为爱自己的孩子，想让自己孩子读清北，就认为别人家的孩子应当为他的孩子让路。绝大多数人还都是认可按照一定的公平规则来。国与国之间的利益之争也是如此，过去使用战争的模式，就看谁的拳头硬，但在联合国、国际仲裁法庭、海牙国际法庭等一些多边机构建立后，使用战争方式解决问题越来越得不偿失，国与国之间的利益之争是可以基于国际规则来解决的。其实早在 19 世纪末，贡斯当在他著名的《古代人的自由与现代人的自由》一文中，就明确提出"战争的危害为个人提供的益处再也无法同和平的工作与有规则的交换所产生的结果媲美"，甚至他认为，"即便是一场成功的战争，其代价毫无疑问也会超过其价值"。

所以，个人以为健康的民族主义，也就是各美其美但没有攻击性的民族主义是可能的，理性的人即便不是从道德上排斥战争，也会在权衡利弊之后排斥战争。当然我不是说战争从此就会消失了，因为总有像普京这样的战争贩子，不惜以国家利益为他的野心献祭。我是想说战争不一定就是由民族主义引起的，民族主义表达的感情与其说是排他的，还不如说是有圈层的，因此它也可以是与邻为善的。众所周知，儒家是最讲圈层结构，讲亲疏远近的，孟子大骂墨家提倡的"爱无等差"为禽兽的伦理，但儒家的"老吾老幼吾幼"导向的是"以及人之老以及人之幼"而不是导向对其他老人孩子的憎恨。

　　细心的读者可能已经发现了，就是笔者在谈论民族主义时，有将民族与国家纠缠不清的地方，而两者并非同一个概念。甚至可能有读者说你直接谈爱国不好吗，毕竟爱国主义还是蛮主流的嘛。笔者之所以如此，因为现存的国家中大多数都是民族国家，这些国家的爱国主义和民族主义是分不开的。另外，民族主义比爱国主义可能更为本真更为自然。在希波战争时，希腊处于城邦林立的分裂状态，但希腊人却已经具备了民族共同体意识，而希腊作为统一国家的出现是很晚近的事。

　　另外，不要把爱国主义想的很无辜，它也可以是流氓的庇护所，也可以是攻击性的，也存在一个健康与否的问题，所以这里不做明确的区分。笔者在一定程度上赞同伯林倡导的健康民族主义之后，想重点谈谈东北亚的民族主义的特征，这一特征也决定了韩国总统殷锡悦在"日本强征劳工赔偿案"的政治决断不会真正让他付出重大政治代价。

（一）东北亚矫情的民族主义

　　如果说我如今对健康的民族主义持理解之同情的态度的话，那么我对东北亚在当代表现出的民族主义几乎是厌憎的，05 年笔者在凯迪发过一篇文章，题目是《真伪民族主义之风雨如晦》就已经对中国大陆的民族主义进行过辛辣的批判。当然那时候受制于认知，自身对民族主义也没有完全超越，还处于同情之理解的阶段。

　　中日韩三国中，日本的民族性格比较拘谨，重视礼仪，二战之后经过几十年的宪政洗礼，公民素质较高，作为战败国，在国际政治中已经习惯了"3S"（silence, smile, sleeping）式的谦卑姿态，与外国的争议一般采取非对抗方式解决。其国民生活富足，对于在国际政治中的侏儒地位也早习以为常了，所以一般都能冷静的看待国家之间的冲突。另外日本政坛自民党一党独大，长期垄断政权，而自民党是中间偏右的保守主义政党，一直能较好的维护日本的国家利益。所以，日本没有强烈的民族主义，或者准确地说没有强烈民族主义的表现。

日本人的表现有点类似于西欧国家的国民，比较成熟内敛，已经跨入了另一个位阶。

中国和韩国的民族主义，都还处于较低的阶段，有很强的表演性，总给人一种很容易失控的感觉。当然中韩之间民族主义的诉求还是存在明显的不同，韩国的民族主义诉求基本上与国家利益是契合的，它的游行示威似乎在配合政府达成一种短期目标，无论抗议日本还是抗议美国，明眼人一看都有与政府默契协调的意图。这当然是韩国的聪明之处。但也只能在自己弱小的时候管用，因为强者不和你计较。随着韩国经济的高速增长，在某些科技领域的水平甚至已经超过日本，已经是名副其实的发达国家。日本也无法再对韩国居高临下的俯视了。

而且日本人的主流心态也已经悄然发生改变，战争一代已经谢幕，现在都是战后世代，他们对中韩没有犯罪，也没有负罪感。现在还成天被中韩揪着历史的小辫子，动不动莫须有的指控他们军国主义复活，这些战后世代的政治家认为中韩是在拿历史悲情撒娇，试图让日本永远处于愧疚状态中，阻挠日本成为一个正常国家。这让他们深感厌烦。安倍对韩半导体材料的出口控制，就是这种心态变化的明证。

说白了日本不想再惯着韩国了，韩日之间的关系也到了需要重新定位的时候了。原来的韩日关系是建立在日本负罪感的基础上，日本在这种心态之下，对韩国进行了大量援助。回顾韩国现代化的进程，它离不开两个国家的扶持，一个是美国，一个是日本，美国提供市场，日本转移技术。现在韩国已经成长起来了，韩日双方需要建立一个更理性更平等的关系，也只有理性平等的关系才会持久。

在这个当口，美国出于遏制大陆的需要，也改变了超然于韩日冷淡关系的姿态。在这之前，美国乐见韩日不和又不至于破裂的状态，既可分而制之，也可迟滞中日韩自贸区的进展。而韩日也深知美国的心态，为打消美国对它们离心倾向的担忧，也有意无意地在维持既有的相互冷淡局面。而如今，美日认为大陆可能真的在准备武力统一台湾，台海有失控风险。美国已经在为可能的战争做准备了。一旦战争爆发，美国会联合日澳韩新来协防台湾，域外的印度北约也极有可能参与进来。如果战争最终没有发生，美国也会借着紧张局势顺势把盟友都更紧密地团结在自己周围，以便于进一步遏制大陆。而且现在的遏制已经不再局限于像以前一样靠压倒性的力量来威吓遏制你的战略雄心，也不再像川普政府时期指望利用贸易战让你屈服让步，拜登政府是奔着彻底脱钩去的，目的就是围堵你削弱你，以不惜自身受损的决心，来阻止你获得高新技术需要的设备和材料，来阻止你获得能用于购买能源和原材料的美元，试图让大陆成为一潭死水。这种制裁的烈度已经类似于二战之前美国对日本的石油钢铁等战略物资的禁运了。

此时，美国感觉日韩之间的龃龉已经有害于它围堵削弱大陆的效果，美日韩需要结成更紧密的同盟，共享情报信息，必要时协同作战，所以美国必定在此次韩日和解中做了大量幕后工作。

从韩国角度来说，在俄乌战争之后，两个阵营的分野已经明朗化了，中美之间的对抗已经不可避免，它必须选边站队。而且事实上在中美之间韩国没得选择，因为北韩的威胁是现实的。离开中国它经济上受损，但离开美国，它几乎都无法保障自己的安全，更无法保障自己的发展。而中国经济的颓势只是加速了韩国站队的步伐。

在此种情况下，殷锡悦在"日本强征劳工赔偿"问题做出政治决断是明智的，韩国人激烈的游行示威表演过后，会很快平息下来。如前所述，这本是韩国单方面制造的问题，它实际没有失去什么，它只是没有额外得到什么。韩日和解，对于韩国有利而无弊。

（二）大陆的民族主义

作为一名中国人，一谈到大陆的民族主义，我会感到异常尴尬，因为它表现的非常浅薄，给人的印象都是一种无法控制自己的失序状态，张牙舞爪，各种野蛮的打砸。他们没有利益诉求，只有破坏性的情绪宣泄，他们打砸日系车，殴打他们眼里的"汉奸"，光着膀子、头上缠着写有反日口号的白丝带，或者在自己爱车上喷上各种粗俗不堪的反日口号。这些人和 100 年前的义和团相比，在精神上几乎没有进化。给人一种非常愚蠢的感觉。

大陆的民族主义诉求与真实的国家利益基本是脱钩的，甚至我认为大陆的民族主义表演根本上就没有利益诉求，它就像一个长期被囚禁在笼子里的野兽，只要放出来，就会怒吼甚至会伤人，但这只是一种自然反应。当然它在舆论的引导下知道权力允许它反对谁，也知道允许它反对谁的基本事由，但也仅此而已。爱国青年们都是一群空心人，没有自主的意识和能力依靠自己的理性来辨析基本的是非，从他们打砸同胞的日系车和伤害同胞就可以看出，就可以看出他们的荒唐。

东北亚的中韩民族主义，都是在配合政府达成一种短期目标，但大陆特别的体制决定了政府首要的目的是政府稳定，在政府稳定与国家利益之间是有鸿沟和张力的。这就导致爱国青年们自以为是的爱国行为实则在持续不断的伤害自己的利益。

盘点一下中国最近几次民族主义的爆发，个人以为 1999 年中国驻南联盟使馆被炸，学生的游行抗议是有真实的情感基础的，不管这真实的情感是否来自于单向度的宣传，它至少是真实的，是自然的。但后面 2005 年的反日游行，2012 年的反日游行，可以说都呈现一种无厘头的特色。

参拜靖国神社和钓鱼岛争端，从理性的角度审视，这种过激的民族主义表达都显得很矫情。首先从政客参拜靖国神社来说，这首先是日本的内政，而且这一内政并不具有现实的危害性。当然对于他们由此表达的价值观可以批判，对于他们由此呈现的危险苗头可以警惕，作为侵略战争的受害国，通过外交渠道严正交涉也说的过去。但以全国游行示威的方式来反对一国的内政，这显示我们的应激阈值太低了。别人一撩拨，我们就喊打喊杀，打砸同胞的日系车，无端伤害自己的同胞。

而且个人以为对于战犯，也应该区别看待，而不能一概而论。对于种族灭绝和屠杀平民的罪魁，任何一个文明国家均不应该将他们置于神坛上去膜拜祭奠。就像希特勒、斯大林、希姆莱、海德里希、艾希曼、松井石根、谷寿夫这些人。这些人因为洞穿了人类的底线，是不可被谅解的存在。但对于其他战犯，有的已经战死，有的已经遭到正义的审判。他们都已经为自己的罪孽付出了代价，我认为这些罪犯所属国的政客祭拜他们是应予谅解的，否则在逻辑上就无法自洽了。

（三）期待大陆理性内敛超越的民族主义

二战之前，战争作为解决问题的手段几乎是常态。人类历史充斥了战争与掠夺，而战争几乎都有侵略的一方，也有被伤害的另一方。几乎所有民族都将开疆拓土的人视为自己的英雄，纪念他们的丰功伟绩。那受害的民族和国家都有正当理由阻止吗？显然不是嘛。

至于钓鱼岛纠纷，它和其他领土纠纷一样的，都是短期无解的问题。两个大国不可能因为一个小岛而兵戈相向。在钓鱼岛被日本实际控制的背景下，除非你真的做好了通过武力夺取的准备，否则维持一种各说各话的模糊状态反而对自己有利，否则你的话语越激烈，越可能刺激对方采取强化控制的措施。

当初邓小平提出搁置争议共同开发也是不得已的务实之策，它固然没有根本解决问题，但没有让它影响中日关系的大局，这对双方都有利。美国在战后将钓鱼岛行政管理权移交日本，也是故意在中日之间打进一个楔子。中日如何处理这一历史遗留问题，是很考验外交智慧的。

在笔者眼里，大陆没有能力来规训日本，更无能力来束缚日本，只有类似于其宗主国的美国才具备这个能力。如果明智一点的话，应该争取两国民间的友好，让民间友好成为缓冲阀，缓冲日本政府因为受制于美国而在外交方面豹变的冲击。要想民间友好，就不该故意丑化日本人，要认识到普通日本人是善良温和的，具备温良恭俭让的东方美德。对于日本政客希望国家正常化的想法和努力，应给予理解。

仅仅以 70 年前的战争就百般阻挠，没有任何根据的指控人家意图复活军国主义，既不符合事实，也没有充分理据。这实则是很不明智的，日本本来就不是被你束缚的，你也没有能力束缚人家，你却生生把自己弄成了日本政客憎恨的对象，而民间层面长期的妖魔化日本人又得罪了普通日本人，让两国百姓互相厌恶。可以说从根基上就恶化了双方关系。在妖魔化日本人的同时，虽然部分达成了让普通百姓认识不清思维混乱的目标，让其持续处于渔民状态中，但得不偿失。

所以在笔者看来，用靖国神社和钓鱼岛争端这两个问题挑起反日情绪，从国家利益角度都是不明智的。对日本人妖魔化更是不应该的。客观地说，日本被中韩长期作为民族主义的靶子，严格说来，主要的不是因为它二战的侵略，而是它在战后国际地位的孱弱。日本在战后基本是个无害的国家，所以伤害它不必担心被报复。

大陆动辄将日本与德国进行比较，说德国总理勃兰特在奥斯维辛那一跪，彰显了德国人道歉的真诚，而日本不真诚。在此，笔者不怕引起众怒，想为日本一辩。首先，将下跪设置成道歉真诚与否的标准本就有问题。另外，将日本对中国的侵略与德国纳粹对犹太人的大屠杀相提并论，对日本也有失公允。

日本侵华与人类两千多年来传统的侵略战争相仿，进行的仍然是传统的侵略占有殖民奴役的模式，并无对中国人进行种族灭绝的动机。而纳粹对犹太人对吉普赛人，却是矢志于灭绝整个种族的。当然日本侵华局部有南京大屠杀这种罪恶，这些军人当然野蛮，松井石根、谷寿夫等人的暴行应当被铭记，但是总体上，它仍然是类似于满清对扬州和嘉定，雅典对米洛斯，罗马对迦太基、柯林斯、对耶路撒冷，蒙古对花剌子模、巴格达、大马士革的屠城。这在攻城略地中也是常用的恐吓和惩罚策略，用血腥的屠杀作为下一次征服行动心理威慑的一部分。动机仍然是征服而非种族灭绝。

笔者不是为侵略者辩护，而是认为一个生活在 21 世纪的人，应该更理性平和地看待过往的那些战争，往者不可谏来者犹可追。我们现在有条件了解古今中外的历史，应该超越过去的仇恨面向未来。把自己族群自己国家被欺凌的历史置于整个人类史中考察，以悲悯的心态看待过去国家之间民族之间的战争和残害。要明了在有规则的国际秩序建立之前，弱肉强食的丛林思维具有普遍性，也具有必然性，也没有哪个族群是全然无辜的。

放下仇恨面向未来，未必得是像出家人一样，跳出三界外不在五行中，通过佛法修行来斩断对自己族群和国家的感情，也未必得是成为一个超越家国情怀毫无挂碍的 24K 纯度的自由主义者。甚至在我看来，刻意反自然的行为反而是值得警惕的，有的人不过是为了利益而顺应政治正确的韬晦之策。理性平和深沉内敛，在各美其美的情怀中，将过去为仇恨消耗的激情转移到为自己为同类争取人权争取尊严的道路中来，将战争冲动转为竞争的动力，没有战争，还可以有科技角逐有各种体育比赛嘛。这是我对大陆民族主义的期许。

刘书庆
2023 年 3 月 27 日

第十一篇

处士横议之全方位社会危机与化解之道

——有且只有扩大自由和权利的法治化改革才能走出泥淖

前言：忧患意识或许是知识人无法自愈的痼疾，所谓"生年不满百，常怀千岁忧"，在彻底个人化的自由主义者看来，对大共同体的执念，是一种自由主义不坚实的表现，但在古典自由主义看来，没有大的共同体，个人自由只是镜花水月，没有某些大而无当的共同体意识，社会会崩解，国家也不复存在。人对他者的恻隐和关爱，人对不正义制度的批判，人对同胞不自由和权利匮乏的痛感，都多多少少依赖于这种自然的共同体意识。这共同体意识自然存在，这忧患意识油然而生，我亦不想假装自己已经超越了它。

我对东大整全性的忧患，最深刻的来源是国民权利不彰的现状，其它都是细枝末节是表象。

这个判断是这篇文章的由来。

■内容摘要：

◆ 如果直面我国当前面临的问题，任何一个有基本认知的人都会承认，我们正面临一场全方位的社会危机：生育率断崖、经济萧条、灾难频仍、恶性案件高发，人心冷漠荒寒，公共道德溃败，权力乖张恣睢。而且这场危机是结构性的，其结构性体现在它并非来自于外在的因素，而是内生于上层建筑的组织结构和运行机制，以及执导这个社会运行的基本价值原则。

◆ 面对（人口）这样的一种荒原式的前景，或许还有人内心窃喜，这些人把国家的资源、工作机会作为一种存量资产看待，同时又持有一种极度自利的心态，秉持僧多粥少的分割逻辑，就像一个村里的老光棍一样，想在自己这一世耗竭所有的资源以极声色之好口腹之欲。

◆ 从根本上说，人是生产的目的，没有一定的人口基数，任何公共服务设施都无法维持运转，科技发展也会停滞，因为需求才是科技进步的主要动力。

◆ 从人口生态来说，40 年的强制计生，不可否认对汉族最为严苛，对汉族的生育文化破坏也最为严重。对于这一点，聪明人都讳莫如深，如今笔者点出来，估计会被一些人贴上狭隘民族主义者的标签。民族是建构的共同体，以一个建构的共同体身份来对具体的人进行区别性对待，本身就违反基本的正义原则，当然强制计生本身就是对基本人权的剥夺，是不正义的。作为一位人权捍卫者，笔者当然不会遗憾对少数民族没有采取与汉族同等严苛的对待，但这个事实不能被选择性无视。

◆ 中国这个幅员辽阔的国家，随着汉族人口主体地位的下降甚至消失，未来少则五十年，多则一百年，东亚地缘政治版图将可能发生颠覆性变化。从小亚细亚一直向东，经中亚，一直到中国甘青宁，包括整个阿拉伯半岛，接近 2000 万平方公里的广袤土地上，高度盖然性会出现一个单一宗教主导的文化区域，当然这不是说它会以一个政治实体而存在。

◆ 在（计生）政策执行过程中，地方官员在作恶授权之下，为了拼"政绩"，在作恶方面卷出了天际，神州成了魑魅魍魉们展示他们邪恶创造力的舞台。

◆ 计划生育四十年，是人类历史上冠绝古今的社会实验。这场实验不仅淋漓尽致地彰显了权力对权利的蹂躏，造成了许多惨绝人寰的人间悲剧，而且其造成的人口断崖，人口生态和人口结构的巨变，性别比例的严重失调，会持久地影响中国，其造成的中国人口荒原式的前景，也足以证明这个体制虽然热衷计划，虽然对计划有着迷之自信，但实则它既不清醒，也天生缺乏自我调整能力。

◆ 如果对奥斯维辛不敢正视，犹太人就永远无法走出那场梦魇，如果不敢正视计生的旷世悲剧，国人就既无法获得自尊，也没能力走出对野蛮的迷恋。

我们也应该建立一座哭墙，上面雕刻上那些像猪仔一样被打掉的生命。

◆ 美国认为它可以让中国兴，也可以让中国衰，最佳地削弱中国经济的办法就是新建朋友圈，设置价值壁垒，把中国排斥出去，重新构建全球产业链，这个"脱钩"的过程不会一蹴而就，一是因为重构全球产业链需要时间，二是要为本国资本安全地撤出争取时间。

◆ 过去，中国房地产市场依靠单边上涨的趋势，魔法般地竟让背负着几十万甚至上百万的房奴们产生了已经跨进中产的幻觉。如今到处都是幻觉破灭的哀鸣。

探究房地产市场形成单边上涨趋势的原因并把它说出来，是一场头脑的冒险与苦涩之旅。它展示了一个攫取型体制在没有公民权利制约下无法自我克制最终把社会活力杀死的过程。

◆ 中国的房地产市场，之所以能形成单边上涨的趋势，是政府通过政策刻意塑造的。中国房地产市场有两项主要政策和一项辅助政策。在两项主要政策中，一是土地供应端控制，让土地供应保持稀缺状态；二是预售房制度，这项制度能极大降低企业的融资成本，从而降低了房产开发主体的准入门槛，理论上企业只要拿到土地就可以用购房者的钱来建房，进入房地产开发市场的主体数量越多，土地出让竞争就越激烈。政府的土地出让自然也有更高的收益。一项辅助政策就是限制开发商自主降价，这相当于由政府建立了行业托拉斯，防止竞争导致的房产价格下跌。所以，中国的房地产市场从来不是一个真正的市场。

◆ 截至 2023 年 8 月份，中国地方政府债务高达 94 万亿人民币。这是个令人咂舌的数字。理论上，地方政府需要为这些债务承担还本付息的责任，或者是担保责任。对地方政府的债务，如果不做逻辑的推演，似乎它就是一个单纯的债务问题，但实则它会造成一系列的衍生性效应。

◆ 地方财政捉襟见肘，就可能出现大幅消减地方公共服务支出的状况，比如教育、饮用水、公共交通等。公共服务支出的降低，就会倾向于降低安全运营的维护成本，这又可能造成重大责任事故，最近的北京地铁连环相撞事故，可能就是那只被看见的"蟑螂"。

◆ 地方政府积累起如此巨额的债务，实在是与政府主导的无效投资高度相关，主政一方的大员，几乎都是异地为官，异地为官连桑梓毁誉都无需顾忌，政治上又无须对下负责，在政绩冲动和个人利益激励之下，就会无心理负担的胡作非为，所以根本上它还是个政治问题。

◆ 中国 94 万亿的天量地方债务，在政府不进行大幅"瘦身"，经济没有根本好转的背景下，不仅还不上这笔债务，而且债务还会扩大。最终唯一的解决办法，就是无锚印钞由全民买单。

◆ 现在土地流转已经在全国铺开，如果秉持自愿原则，流转不是问题，土地早就应该作为市场要素参与流通了。但问题在于，农村很多中老年人并不愿意流转，虽然现在土地流转的价格在每亩 600-800 元左右，价格已经挺高了，但他们还是想自己种，自己种地，一则可以种点经济作物，即便种粮食，加上种粮补贴，收益还是要比流转出去更高一点；二则没了土地，就没法再低成本的养殖牲畜，因为没了青稞秸秆，三则生活成本显著上涨，就拿北方来说，原来可以用玉米瓤烧水做饭取暖，现在只能用天然气和煤；四则一旦农民把土地流转出去，粮食的价格也可能提高，每年人均 1000 多元的土地流转收入，能有多少购买力呢？

◆ 土地流转固然使得土地集约化程度提高，节省了劳动力，单位劳动力的生产率提高了，但是单位亩产却下降了。

◆ 笔者一直坚持认为农村土地流转，应该坚持权利优先而不是效率优先原则，真正尊重农民的流转意愿。

◆ 在外贸这匹驾辕的马越来越乏力时，政府很期待国内消费这匹马能多出点力，但效果一直不佳，何也？一是政府可能误解了老百姓的消费能力，二是老百姓即便手里有点钱，也不敢花。

从消费能力来说，中国人均负债 14 万，普遍是因贷款买房所致。可以说提前就透支了老百姓的消费能力。权力尝到了通过房价收割的好处，也必然会遭遇它的反噬。

◆ 中国的政策设计初衷，很直白的宣称是不养懒人的，而且无意创造一个有消费能力且敢于消费的中产群体。基于种种迹象，笔者不惮以最坏的恶意来推测居庙堂之上者，在他们心里应该有一个理想的社会图景：普通人为了交媾和延续自身的基因，要恋爱要结婚要买房，就得一直竞争一直忙碌，就像拉磨的驴，梗着脖子低着头，无暇顾及方向，然后任劳任怨一直干到死，而且一代接一代。

为了达成这种理想状态，几乎所有的政策都带有掠夺性，充斥着丛林习气。但是，这种过度收割，这种没有愿景的生活，已经深深地挫折了年轻人，也压抑了他们结婚生育的欲望。所以，我们看到了躺平，看到了不婚的草食者，听到了"我们是最后一代"于无声处的惊雷。

这个体制，正在遭遇反噬，为它处心积虑的掠夺，为它的缺失人性。当肉食者不想让国民像人一样好好活的时候，在认清了残酷的真相后，他们选择了非暴力的躺平。

◆ 再说医疗费，中国的公立医院，虽然是靠全体纳税人的钱建立起来的，但它们却会将没钱治病的人拒之门外，不预先交纳费用，即便是紧急的救命手术，医生也会把人当死狗一样晾起来，尽管它们一直对外声称不会见死不救。这在世界上几乎是绝无仅有的。

世界上有约 230 个国家和地区，其中免费医疗的约为 193 个，欧日韩，台湾地区都免费治疗，美国加拿大虽然实行医疗保险制度，但对于退休老人、穷人则是免费治疗。

◆ 单说这城镇居民的医保，三年疫情期间，浪费了巨额的医保费用于核酸检测和疫苗接种，导致医保报销范围大幅缩水，大多数进口药都不在报销范围内。这无形中极大的扩大了患者自己的负担。

◆ 在当下的历史背景下，那些在城市里露天宿营的人，一旦向政府部门求助，就可能遭遇劝返。所以，我们看到有很多失业人员睡在桥洞下、隧道里、屋檐下，即便挨冻挨饿，都不想去求助。

如果不能解除这些人的担忧，现有的救助管理办法就只是看上去还不错。未来，这些人员肯定在快速增加，如何救助他们，防止在寒冷的冬季出现意外，很能体现政府的服务能力。

■**正文：**

只有自由才能与这些令整个社会已经麻木的恶疾有效斗争，才能防止整个社会崩盘；只有自由才能使人们摆脱孤立；只有自由才能使人们相互团结、相互关心、相互沟通、相互合作；只有自由才能使人们摆脱对金钱的崇拜，从为个人琐事的烦恼中解脱出来，时刻感觉到民族利益高于一切，民族利益就在身边；只有自由才能以更崇高的、更有力的激情取代对物质安逸的追求，才能具有超越只追求财富的理想抱负；只有自由才能最终照亮前方，去发现和明辨人类的善恶。

——托克维尔《旧制度与大革命》

一、警世恒言

笔者不想危言耸听以沽名钓誉，但如果直面我国当前面临的问题，任何一个有基本认知的人都会承认，我们正面临一场全方位的社会危机：生育率断崖、经济萧条、灾难频仍、恶性案件高发，人心冷漠荒寒，公共道德溃败，权力乖张恣睢……。而且这场危机是结构性的，其结构性体现在它并非来自于外在的因素，而是内生于上层建筑的组织结构和运行机制，以及执导这个社会运行的基本价值原则。

那些外界不确定的因素，如大国关系恶化，从根本上说仍然是结构性危机的外在表现之一，即是结构性危机的症候而非原因。

要想解决这场危机，靠传统的拖字诀，只会让危机加重，最终变得不可收拾，结构性危机只能以结构性改革来化解。

说我们正面临一场全方位的社会危机，实则是留有余地的说法，在笔者心里，我们已经身处在这场危机之中，而且这场危机进展的速度令人惊讶，具体来说，这些危机体现在如下几方面。

（一）人口危机

我把人口危机放置在第一位讲，是因为它确实是第一位的危机。没有哪一个危机比它更严峻，比它造成的恶果更严重更持久。现代社会的价值观念，决定了将很难再出现人口大幅反弹的现象，中国历史上多次出现的人口大落之后还能大起的景象将一去不复返，如果能在某一刻止住快速下滑的趋势，人口再生产能恢复到自然更替的水准，就已经是殊为难得了。因此，这场人口危机造成的恶果也将是不可逆的。

最新数据，2023 年我国新生儿已经降到了 788 万。这个数据如果不横向比较，如果不对它进行演绎性的探究，一般人看不到它的严峻性。

中国人口出生率下降的速度，毫无疑问是世界奇迹。

我国人口出生率与出生人口数量走势

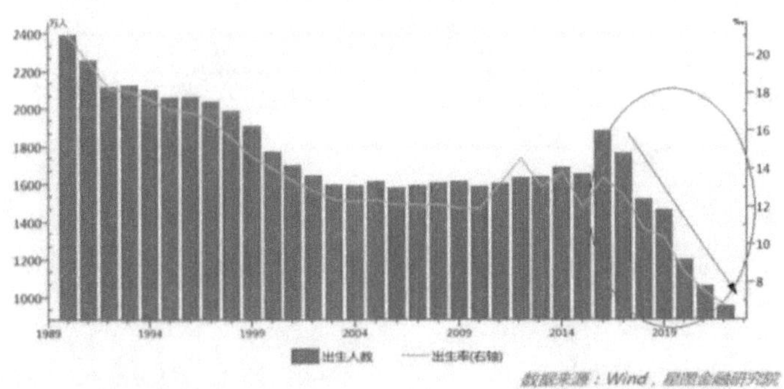

如果按照人均 73 岁的寿命计算，73 年后，理论上中国将只有 5.75 亿人，这还是以能维持年均 788 万新生儿来预测的数字，实际上人口是指数增长和指数降低的，而指数函数的特征是，增长或下降的速度都是越来越快。所以每年 788 万的新生儿数量根本维持不住，

如果不能矫正这种死亡螺旋的态势，73 年之后，我们的人口将会少到令世人惊讶的程度，在世界人口占比中将变得无足轻重，同时我们还伴随着高度的老龄化。整个国家会变成一个没有活力和生机的濒死型社会。

为了把这件事情的严峻性说清楚，笔者想提一下我老家的情况，因为我有足够的人脉了解其真实的情形。笔者老家是山东省阳信县，官方公布的 2023 年户籍总人口为 41.54 万，给出的人口自然增长率为 6.03‰，按这一增长率计算，2023 年全县生育了 2500 个新生儿。这数字已经够震撼了吧，但真实的数字是不足 2000，这个真实数字是县政府在内部面向中小学校校长透露的。如果按照人均 70 周岁寿命，70 年后阳信县总人口仅剩 14 万，是现在人口的三分之一。这还是以其能维持每年 2000 个新生儿计算，实则这个数字根本维持不住。再强调一遍，人口是指数增长和指数减少的。

由此也可以推想中国人口荒原式的前景。

对这样的一种荒原式的前景，或许还有人内心窃喜，这些人把国家的资源、工作机会作为一种存量资产看待，同时又持有一种极度自利的心态，秉持僧多粥少的分割逻辑，就像一个村里的老光棍一样，想在自己这一世耗竭所有的资源以极声色之好口腹之欲。这些人想当然的认为人少点对他更有利，以后更容易找工作，人均分得的资源更多，生活会更悠闲惬意。甚至会举出美国来论证自己的观点。这些人观点的轻佻与无知，与当初维系强制计生的那些政治高层，背书的专家教授如出一辙。对这些荒谬的观点，在这里我不做展开性的驳斥，只扼要的说几点。

（1）从根本上说，人是生产的目的，没有一定的人口基数，任何公共服务设施都无法维持运转，科技发展也会停滞，因为需求才是科技进步的主要动力。从短期看，人口断崖会导致幼儿园、小学合并，妇产科关门，从长远看，它影响所有行业。

（2）人是所有生产力要素中最重要的要素，是最重要的发展资源，没有之一。国家的自然资源依赖于人的开发和利用，工作机会依赖于人的创造。人口一旦崩溃，中国将失去发展的磐石。我们失去的将不是十年，而更可能是一甲子，是百年甚至更长。

（3）人口结构、人口生态与人口数量同等重要—如果不是更重要的话。从人口结构来说，85 后主流的家庭结构是"421"，一对夫妻，上有四个父母，下有一个独生子女。这是一个倒三角形的结构，典型的消耗型社会，极不稳定，潜藏失独的风险，也极度匮乏活力。这种结构在宏观上就表现为人口严重的老龄化。而且这种人口结构，年轻人需要赡养四个老人，有孝心的孩子必然会心力交瘁，更加不愿生育，生育率会进一步下降，形成恶性循环。

从人口生态来说，40 年的强制计生，不可否认对汉族最为严苛，对汉族的生育文化破坏也最为严重。对于这一点，聪明人都讳莫如深，如今笔者点出来，估计会被一些人贴上狭隘民族主义者的标签。民族是建构的共同体，以一个建构的共同体身份来对具体的人进行区别性对待，本身就违反基本的正义原则，当然强制计生本身就是对基本人权的剥夺，是不正义的。作为一位人权捍卫者，笔者当然不会遗憾对少数民族没有采取与汉族同等严苛的对待，但这个事实不能被选择性无视。

2005 年 1%抽样人口调查数据显示，在从 2000 到 2005 这五年间，中国汉族人口新增 2355 万人，增长了 2.03%，各少数民族人口增加了 1690 万，增长了 15.88%。2000 年人口普查显示汉族人口占总人口比例为 91.59%，2005 年汉族人口占总人口的 90.56%，以占总人口 90%以上的比例，增加的人口却只占总增加人数的 58%。这将意味着什么呢？不要静态的看待这一数字变化，汉族人口占比下降的趋势如同中国总人口的下降一样，不仅会持续而且会加速，因为它的下降也仍然符合指数下降的规律。

中国这个幅员辽阔的国家，随着汉族人口主体地位的下降甚至消失，未来少则五十年，多则一百年，东亚地缘政治版图将可能发生颠覆性变化。从小亚细亚一直向东，经中亚，一直到中国甘青宁，包括整个阿拉伯半岛，接近 2000 万平方公里的广袤土地上，高度盖然性会出现一个单一宗教主导的文化区域，当然这不是说它会以一个政治实体而存在。

发轫于 20 世纪 70 年代，从 80 年代末开始日趋严苛的强制计生，堪称人类历史上规模空前的人口控制实验。在政策执行过程中，地方官员在作恶授权之下，为了拼"政绩"，在作恶方面卷出了天际，神州成了魑魅魍魉们展示他们邪恶创造力的舞台，91 年山东冠县更是发起了"百日无孩运动"，百日之内整个县不准生一个孩子，想想那已经发育完全即将面世的胎儿，那即将临盆的孕妇。

一种思之骇然的残酷让人周身寒彻。

各地公仆们竞相撂更狠的话，做更绝的事。"一人超生，全村结扎""上吊给绳，喝药给瓶""宁断子绝孙，也要让党放心""引下来、流下来，就是不能生下来""打出来，堕出来、就是不能生出来""宁可血流成河，不能超生一个""一孩首选放环，二孩首选结扎""一胎生二胎刮""一胎上环，二胎结扎，超怀又引又扎，超生又扎又罚""谁要强行超生，谁就倾家荡产""该流不流，扒房牵牛""超生罚款你不缴，拘留所里见分晓""坚决打击躲生超生、躲过初一躲不过十五""今日逃避计生政策外出，明日回家一切财产全无""外出的叫回来，隐瞒的挖出来，计划外怀孕的坚决引下来，该扎的坚决拿下来""拒不放环、结扎和缴超生款的，砸！砸！砸""该环不环，该扎不扎，见了就抓""该扎不扎，关人作押，该流不流，拆房牵牛""谁超生叫谁倾家荡产，谁超生叫谁家破人亡"。

以上这些口号都有照片为证，不容抹杀。那些在乡镇医院被强制流产的足月胎儿，随意被丢进垃圾桶和公厕的粪坑里，就像一个个传了瘟疫还没死透的猪仔。

发起"百日无孩运动"的冠县县委书记曾昭起，转年 6 月就升任了聊城地委副书记，同年 12 月又转任菏泽地委副书记、菏泽地委副专员、行署党组副书记。此君仕途一路顺遂，在 2007 年退休后还担任了山东省关心下一代工作委员会办公室副主任，至今建在。

计划生育四十年，是人类历史上冠绝古今的社会实验。这场实验不仅淋漓尽致地彰显了权力对权利的蹂躏，造成了许多惨绝人寰的人间悲剧，而且其造成的人口断崖，人口生态和人口结构的巨变，性别比例的严重失调，会持久地影响中国，其造成的中国人口荒原式的前景，也足以证明这个体制虽然热衷计划，虽然对计划有着迷之自信，但实则它既不清醒，也天生缺乏自我调整能力。

造成如此严重的恶果，没有检讨，没有省思，也没有一个人为此负责。

在笔者看来，这场残酷的社会实验，是普通汉人的奥斯维辛。不能因为汉人人数众多，就漠视它的残酷残忍，这项社会实验能绵延四十年而不辍，有多个带着光环的世界机构和政府，出于不同的目的，间接推动了这一社会实验。

如果对奥斯维辛不敢正视，犹太人就永远无法走出那场梦魇，如果不敢正视计生的旷世悲剧，国人就既无法获得自尊，也没能力走出对野蛮的迷恋。

我们也应该建立一座哭墙，上面雕刻上那些像猪仔一样被打掉的生命。

（二）经济衰退

人口断崖式下跌尽管是第一位的危机，但它的后果是逐渐显现的，一开始只有有识之士才能意识到它的危害性，及至等到后知后觉者也感受到时，就已然经历了温水煮青蛙的心理调适期，也就逐渐放弃了改变的雄心和决心，最终糜烂以至于不可收拾。

但是经济危机不同，人们对它的感受，顶多有一两年的迟滞。现在的国人，普遍有一种开到荼靡花事了的感觉，就源于他们感受到了经济的衰退。这次的经济衰退，体现在如下几个方面：

1. 出口持续萎缩

推动中国经济的三驾马车，分别是外贸、内需和投资，但有人说中国经济实则只有一驾马车，那就是外贸。没有外贸，就没有世界工厂，没有世界工厂，庞大人口的内需就只会停留在纸面上，也就没有巨额的贸易顺差，因之，石油天然气铁矿石芯片高新技术设备等就无钱购买，中国的投资也会受制。

虽然这种说法可能有失偏颇，但外贸的重要性怎么强调都不过分。关于外贸的严峻形势，笔者不想以最近几年的数字来纵向比较，因为疫情三年情况特殊。在那三年里，中国的主要贸易对象因为 Lockdown 的原因，在一定时间内相比以前反而更依赖中国相对廉价的产品，因为中国的体制能够做到对社会进行极端严苛的管控，得以比其他国家更早复工复产，因此在疫情中前期，出口形势反而可能是最近几年最好的，但到了疫情的中后期，即在奥秘克容毒株流行过后，西方把弱毒的奥秘克容视为一次免疫的机会，率先恢复了正常的生产生活秩序，而我们却反其道而行之，执行起了最严格的动态清零政策。特别是上海疫情期间，中国作为全球供应链关键角色的地位凸显出来了，不过是以消极的方式。因为上海进出口被冻结，其生产的全球供应链中某些环节的产品无法出口，延宕了一些工业制品的生产。当时欧美和日本商会直接去信市政府，恳请放松管控，但市政府不为所动，再次彰显了中国的特立独行。

发起于 2018 年的中美贸易战只是处于暂时不再升级的状态，美国对中国既有的制裁措施并没有取消，甚至在科技领域补强了制裁，加之俄乌战争的爆发，HK 国安法的出台，以及台海和南海局势的紧张，中国与美国的关系从原来的贸易摩擦迅速上升为地缘政治和意识形态冲突。整个世界分成了亲乌与亲俄两个价值立场鲜明的阵营。我们从美国的战略竞争对手变成了它的战略敌人，美国对中国也已经不再满足于遏制而是削弱。削弱的最好方式不是和中国热战，而是以自己的超强军事实力威慑的同时，在经济上削弱你，在科技上遏制你。

美国认为它可以让中国兴，也可以让中国衰，最佳地削弱中国经济的办法就是新建朋友圈，设置价值壁垒，把中国排斥出去，重新构建全球产业链，这个"脱钩"的过程不会一蹴而就，一是因为重构全球产业链需要时间，二是要为本国资本安全地撤出争取时间。

整个西方世界都唯美国马首是瞻，没有哪个西方国家可以承担起与美国战略背道而驰的代价。所以整个西方世界都会跟进。因此这不是一场中美之间 1v1 的博弈。

这就是三年疫情后跨国企业产业转移的地缘政治大背景，从企业来说，地缘政治风险是不可承受之重。除此以外，中国刚性的清零政策也让它们看到了另一种不确定性，加之中国的"人口红利"也已不再，物流成本又很高，中国国内消费能力并无可持续性，欧美日政府又拿出真金白银鼓励自己国家的公司产业转移，这种种因素叠加在一起，跨国企业权衡自身利益，也在配合自己国家的战略。

以上就是中国出口持续萎缩的原因。这会导致什么后果呢？

2010 年，中国制造业产值就已经是世界第一了。如此规模的制造业产值，需要欧美日的主流市场不设壁垒才能消化。现在出口萎缩，国内消费不仅无法补偿出口下降的部分，反而也跟着下滑。大量出口企业和上下游企业经营困难，关门或裁员是必然伴随的现象。失业率居高不下必然又影响家庭的工资收入，在医疗支出和教育支出非但没有下降还在上涨的当下，在社会保障水准根本无法保障国民基本生活水准的当下，在 2022 年中国人均负债 14.2 万元的当下，人们怎么敢去消费，怎么有能力去消费？

以至于坊间流传一个令人心酸的笑话：在计生政策放开时，政府以为我们会报复性生育，在放弃清零政策后，政府以为我们会报复性消费，但人们却选择了放弃仇恨。

2. 房地产市场萧条

中国的房地产市场，不仅将中国人干瘪的钱包掏空了，而且透支了购房者未来二十年的财富。这种竭泽而渔式的收割政策现下终于开始遭到反噬了。

过去，中国房地产市场依靠单边上涨的趋势，魔法般地竟让背负着几十万甚至上百万的房奴们产生了已经跨进中产的幻觉。如今到处都是幻觉破灭的哀鸣。

探究房地产市场形成单边上涨趋势的原因并把它说出来，是一场头脑的冒险与苦涩之旅。它展示了一个攫取型体制在没有公民权利制约下无法自我克制最终把社会活力杀死的过程。

中国的房地产市场，之所以能形成单边上涨的趋势，是政府通过政策刻意塑造的。中国房地产市场有两项主要政策和一项辅助政策。在两项主要政策中，一是土地供应端控制，让土地供应保持稀缺状态；二是预售房制度，这项制度能极大降低企业的融资成本，从而降低了房产开发主体的准入门槛，理论上企业只要拿到土地就可以用购房者的钱来建房，进入房地产开发市场的主体数量越多，土地出让竞争就越激烈。政府的土地出让自然也有更高的收益。一项辅助政策就是限制开发商自主降价，这相当于由政府建立了行业托拉斯，防止竞争导致的房产价格下跌。所以，中国的房地产市场从来不是一个真正的市场。

政府时常在调控房价，其目的不是降低它的价格，而是有序涨价，每一次的限价调控，都会在市民心里投射房价还会大涨的心理预期。之所以要维持房价单边上涨的趋势，正如万达集团董事长王健林说的，一套房政府挣 50%，开发商挣 15%，银行挣 15%，房子价值 15%，个人投机客挣 5%。

正是这种单边上涨的预期，才让没有多少技术含量而且只有 70 年产权的房屋成了投资品，成了超发货币的蓄水池，反倒有了降低通胀的效果，真是始料未及。

截至 2022 年中国城镇住房大约有多少套呢？有人做过估算，算上小产权房、棚改安置房、商业公寓等，中国大约有 3.8-4.1 亿套之间。而截至 2022 年，中国城镇常住人口为 9.2 亿人。按照 2022 年的第七次人口普查分项数据，中国城市居民人均住宅面积为 36.52 平方米，而镇的人均住房面积为 42.29 平方米。单从人均看，已经达到了发达国家水平。

但是中国还有没有刚需呢？当然有，那些大学毕业的农村娃不可能再回到农村，当然想买房。在中国人口正大幅减少的当下，只要盘活投资者手里的空置房屋，加上因老龄人口死亡腾出来的二手房，足够解决刚需问题了。

随着人口断崖产生的恶果显现，房地产行业注定会成为夕阳产业。土地出让金自然也难以为继。根据《土地财政报告》，2020 年地方政府对土地财政的依赖度达到 55% 的高点。这也能解释为何这两年地方债务积累的越来越高，因为土地财政下滑幅度很大，为了弥补土地出让金的缺口，就不得不举债过日子。

最近恒大等头部房地产公司接连爆雷，不仅可能留下一堆烂尾楼盘，而且创造昔日房地产市场烈火烹油一般场景的投资性购房的博傻游戏也终结了。政府担忧房价大跌会导致大量"断供"从而危及金融安全，一直限制开发商降价销售，但这又让开发商无法及时回笼资金，加重了它们资金链的紧张。在房价被普遍预期下跌的背景下，真正刚需的人也会持币观望，或者对前景悲观不敢贷款买房，或者因为失业根本也无条件购买。整个房地产市场陷入有价无市的萧条境地也就不难理解了。

而且房地产的大跌，也让很多伪中产现了原形。过去，有不少人以为自己有两三套房子，一生的财务就有了基本保障，也有不少人通过加杠杆投资了几套房子，就以为自己已是妥妥的中产。房价大跌，才发现那些加杠杆购买的房子不是资产，更像是包袱。大量伪中产被打回原形，又成功地实现了让一部分人消费降级。

3. 地方政府债务高企

截至 2023 年 8 月份，中国地方政府债务高达 94 万亿人民币。这是个令人咂舌的数字。理论上，地方政府需要为这些债务承担还本付息的责任，或者是担保责任。

对地方政府的债务，如果不做逻辑的推演，似乎它就是一个单纯的债务问题，但实则它会造成一系列的衍生性效应。

　　试想一下，地方政府如果没钱了，会出现什么状况呢？2023 年 2 月河南商丘公交公司公告：受疫情冲击、国家新能源补贴政策调整等影响，公司经营困难，暂停运营商丘市区公交线路。2023 年 3 月贵州兴义市义龙新区停发了环卫工人的工资，结果环卫工人罢工，导致街上到处是垃圾，弥漫着恶臭。这就是最直观的后果展示。

　　如果地方政府不是一个公法人，而是一个市场的平等主体，那么从道理来讲，地方政府就该在维持基本工资之余先归还到期债务，剩下的钱才能用于其它支出，否则可以把你列入"失信名单"。为保持收支平衡，地方政府应该像经营企业一样量入为出。西方国家的地方政府，基本就是按照市场平等主体的运营思路，这就逼使政府裁减冗员降低行政支出，否则真的就可能破产。

　　那么，说道量入为出的"入"，地方政府的"入"包括哪几块呢？

　　地方政府的可支配收入来自于五块，一是归属地方财政的税收收入，二是土地出让金，三是中央转移支付，四是各种非税收入，五是发行地方债券。这五块收入中，只有非税收入在增加，非税收入主要是各种罚没、捐赠、国有资产转让出租的收入，公益性彩票的收益等，这类收入数额不大，也没有较大的增长空间，而且有的容易引起民怨。这五块收入肯定都会下降，其中尤以土地出让金下降最快，按照 2023 年财政部发布的前三季度收支状况数据，土地出让金收入为 30875 亿元，同比下降为 19.8%。而据中指院数据，1-9 月全国 300 城市土地出让金下降 26.4%，民生证券数据显示，甘、闽、鄂、鲁、湘、徽、陕、新这八个省级行政区土地出让金下滑超过 40%，考虑到各地土地财政占财政收入的比例一般在 40%以上，很容易就可以看出土地出让金如此规模的下降，必然让地方财政捉襟见肘。

　　地方财政捉襟见肘，就可能出现大幅消减地方公共服务支出的状况，比如教育、饮用水、公共交通等。公共服务支出的降低，就会倾向于降低安全运营的维护成本，这又可能造成重大责任事故，最近的北京地铁连环相撞事故，可能就是那只被看见的"蟑螂"。

　　说道降低安全运营和维护成本，企业相比于地方政府，那是犹有过之的，毕竟企业没有税收的支撑，没有中央政府兜底，经营不善就会倒闭或者重组。所以，在公司经营困难时，往往就会偷工减料，降低安全运营的维护成本。从而增大了重大责任事故的概率，12 月 3 日东航 MU721 事故，传出的照片不就是发动机叶片脱落吗。11 月 25 日山西 7 人被混凝土掩埋，12 月 20 日，鸡西煤矿发生斜井跑车事故导致 12 人死亡，12 月 23 日，淄博一化工厂爆炸。这类安全事故接连发生，背后真正的原因就是企业在安全运营的维护成本方面投入减少。

　　在笔者看来，地方政府积累起如此巨额的债务，实在是与政府主导的无效投资高度相关，主政一方的大员，几乎都是异地为官，异地为官连桑梓毁誉都无需顾忌，政治上又无须对下负责，在政绩冲动和个人利益激励之下，就会无心理负担的胡作非为，所以根本上它还是个政治问题。

　　2023 年 3 月落马的李再勇，在担任三年六盘水市委书记的任内，大搞政绩工程，使得当地新增债务 1500 亿元。六盘水市本是因三线建设而兴起的城市，煤炭钢材钢铁是其传统支柱产业，他甫一到任，就拍板要"换道超车"（与"腾笼换鸟"遥相呼应），全力发展旅游，要将六盘水市打造成百年领先的世界级旅游胜地，然后就是利用权力强行推进。最终建成一批无人问津的旅游景点，给六盘水市政府留下天量的债务。

　　李敢这么胡作，有动力这么胡作，是因为他知道捅出大篓子有中央政府兜着呢，是因为他明白只有大拆大建他才能中饱私囊。李这样的地方大员，在中国如过江之鲫，不可胜数。

　　中国 94 万亿的天量地方债务，在政府不进行大幅"瘦身"，经济没有根本好转的背景下，不仅还不上这笔债务，而且债务还会扩大。最终唯一的解决办法，就是无锚印钞由全民买单。

4. 外储和人民币汇率双下降

外汇储备的重要性毋需多言，进口高技术设备、能源、原材料、芯片、粮食，无一不需要外储。有人可能会咬着后槽牙说，以前没有外储，我们几千年也过来了，没有外储，大不了与友好国家以物易物。

以物易物，只是听上去很美，但是否可行？一是受制于地缘政治的影响，没几个国家愿意和你以物易物，二是不用美元欧元这些能自由兑换货币作为一般等价物，单单商品价格的确定就颇为麻烦，毕竟价格也是浮动的。

中国的外汇储备峰值出现在 2014 年 6 月，为 39932 亿美元，然后就逐年下降，现在约为 3 万亿美元，但这 3 万亿中，有相当大的一部分并非政府可完全自由支配，比如外资企业在华的直接投资，如果它们撤资或者转回利润，带走的也都是美元。再比如中企在境外融资所欠的债务，像恒大就欠了美国债权人 190 亿美元的到期债务，有人可能认为这部分债务不会消耗中国的外汇储备，实则不然。

像恒大这些企业在境外融到的美金，理想的情况是全部汇回了国内，如果是这样的话，那 3 万亿美元外汇储备中就包含了这部分钱，那政府能自主支配的外储自然要扣除这部分外债。

这还是一种理想的情形，真实的情况可能是，恒大这些企业在外融的美金并未汇回国内，它们把境外融资作为洗钱的方式，恒大可以对外宣称境外融资用于公司在境外拓展业务，然后再以各种方式把融到的美金洗入个人的腰包。这种情形，恒大融到的美金没有进入外汇储备，但在归还到期美债时，却要消耗外储。因为恒大在美国并没有多少资产，它融资时需要其它中资公司为其提供担保，一般是由四大国有商业银行来承担那这一角色，恒大以国内资产和在建项目向担保人作反担保。

恒大一旦不能到期还债，境外债权人会要求担保人承担担保责任，而担保资产本质上是来自于当初的外汇储备。担保人如果不想担保资产被贱价拍卖，那就只能老老实实地归还美金，这些美金都是外储的一部分。

当然，中国政府手中所持的美国国债，以及在世界各地的中资资产，如果安全并可随时抛售的话，这些也可以笼统的视为潜在的外汇储备。据美国财政部数据，截至 2023 年 8 月末，中国共持有美国国债 8054 亿美元，至于安全的中资资产，数目不详。

对中国来说，通过贸易顺差挣的外汇都是政府可以自主处分的储备，因为政府禁止民间自由持有外币，出口企业挣得的外汇都交给了政府，政府再按照汇率换算成人民币存入企业帐户。早期央行就是依靠锚定顺差来印钱的。因之，顺差太大对国家国民都未必是好事，特别当你的顺差是依靠出卖自然资源而获得的。另外，顺差意味着社会上流动的人民币在增多，国民手里的钱在贬值。不过相对于无锚印钞，这种贬值幅度就又不算什么了。

综上，扣除外资企业的直接投资和利润，扣除中资企业所借的外债，中国政府现在真正可自由支配的外汇还剩多少呢？

现在中国出口显著下滑，这也意味着外汇储备的活水在减少。外储减少，除了可能影响进口大宗商品外，也对人民币的稳定提出了挑战，截至 2023 年 2 月，中国广义货币总量 M2 已经达到了 273 万亿，按照 1 美元 7.3 元人民币汇率计算，相当于发行了 37 万亿美金。而按照中国统计局的数字，2023 年中国 GDP 约为 17.95 万亿美元，这一数字是否可信，相信每个人都有自己的判断。即便按照这一数字计算，如果人民币可自由兑换的话，其汇率在现有基础上会腰斩。这至少证明离岸人民币的票面价值远高于人民币的真实价值。只是因为它在国际上流通量小，可以通过抛售美元回购人民币来维持。这依托于充足的外储。在外储持续走低时，国际资本就有能力做空人民币的离岸汇率，而如果人民币汇率继续下跌，则国际资本会兑换成美元加速撤离中国，中国的外储会进一步减少，而维持人民币离岸汇率的难度将更大，这也会形成一个恶性循环。

（三）粮食安全与农民的经济困境

外储下降已成定局，这还是在限制公民兑换外汇额度，公民出境数量大幅减少的背景下，否则其下降幅度可能还要大。据 36Kr 报道，2023 年 1-6 月北京入境游人数为 40.79 万，不足 2019 年全年人数的 11%，上海为 124.15 万，仅为 2019 年全年人数的 13.8%。这是中国放开疫情管控的第一年，没有想象中的报复性来华旅游。背后的原因是值得深思的，毕竟入境旅游本也是外储的一支活水。

在外储减少的背景下，笔者希望中国的粮食安全不会出现问题。现在土地流转已经在全国铺开，如果秉持自愿原则，流转不是问题，土地早就应该作为市场要素参与流通了。但问题在于，农村很多中老年人并不愿意流转，虽然现在土地流转的价格在每亩 600-800 元左右，价格已经挺高了，但他们还是想自己种，自己种地，一则可以种点经济作物，即便种粮食，加上种粮补贴，收益还是要比流转出去更高一点；二则没了土地，就没法再低成本的养殖牲畜，因为没了青稞秸秆，三则生活成本显著上涨，就拿北方来说，原来可以用玉米瓢烧水做饭取暖，现在只能用天然气和煤；四则一旦农民把土地流转出去，粮食的价格也可能提高，每年人均 1000 多元的土地流转收入，能有多少购买力呢？

对农民来说，养殖牲畜才是他们维持生计的经济支柱。所以，土地流转对农民并不划算。现在的年轻农民因为成长在入世之后的经济高速发展期，还没有充分感受到经济萧条伴随的打工难问题，轻视土地价值，流行去县城买楼房，他们普遍是愿意流转的。但时下农村家庭仍然是传统的丈夫打工妻子留守的模式，其实在普及农业机械化的今天，留守妇女完全可以照料这些土地。未来打工机会越来越少，他们贷款在县城购置了房产，但县城却无法提供就业机会。如果在大城市找不到活干，回到县城就成为纯消费者，他们如何维持生计呢？如果土地不流转，在农村生活最起码能保持较低的生活成本。可是如今却不可能了，这群还没有遭受社会毒打的年轻农民，未来将何去何从？

　　另外，土地流转固然使得土地集约化程度提高，节省了劳动力，单位劳动力的生产率提高了，但是单位亩产却下降了。

　　土地在流转后经营状况如何？笔者没有作过大范围调查，但从笔者老家周围的情况看，经营效果普遍不佳。庆云县上堂镇西廊坞村东北角那片耕地，已经流转了多年，种过甜瓜苞菜胡萝卜等，但无一例外都烂在了地里。而上堂镇李家村和姚千村流转的一大片土地则种的高粱，据说用来酿酒，产量看上去还行，但相比自耕农，单位亩产至少低四分之一。

　　因为土地流转的价格不菲，如果种粮食没碰上个好年景，恐怕也就没什么利润，所以流转的土地普遍种植经济作物，这无形中让粮食产量大为减少。在外储减少的当下，对中国的粮食安全也提出了一定的挑战。

　　这些小农场主对经营农业并不上心，他们赚的实际是农业补贴的钱。另外，笔者相信在所有行业都在金融化的当下，他们肯定也在用流转的土地抵押融资，未来随着经济的持续恶化，拿着融资的钱跑路会频繁地出现。

　　笔者基于老家周边的经验，深知很多流转没有遵从自愿原则，加之又清楚从自耕农到小农场主的生产方式改变，单位亩产的降低具有普遍性，而土地流转后空出的劳动力并未消化。今年多地报出的村民像流民一样去"捡拾"庄稼的壮观场面，其实就是流转后的普遍现象。特别是中老年妇女，在土地边虎视眈眈，只要收割机器过了一遍，就蜂拥而入，当然伴随着小农场主的骂声。未来随着打工收入的减少，在收获季这种景象肯定会愈发严重。

　　正因为以上这些原因，笔者一直坚持认为农村土地流转，应该坚持权利优先而不是效率优先原则，真正尊重农民的流转意愿，笔者在十多年前就曾写过一篇文章《第三次土地改革：防止强制流转损害村民利益》，主张土地流转，应该秉持权利优先而非效率优先的原则。而且笔者以为当今世界有美国和日本两种农业经营模式，美国是机械化大农场经营，单位劳动力的生产率很高，日本是小农生产，精细化种植，使用小农机械，虽然单位劳动力生产率不高，但单位亩产却很高。

中国人多地少的局面，类似于日本。日本对中国镜鉴意义更大。在工业和信息化时代，除了大农场主，农业要想维持，都需要补贴，世界各国都有过农业补贴工业的阶段，中国尤甚，49 年建政后为了推进工业化，长期坚持农业和工业产品价格的"剪刀差"局面，如今到了工业反哺农业的时代了。

另外，耕地从来就是稀缺的资源，为了体现它的稀缺性，在现体制下如果不能土地私有的话，确立土地永久使用权也很有必要，这会鼓励农民在自家农田进行基础设施建设，提高土地利用效率。在土地永久确权后，再搞自愿流转改革，也才能真正让农民分享到土地的流转收益，提高农民的消费能力。

（四）社保和医保缺失

在外贸这匹驾辕的马越来越乏力时，政府很期待国内消费这匹马能多出点力，但效果一直不佳，何也？一是政府可能误解了老百姓的消费能力，二是老百姓即便手里有点钱，也不敢花。

从消费能力来说，中国人均负债 14 万，普遍是因贷款买房所致。可以说提前就透支了老百姓的消费能力。权力尝到了通过房价收割的好处，也必然会遭遇它的反噬。

另外，除了那些实现了财务自由的处于金字塔顶端的少数人，国人手里有点钱的恐怕也不敢花。这是因为现有的社会保障水平很低，人一旦失业，很容易滑入社会底层。

虽然城市有最低生活保障，但也少得可怜，而且申请条件很苛刻，即便是首善之区的北京，2022 年 7 月最低生活保障才调整为 1395 元，这之前仅仅为 1320 元。而且不要忘记，低保名义上是针对个体来申请的，实则是以家庭为单位，一个家庭同时有两人吃低保的很少。在北京，1395 元对一个家庭来说，恐怕也就吃的起馒头和咸菜。

至于农村，虽然也有低保户五保户，但户数很少，补贴数额也了了，也就仅够维持基本生活。

那些没有吃低保的人，很多人的经济状况更差，处于赤贫状态的人大有人在。据中金公司数据，月收入不足 1000 元的，中国人有 6 亿。无论这些人是否有医疗保险，一旦生了大病，几乎立即就处于困境中。农村老人，凡是能维持基本生活水准的，几乎都依赖于子女的贴补，其子女一旦失业或者经济恶化，这些老人立即会陷入困境。

以上这些人，是无法归类于手里有点钱的人之中的，可以把他们从消费群体中剔除。即便手里真有点钱的人，肯定也会把钱存起来，以备不时之需。

中国的政策设计初衷，很直白的宣称是不养懒人的，而且无意创造一个有消费能力且敢于消费的中产群体。基于种种迹象，笔者不惮以最坏的恶意来推测居庙堂之上者，在他们心里应该有一个理想的社会图景：普通人为了交媾和延续自身的基因，要恋爱要结婚要买房，就得一直竞争一直忙碌，就像拉磨的驴，梗着脖子低着头，无暇顾及方向，然后任劳任怨一直干到死，而且一代接一代。

为了达成这种理想状态，几乎所有的政策都带有掠夺性，充斥着丛林习气。但是，这种过度收割，这种没有愿景的生活，已经深深地挫折了年轻人，也压抑了他们结婚生育的欲望。所以，我们看到了躺平，看到了不婚的草食者，听到了"我们是最后一代"于无声处的惊雷。

这个体制，正在遭遇反噬，为它处心积虑的掠夺，为它的缺失人性。当肉食者不想让国民像人一样好好活的时候，在认清了残酷的真相后，他们选择了非暴力的躺平。

再说医疗费，中国的公立医院，虽然是靠全体纳税人的钱建立起来的，但它们却会将没钱治病的人拒之门外，不预先交纳费用，即便是紧急的救命手术，医生也会把人当死狗一样晾起来，尽管它们一直对外声称不会见死不救。这在世界上几乎是绝无仅有的。

世界上有约 230 个国家和地区，其中免费医疗的约为 193 个，欧日韩，台湾地区都免费治疗，美国加拿大虽然实行医疗保险制度，但对于退休老人、穷人则是免费治疗。

金砖五国中除中国以外也都实行免费治疗。我们显得非常另类，我们号称是医疗保险制度，却没有美国加拿大的对穷人的免费治疗作补充，完全是一种丛林状态，生死由命富贵在天。

单说这城镇居民的医保，三年疫情期间，浪费了巨额的医保费用于核酸检测和疫苗接种，导致医保报销范围大幅缩水，大多数进口药都不在报销范围内。这无形中极大的扩大了患者自己的负担。

至于农民新农合，现在停止交纳的农民越来越多。2024 年，全国新农合缴费标准为每人每年 380-406 元之间，相比 2003 年最初的 10 元，已经提高了 3700%-3960%，而且现在报销的药物范围反倒不如以前. 很多进口药物都已经移出了报销目录。380-406 元对城市工作人员来说，这数额不大，但对于农民来说，这是半亩地的一年收入，而农民平均有 2 亩地的已经算不少了。为未来或许会生的病，让农民交纳半亩地的收入，他们会肉疼。

现在的报销范围，也让新农合制度建构的初衷打了折扣，新农合目的是防止因大病返贫，早期确实起了一定作用，但现在一场大病，已经无法阻止返贫了。一台手术，自己花费上万很普遍。

加入新农合后，理论上农民可以打折买一些常备药的，结果发现药物价格提高了很多，这跟给农民农业补贴一个道理，表面上给你补贴一两百元，但化肥农药的价格却提高了，反而种地成本更高了。

一旦农民新农合停止交纳，农民一旦得了大病，那百分百会落到赤贫地步，甚至只能等死。

（五）社会救助制度令人担忧

因孙志刚被收容致死案引起社会舆论一边倒的谴责，在 2003 年国务院废止了《城市流浪人乞讨收容遣送办法》，代之以《城市生活无着的流浪乞讨人员救助管理办法》，这无疑是个进步。在城市流浪乞讨本来就是公民的自由，所谓影响市容，与个体的自由和谋生的基本权利相比，后者无疑应当是优先的。

笔者相信只要在城市生活无着的人向居委会提出救助要求，在现阶段应该能获得政府短期的救助。但是笔者认为真正需要救助的，可能因各种原因而不愿求助。

2017 年北京就搞过驱逐低端人口的行动，在凛冬时节让很多打工者无家可归，不得不仓皇逃离首善之区。现在政府工作机会显著减少，失业人口大增，这些人口聚集在城市，当然对城市管理是个挑战，如果这些毕业即失业的农村出来的大学生，在城市谋生的农民工能回到农村去，眼不见为净当然是最好的。所以，就鼓励知识青年和农民工回乡创业。

在当下的历史背景下，那些在城市里露天宿营的人，一旦向政府部门求助，就可能遭遇劝返。所以，我们看到有很多失业人员睡在桥洞下、隧道里、屋檐下，即便挨冻挨饿，都不想去求助。

如果不能解除这些人的担忧，现有的救助管理办法就只是看上去还不错。未来，这些人员肯定在快速增加，如何救助他们，防止在寒冷的冬季出现意外，很能体现政府的服务能力。

另外，现代的年轻人，脸皮更薄，性格更腼腆，更封闭自己，遇到难处更不愿意向别人求助。已经发生过饿死人的事件了，虽然是个案，但毕竟已经发生了。国人对于向他人和政府求助，认为是个丢脸的事情，这种观念需要改变。

（六）科技危机

按：科技水平是衡量一国竞争力高低的重要指标，但科技创新能力的基石却是自由和法治。自由保障科研人员能产生新想法，敢于质疑和挑战权威，法治保障创新者的合法收益。

最近十年，中国大陆投入大量资源，确实集中突破了一些所谓的"卡脖子"技术，美国认为大陆对它已经形成了全方位的挑战，其中就包括科技。特别在 2024 年 9 月试射东风 31A 洲际导弹后，按爱国青年的说法，为了防止美国误判，大陆"不再隐藏实力了"，画面就开始戏剧性地反转了，五代机、六代机、机器人、Deepseek 等都接连亮相。中国的科技一夜之间已是翻然翱翔、不可复制的状态了。西方此时也很配合地开始集体追捧中国的科创能力了，连一项矜持的 BBC 都开始狂吹。一时间，在西方人的忧患意识与东大有意识的宣传联袂操作之下，一个东大科技突飞猛进，未来要主导世界科技的神话诞生了。

可惜它只是一个神话。

不吹不黑，基于我个人的判断，中国大陆的科技水准，整体上还明显落后于西方，但在某些领域正迎头赶上。单从科技原创能力来说，则更明显不如民主政体下的国家（地区）表现的好。韩国和台湾地区，其科技水准在 20 世纪 80 年代，相对于大陆并无明显优势，但后来逐渐拉开了和大陆的距离，在某些高科技领域世界领先，它们也在 21 世纪第一个十年波澜不惊的进入了发达国家（地区）行列。

而形成对照的是大陆的科技发展一直裹足不前，在入世时大陆就是一个组装工厂，基本上没有自己的技术。加入世贸后，因为大陆的低人权优势，使得用工成本、用地成本、环境污染成本和资源成本都很低，这促进了全球产业链向中国的转移，这期间中国真正的亮点是民营企业通过代工开始成长起来。

笔者可以大胆的说一个结论：如果没有民营企业在夹缝中的成长，大陆将一直维持装配车间的地位。

姥姥不疼舅舅不爱的民营企业，没有政府财政托底，想在一片红海中杀出一条血路，只能苦练内功，早期它们卷成本，后期又不得不在卷成本的同时卷技术。没有民企卷技术，就不会出现中国制造的质量迭代。20 年前中国制造就是粗制滥造的代名词，如今已经不可同日而语。

毫不夸张地说，民企卷技术卷起了一场龙卷风，国企都被它裹挟了起来。国企本来是靠行业垄断生存的，但随着入世时间的延长，大陆也面临国际社会越来越大的要求开放更多领域的压力，原属于国企垄断经营的领域不得不开放，国企也要直面跨国企业和民企的蚕食竞争。国有企业也只能跟着卷技术卷成本，这间接也促进了国企的科技发展。

一个明明还处于技术追赶状态的国家，为何呈现出一种技术超越的状态呢？个人以为有如下几个原因，一是大陆数字技术得到了广泛应用，因为国民的隐私权意识薄弱，所以在电子商务、电子支付方面都走到了前列；二是因为技术的内卷，不仅能生产琳琅满目的产品，而且产品还不断添加各种功能 buff，让产品方便智能；三是在高铁、地铁等日常出行方面，大陆也明显比西方国家更便捷，候车室、站台等也更舒适，这都给人一种现代化的感受，当然因为不计成本的投入自然也提升了技术水准；四是在需要投入巨资的科研领域，比如新武器研发、可控核聚变、空间站、登月计划、深空探索、超级高铁、综合极端条件实验装置等领域，除了中美两国，没有国家有财力单独搞这些技术，而这些技术又很吸引眼球；五是因为美国的技术钳制，逼迫大陆集中进行技术攻关，突破了一些"卡脖子"技术，给世人一种美国已经压制不住的观感。

中国堆积起来的这些"现代感"，在技术上并没有多少原创性，也并不先进，只是将技术更广泛的应用了。而这狂飙突进应用的背后隐藏着国民权利的贫困，掩盖着国民普遍的低福利状态，掩饰了很多权利受损者的无奈和血泪。

中国的优势不是科学创新能力，而是跟踪和仿制能力，当然这也是很重要的一种能力，一般发展中国家并不具备。这种超强的跟踪和逆向仿制能力，得益于两点，一是大陆培养了大量工程技术人才，二是大陆具有非常完整的产业链，这非常完整的产业链，主体是由民营企业打造的，比如航母舰载机的拦阻索，有强军事用途的碳纤维材料，民营企业出于商业竞争的目的早就攻克了技术难关。

一种工业制成品的生产工艺，大陆一旦实现零的突破，各个厂家就开始了内卷，卷成本，也小步快走地卷技术，依托大陆完整的产业链，加上低廉的人工成本（如果考虑到 996 制度和较高的劳动生产效率，大陆的用工成本仍然属于最低等级之列），产品在性价比方面就很有优势，再加上政府的出口补贴，产品有很强的竞争力。

科技方面的跟踪和仿制能力，完整的产业链，听话的产业工人，民企内卷出来的高性价比产品，这才是大陆真正的优势所在。

大陆相对于前苏联，之所以经济上能保持其活力，根源在于允许民营企业的存在。

笔者这篇文章是 2023 年写的，对大陆的科研体制进行了相当负面的评价，对高性能机床等方面的科技突破进行了较为悲观的预期。这负面的评价主要是从科技原创角度谈的，谈的也主要是纵向经费的产出与投入比效能低的问题，大学和研究所生产了大量垃圾论文和专利。

但作为一个超大型的国家，政府每年又投入了巨资进行研发，科研成果产出投入比再低，也总能出现一些有价值的科研成果，加上民企在研发上的内卷鞭策效应，相较于西方，中国的科技水准不会被落下很大。

我对大陆科研体制的问题诊断，在西方政客和媒体都开始大肆"中吹"的今天，我仍然认为是成立的，是能站住脚的。

于 2025 年 7 月 5 日

■正文：

中美关系失速下坠，给中国科技的发展投下浓重的阴影。有人说不怕，我们已经是科技大国，从两个指标可以得到印证，一是 SCI 论文的数量，二是专利的数量。

我把涉及这两个指标的"喜人"信息贴上来，让一些人高兴一下：在 2018-2022 年间，中国 SCI 论文发表数量世界第一；截至 2023 年底，我国（不含港澳台）有效发明专利的总量超过 401.5 万件，成为世界上首个有效专利总量突破 400 万件的国家。

是不是很惊艳？

但为何与科研领域沾边的人都知道中国科技仍然落后呢？是忧

患意识或者崇洋媚外导致的认知偏差还是一种客观的现实呢？以笔者有限的视野看，它是对客观现实的陈述。

发表了这么多 SCI 论文，申请了这么多专利，科技怎么还是落后的呢？要想讲清楚这个问题，首先需要明白一点，科技这个词虽然容易被并称，但实则应该作出区分。人们常说科学无国界，而一般不会说技术无国界。科学成果，一般被称为科学发现，以拓展人类对自然的认识为目标，比如学者发现了某种物理、化学、生物学的新现象，或者阐明了某些现象的原理、机制等，他会公开发表文章，全世界的人都可以跟踪。而技术则不然，它有商业价值或者军事价值，它既可以申请专利，也可以对自己的技术严格保密。

中国在科学方面虽然鲜有重大创新性的成果，但可以维持不掉队的状态，只要科研经费能得到保障，科研院所能配备地起昂贵的进口仪器设备，跟踪科学前沿问题不大，但从技术方面来说，中国就落后太多了。

人们都看到了芯片对于一个国家制造业，对于新工业革命的重要性，但芯片的背后是精密机床和高纯度的化工材料，而精密机床的制造又依赖高性能的金属或陶瓷材料与高精密加工技术，而在以上诸方面，中国不仅与欧美日有很大差距，甚至在很多领域不如韩国和台湾地区。

为了说明这种差距，笔者就以高压液相色谱仪为例，该仪器是一种很普通的痕量分离与分析设备，在化工、医药、农业、环境等领域应用很广。该设备从上世纪 70 年代就出现了，其内部结构也没有任何秘密可言，但中国至今都没有完成进口替代，即便最近几年开始见到国产品牌的仪器了，但核心的泵和检测器仍然依赖进口。因为国产泵的气密性、耐摩擦性，国产检测器的光栅刻制精度都无法达标。

还有一个让爱国青年无法接受的信息：生命科学研究使用的高纯度生物制剂，几乎都依赖进口。学者如想发表 SCI 文章，是不能选择国产生物制剂的，因为国外高层级的杂志不接收。

所谓的世界工厂真就只是一个组装工厂而已，而且还是一个订单越来越少的组装工厂。

如果横向考察一下世界各国技术的进步，你会发现中国在高技术方面的进步乏善可陈。日本，从模仿到创新，到最后成为技术领先者，仅仅用了三十年，韩国，甚至台湾地区也大约如此。而中国似乎一直在低位徘徊，尤其在最基础的精密制造方面。有人骄傲地宣称我们建立了最完整的工业门类，有资格"内循环"，首先笔者不知道中国是否当得起"最完整"这三个字，事实上美国、日本也都有完整的工业体系。

关于完整的工业体系，我就歪楼多说两句。爱国青年谈起完整的工业体系，就是一种单线的战争思维，但战争毕竟不是常态，要想让工业长期存续，必须禁得起市场的检验，回归到参与国际竞争，以比较优势来赚取利润的方向，长远看甚至军工行业都应如此。君不见苏联曾经也自称有"最完整"的工业门类，而今安在哉？苏联工业的失败就在于是围绕着战争来建立工业体系，生产的"傻大笨粗"的产品在民用消费领域毫无竞争力。

回到正题，为什们我们的精密制造一直无法突破？

回想一下晚清的洋务运动，还早于日本明治维新，但为何我们的科技水平一直落后于日本？笔者认为，洋务运动时的落后源于古代体制与近代体制的代差，科学落地生根的环境需要祛魅了的近现代体制才能提供。而现今中国的落后，则在于没有建构起一套筛选和奖励真正学人与成果的机制，没有这套机制，就没有建立起内生性的科技发展环境，纵然偶有成果，也只会是零零碎碎的，就跟中国古代数学一样。而这样的机制，根本上又依赖于自由的制度与法治的环境。

这里说的自由，不能仅仅狭隘地理解成学术自由，而是一套尊重公民权利与自由的制度体系。有的国家以为在维持压迫性的体制同时，通过给予科研人员某些超国民的"自由"就能激励他们追赶发达国家的同行，也是一种注定失败的幻想，因为权力给予的那不是自由，而是特权，自由是从小培养的一种生活方式，它内在的就与特权不兼容。

随着中美脱钩越来越向纵深发展，欧日韩等迟早都会跟进。因为它们作为美国的盟友，必然协调对中战略，它们也承担不起与美国外交战略背道而驰的代价。

从利玛窦以来，中国一直是科技输入国。没有外面技术的输入，加之国内没有建立起内生性的科技发展机制。中国可能会输掉以 AI 和机器人为代表的新一轮技术革命，因为没有高质量的芯片，一切成空。

华人数学家张益唐说"宁可在美国端盘子也不会回国当教授"，北大数学天才徐晨阳回国待了六年就又返回了美国，物理天才尹希说"美国再乱我也不会回国，这里比国内强"，另一个有诺奖级成果的物理天才曹原也曾短暂回国效力，但很快也去美。几乎在美国各科技领域，都活跃着一大批华人技术大牛。

正常的一个人，在母语环境下生活会感觉更自在，所以人一般会有去国怀乡之感，如果能提供同等的自由学术环境，我想大多数人都会选择在母语下生活。而这种自由的学术环境，并不只是科研领域本身就足够完备的，它需要整个制度体系来提供。让人自由自在舒心，让人觉得只要专心搞科研，就可以"高尚其实不事王侯"。

（七）中国的外交困境

中美之间关系越来越恶化，的确也有大国竞争的因素，但不是主要的，也不必然会陷入所谓修昔底德陷阱。正如我在前面已经说过的，从根本上说，中国与大国关系的恶化仍然是结构性危机的外在表现之一，笔者在《美国对盟友的"羁縻"力与"王道型"霸权》一文中，写过如下一段文字，我把它摘录于此。

"笔者以为，无论中国未来是什么样的体制，中国都不可能成长为像美国那种国际政治主导型的国家。中国的地缘政治条件，资源禀赋，世界政治的既有格局，东亚阴柔文化的特征，决定了中国在国际政治中的上限。我们对自己的定位应该理性清醒。

从国家利益计，在国际政治中，中国应当扮演一个对美协调的角色，秉持助善不助恶的原则，在美国不正义时批评但不杯葛它，在美国主持正义时协助它。中国最要紧的是把体制理顺，将体制真正奠基于人民主权的原则之下，然后专注于解决国内问题，固本培元休养生息，做一个独立自主，不恃强凌弱，坚持睦邻友好同时又具备正义品格的国家，所谓的正义品格首要的就是尊重人权保障自由。这样的中国，成为发达国家是顺理成章的事，这样的中国，没有哪个国家有能力遏制，也没有哪个国家有足够的意志来遏制。"

地缘竞争格局并非一成不变，政治领袖完全可以积极主动的塑造，塑造有利于自己国家发展的外部环境。

这是我对中美竞争总体的判断，大国之间并不一定冲突，也更非一定零和博弈，孟子说唯智者方能以小事大，同理，唯智者方能以弱事强。这里的"事"字解释为周旋。所以明智地应对完全可以化解中美冲突，但现实却让人很感忧虑。

任谁都能看到，时下美国朝野已经达成共识：中国（PRC）是美国的战略敌人。凡不利于中国的议案，众参两院几乎都以绝对多数通过，甚至反对票都难觅了，无论是涉及台港疆藏，还是关于贸易脱钩和高技术制裁，都是如此。

如果时下还有人幻想可以凭着摆出几个友好的姿态，说几句温和谦卑的话语，就能扭转双方关系螺旋坠落的趋势，那是太不了解美国这个国家了。美国这个国家，在自身奠基伊始时，罗马是主要的镜鉴对象，在主导国际政治时，它的行为方式也很罗马。

当然现在不再是叫嚣"迦太基必须毁灭"那个时代了，美国的战略目标也不再是摧毁你，而是削弱你。因此双方的冲突烈度料必会被管控在一定的幅度内。但罗马式的冷酷理性，集中所有可支配力量不达目的誓不罢休的精神气质没有改变。

美国依托超强的经济实力，无可匹敌游弋在各大洋的航母与核潜艇，首屈一指的国内消费市场，独居云端的高科技研发能力，美元作为世界硬通货的地位，领袖群伦的地缘政治主导者角色，正在有条不紊地团结盟友，强化盟友之间的协同，对中国进行地缘政治的围堵、贸易的脱钩和高科技的禁运。

而且美国不仅有绝对的实力，还有使用实力的意志，当它摆出不惧战争的姿态时，它就真的在步步为营地为可能的战争做准备，而不是像某些国家一样只是做做样子给国民看。这种尚武冒险的精神，从西方文明的摇篮时期就奠定了。古希腊对整个地中海世界的殖民迅速且成功，西方的原典《伊利亚特》描写的不就是希腊英雄对近东的征服？另一原典《奥德赛》描写的不就是智勇双全的奥德修斯一路劫掠满载而归的故事？希腊世界的英雄，如赫拉克勒斯、阿喀琉斯、埃涅阿斯等，无一例外的骁勇善战且心狠手辣，迥异于我们东方文学中阴柔善良的主角。

更不用谈公元前就征服已知世界的罗马，加上还有希伯来宗教的加持，给西方又注入一份严肃质朴超越排它的精神气质。英国一个岛国就可以成为日不落帝国，而美国恰好就传承着盎格鲁撒克逊人的衣钵。

当然美国最令他国畏惧，同时又让世人相信在战争中它能保持基本理性，会遵循现代战争规则的，则是它的民主制度。

它国之所以畏惧，因为它们知道民主制度保障了美国的国家利益与国民利益是真正一体的。一旦战争发生，战争动员会很彻底，国家会很容易形成同仇敌忾的氛围，而不会出现八国联军攻紫禁城时"老百姓袖手旁观甚至扶梯送弹药"的末世景象。

而偏偏世人又相信美国能理性行事，能遵循现代的战争伦理，尽量减少对普通百姓的伤亡，因为这一新的战争伦理就是美国一直倡导的。随着定向能武器逐渐主导战场，也让这一新的战争伦理变得可行。这一新的战争伦理非但没有削弱美国的战争能力，反而客观上起到了对敌对国战争意志瓦解的效果。

而且美国凭借对盟友超强的"羁縻"力，会以团队的力量对付它的对手。美国对盟友的"羁縻"，刚柔并济。既能掌控盟友的战略方向，又不会刺激盟友的民族情绪。关于美国对盟友的超强"羁縻"能力，一两句话无法说透，如果铺陈在这里，会让本文显得像肢端肥大症患者，笔者专门就此写了一篇 4000 多字的文章，内容详见《美国对盟友的"羁縻"力与"王道型"霸权》。

中国被这样的国家锁定为敌人，未来的腾挪空间堪忧。

一旦锁定了战略敌人，并确定了战略目标，美国会很理性冷酷地完成它，它会让所有心存幻想的敌人付出惨痛代价。这种像执行机器指令一样的能力，由两方面决定的，一是民主体制的民意整合过程本身就是战斗动员的过程，二是西方人的文明底色，是希腊文化、罗马法和希伯来宗教精神，骨子里是一种非常阳刚、排他又注重理性的文化。

美国是地缘战略主导型的超级强权，其战略目标的设定是自主的，几乎不受其它国家的影响，美国又是民主政体，党争之下的意见纷纭是常态。这就会让美国在面临地缘政治挑战时，会呈现出某种"钝感"，看上去不容易形成社会共识，实际这是一种从容的大国心态，保证美国足够冷静理性，也让它有适度的韧性和灵活性。一旦朝野达成共识，选中了战略敌人，它就会冷酷地深思熟虑地执行下去。美国形成共识的过程就是美国综合国力聚焦的过程，积累起针对敌人的超级势能和动能，政治高层都很难矫正方向。

而专制政权本质上是无共识的社会，只有领导意志才是真实的，至于国民的意见，既是被塑造的，也是被抑制的。政治高层与基层处于互不信任的离心状态，专制国家虽然动不动就声称全国人民如何如何，实则完全是沙化的。所以专制国家与民主国家竞争，一旦上升为两个国家战略层面的竞争，专制国家根本没有胜算。毕竟，几个寡头精英的智力资源与统合起来的整个国家的智力资源相比，前者可以轻易被碾压。

从文化角度来说，东方阴柔感性的文化与西方理性阳刚的文化碰撞时，也会面临传统小说中"雌雄剑"的困境。面对挑战，西方人是工程师思维，既然是敌人就战而胜之，如果有困难，就把困难分解，然后理性的设计应对解决之策。在战斗时不会跟你讲温良恭俭让。这是东方文明所缺乏的，有人说日本文化是物哀的文化，其实整个东方文明皆有这个特征，文学高度发达，人多愁善感，感性而脆弱。

应该庆幸，两次世界大战尸骨遍野让人心有余悸，加上人类进入核武时代，战争一般不再是国家竞争的选择。

在中美竞争中美国要达成目标，主要依托两点，一是脱钩，重建朋友圈，以价值壁垒将中国排除在外，二是对盟友施加压力，强化对中国的科技制裁，即所谓卡脖子。

随着中美脱钩越来越向纵深发展，欧日韩等迟早都会跟进。因为它们作为美国的盟友，必然协调对中战略，它们也承担不起与美国外交战略背道而驰的代价。所以中美之间不是一场 1vs1 的较量，而是一场群殴，中国幻想中的盟友俄罗斯，其种族主义和大国沙文主义两种病症都非常严重，更擅长的是对中国落井下石背后捅刀。

欧美日完成与中国的脱钩或许尚需时日，但总体趋势已经形成。未来可能只有那些高耗能高污染的企业能长期参与全球产业链，这是欧美日出于国家利益允许你生存的行业，但即便如此，欧美也仍然会频繁祭起反补贴反倾销的大棒，对这些企业进行敲打，挤压你的利润空间。欧美已经形成了一整套成熟的操作模式。

问题在于欧美的指控属实，政府确实在补贴这些企业，中国并非着眼于以市场化的方式，在全要素流通的市场上来赚取利润。为了出口，它不计环境污染的代价，它压低国内资源的价格，它通过纳税人的钱来补贴这些企业，以维持相对于其它国家同类产品的价格优势，它真正关心的不是利润，而是获得美元和欧元这些硬通货。

美国正在着力塑造一种态势，对中国进行全方位地围堵，团结自己的盟友，进行高技术封锁，同时利用自己碾压世界的军事力量进行威慑，让你自行萎缩下去。美国在战略上是求稳的，因为它认为时间在它一方，尽量防止擦枪走火，但它又是积极备战的，在几乎所有对垒的局面中处于进攻的态势。千万不要认为美国只会恫吓，那些认为美国人人命贵，只会虚张声势的国家都吃了大亏。一般来说，小到一个人大到一个国家，理性与勇敢往往难以兼顾，但美国不同，既是高度理性的，又是武德充沛的。

如果你作困兽之斗，它就彻底摧毁你，这有点类似于二战对日本的禁运。

在当下，双方都会尽力避免战争，主要的竞争就体现在技术方面。在民用科技方面，中国并没有自己的撒手锏技术，无法对等的掐别人的脖子，这导致会出现被单边爆锤的结果。看看华为，据说代表了中国技术的前沿，是中国科技冲击世界的标杆，结果呢，美国政府一纸命令，不仅瞬间失去美国市场，而且瞬间就瘫痪了。还有中兴，基本上也是濒死状态了。美国联合盟友，有能力让中国几乎所有民用高科技企业趴窝。

聪明的国家，要善于利用美国理想主义的一面，博弈要掌握一个度，就是不能图穷匕见。要让处在国际领袖角色的美国不能抛弃其扮演的正义角色和道德角色范围内。否则就是在打开潘多拉的魔盒。一个对你不讲政治正确的美国是可怕的。

我个人的观感是，中国并没有做好心理准备，中国仍然幻想中美之间能维持斗而不破的状态，而且斗的领域仅限于在意识形态方面，而正常的商贸往来还能维持，或者美国贸易战是一种短期行为。

中美关系，或者更准确地说中国与西方的关系走到今日的地步，仍然是中国结构性危机的外在表现，你维持自己独特的意识形态，就需要树立敌人，美国作为西方世界的老大，就是那个永远的狼外婆，意识形态的塑造需要全方位一体化的进行，教育必然是充满仇恨的，是敌视西方的。未来中国与西方的关系，令人忧虑。

（八）其他社会危机

如自杀率高企，食品安全和饮用水安全问题，从食品来说，无论粮食还是蔬菜抑或是肉食品，都存在安全问题，因为土壤重金属蓄积、灌溉用水的污染、农药的使用，使得我们的主粮不是绿色的，蔬菜的主要问题是农药的过量使用。从饮用水来说，国外的自来水是可以直饮的，我们的自来水无论从洁净度还是硬度都严重超标，很多地方因为地下水的污染，更是直接不可饮用的。

正是因为食品安全与饮用水安全，导致中国胃癌数量居高不下。

中国的食品安全问题，时下又出现了一个新的问题，就是转基因问题，对于转基因的安全性，笔者认为并没有得到验证，特别对主粮而言，这个不是偶尔吃一次两次，而是终身在吃，保持一种审慎的态度可能更为理性，可以让转基因食品进入市场，但应当给百姓以知情权和选择权，这是首要的。

再比如空气污染，虽然这几年因为经济下行，很多工业从用煤改为用气，中国空气污染有所减轻，但问题仍然存在，中国肺炎仍然是世界第一，而且远远超过其他国家。

二、结语

综上，中国正面临一场全方位的社会危机，如果无法及时化解这场危机，中国将进入漫长的"中世纪"，它不仅会丧失今天，它还会彻底失去未来。因为有的危机如人口危机是有时间窗口的，一旦错过了就永久地闭合，现代社会，不要再奢望人口大落后还能大起。中国将丧失重新站立的磐石。

华夏文明之所以能作为人类一种主要的文明样态而存在，甚至其文明的奠基者如孔子老子等能享有世界性的声誉，依托的就是华夏族群长期世界第一的人口基数，而今它会随着华夏族人口的持续快速萎缩而变得无足轻重。

然而，笔者又坚决反对再度以践踏人权的方式来解决这一问题，加诸于汉人身上四十年的城市"一胎化"，农村"一胎半"化的政策，是人类史上最残酷的社会实验，没有之一，这场社会实验带给人类的教训是极其醒目的，它证明了极权体制在作恶时几乎可以无所不能，它证明了恶政一旦出台，就会迅速出现一批既得利益群体，这个群体就可以凭借操持的话语权，通过不断的恫吓来强化恶政本身，阻挠政策的改变直到变得不可收拾。

在执行这一政策时，自然人的基本人权被踩在地上蹂躏，汉人成为最没有尊严的贱民。

中国人不能再受二茬罪，鼓励生育，只能是鼓励，不能再强迫生育。要改变中国生育断崖的危险局面，就如同改变其它经济、社会问题一样，都需要通盘考虑，进行一场系统化的变革。

人本质上是政治动物，政治属性甚至高于其生物属性。没有政治权利，就不是完整的人，就如同非男非女的阉人。由一群残缺不全者组成的族群，其集体性的病态是注定的。那些遭受不公报复社会的人，就是这种病态的爆发。

中国的问题已经积重难返，它就象一个硕大的圆形巨石，已经跨过平稳下行的临界点，进入加速的下坡道，积累了巨大的动能，要阻遏住它下滑滚落的趋势，相较于临界点前，要付出更大的气力，此时，停留在微观的、执行层面的改革于事无补，其边际收益也已经出清。

中国需要一场以扩大公民自由和权利为导向的法治化改革，在公民权利中，政治权利是核心，在自由中，政治自由是核心。让公民参与公共治理，让权力真正公共化，要对权力进行限制，对私有财产进行保护，对自由和权利予以保障。让国民享有免于恐惧和匮乏的自由。让人有愿景，能看到希望，能感受到生活的快乐。

大陆现在对经济唱衰的言论格外敏感，甚至对悲观者、批评者、直面困难者都当成敌对分子，认为这些人的言论会降低人们对经济的预期和信心。如果唱多就能提高信心，那只有政府单一声音的朝鲜早就成了发达国家。

当批评不自由，赞美还有意义？有脑子的人谁会相信这种没有杂音的赞美？可能只有那些群居终日言不及义的广场舞大爷大妈吧？但这些人的相信于经济好转又有多大意义呢？指望他们那仨瓜俩枣能提升经济？

一个经济不能唱衰的国家，精英的信心才可能会被彻底摧毁，才会更深地陷入塔西佗陷阱。不但不能提振信心，反而还会恶化。归根结底，经济不是由唱衰和唱多而是由经济的基本面决定的，对它的解决也只能是通过真正的改革，将经济增长建立在法治与自由之上。

　　不管我们被视为知识分子或被蔑称为知道分子，我们都对这个国家和族群负有一定的责任。面对巨大的危险，我们不能像鸵鸟一样把头埋进沙子，假装一切都不存在，无所作为地等待沙尘暴将这个国家吞噬，也顺带把我们掩埋。

　　聪明人会乖巧地说成事不说遂事不谏，但如果都取这种处事态度，以事不关己超然物外的心态与世俯仰，则国家必危。人不需要有独出机杼的高论，有出人意表的高才方能大声说话，人本身就是需要说话的，表达本身就是对这个国家最深的关怀，也是对对自己最大的负责。

刘书庆

2024 年 06 月 25 日

第十二篇

俄罗斯战败的世界史意义

——流氓政权精神支柱的坍塌

文章缘起：普京全面入侵乌克兰虽然大大出乎笔者的预料，但笔者当天即判断，如果乌克兰能挺过前五天，俄罗斯军事上必败。而且断言无论战场形势如何演变，俄国家利益都会严重受损，这是一场普京将俄罗斯陪绑的战争。在当年五一之前，笔者就想写一篇文章，系统的谈一下自己对这场战争的看法，题目叫《我眼中的俄乌战争》，但开个头后发现类似观点的文章比较多，就兴味索然烂尾了。在这里我把开头的部分也贴上来。

「在这个春天，如果没有俄罗斯的失败，无以疗伤。

在疫情中那些被抛弃的生命，如雨中的花瓣，次第零落，但没有葬礼。

其实说成是俄乌战争，或者说成是俄罗斯的失败，都无法道清这场战争的本质。也许俄罗斯和乌克兰都是赢家，这取决于多数俄国人在后普京时代如何选择。唯一确定的是普京失败了，而且已经败到没有翻盘的可能。

普京在拜登已经提前剧透这场侵略战争的发起日后，逡巡了几日还是发动了这场战争，比拜登剧透的日子迟了几天。在瓷国，拜登这是不折不扣的谣言，一开始是谣言，战争发起后还是谣言，原因无他细节不吻合。

几乎与这场战争发起的同时，普京洋洋洒洒发表了一篇战争宣言。私以为如果撇开战争的道义性，仅就战争技术而言。这篇宣言可能是这场战中唯一保持了基本水准的策划，尽管它确实借鉴了希特勒闪击波兰时所叫嚣的借口。纵览这篇宣言，普京表达了几层意思。第一，俄罗斯人与乌克兰人同文同种，拥有共同的历史和信仰，共享罗斯人的荣耀，我们不应分离。第二，苏联解体时，俄罗斯承担了很多本应属于乌克兰的国际义务，分家时亲兄弟没有明算帐，俄罗斯吃亏了，特别是克里米亚和乌东地区，过去长时段一直属于俄罗斯，应当属于俄罗斯。第三，乌克兰的领导人是纳粹，美国的傀儡，在国内煽动反俄情绪，对俄罗斯族种族灭绝，还谋求加入北约，威胁俄罗斯的国家安全。第四，这不是一场战争，而是一次特别军事行动，乌克兰同胞大可安心呆在家里，本次特别行动目的只是在乌克兰去纳粹化去军事化。第五，乌克兰不具有独立的国家地位，它只能属于俄罗斯的一部分。

如果是一个俄罗斯民族主义者，或者是一个大国沙文主义者。普京的这篇宣言是可以让他们热血沸腾的。但对于其他人来说，它无疑是臭名昭著的，曾经的希特勒对捷克、波兰入侵时的那种既张狂又悲情，既咄咄逼人又一再重复自己是迫于无奈的有毒语言，人们是见识过了的。也是有免疫的。大多数人也都读过那个古老的寓言，大灰狼指控温顺无辜的小羊污染了它上游的水源。」

到了11月份，笔者突然产生了从俄罗斯战败对世界史的意义的角度写一篇文章的冲动，于是就有了下面这篇文章。

■内容摘要：

◆而我热切期待（俄罗斯失败）的原因，一部分当然是俄国对中国200年来的持续掠夺和伤害，另一部分则在时下是不可以为外人道的。对于崇拜强人政治的人来说，普京是个超级偶像，某些人正在试图模仿他。但这个偶像是有毒的，崇拜他的人会把国家引向歧途。

◆我期待俄罗斯战败还有一个更重要的理由，就是俄罗斯这个国家在地缘政治中一直扮演一个很坏的角色，客观上成了这个世界变得更美好的阻挠力量。

◆当然这里说（普京发动战争）可理解，是指他的行为是符合他的权力逻辑，不是说他的行为应被同情和谅解。普京在一个和平发展的时代，几乎是为一己之私，以强凌弱，悍然发动战争造成生灵涂炭自然应受谴责，也应该得到严厉惩罚。

◆ 在我的心目中，虽则俄国自己已经是半文明国家，但它却是这个世界几乎所有流氓政权的精神支柱，因为这些政权在政治文明方面还差着俄国几个身位，如果说普京是有民意支持的僭主，他们则是孟子眼里的独夫是政教合一的皇帝，这决定他们的执政基础更脆弱，统合集体智慧的能力也更差，其外交能力与俄罗斯也不在同一个层次。这些政权内政外交奉行的都是丛林思维，尚力不尚德，对内视民如草芥如韭菜，对外则消极软弱，俄国强悍的民族性格以及普京的强势外交风格正好轻易拿捏它们钳制它们，将它们牢牢控制在自己规定的外交轨道上，或者逼它们就范，就像一个黑老大对一群马仔的控制。这些流氓政权普遍对俄国充满敬畏，哪怕自己的国家利益被俄国持续的损害，也都权当缴纳保护费了。

◆ 明白人都知道俄罗斯缺的不是领土，也不是所谓的战略缓冲区，它缺的是进一步的纵深改革：尊重私有产权，建设法治政府，让俄罗斯从资源依赖型国家进化为一个创新驱动的国家。这完全是普京一个人的战争，他不惜让俄罗斯整个国家整个民族为他个人的政治野心献祭。

◆ 但是普京走到今天这个局面又是合乎逻辑的，因为在全球化时代，一国的内政必然会产生溢出效应，甚至根本上内政会决定外交走向。特别对于一个在国际政治中具备重要影响的大国，它必然向其他国家投射自己的影响力，因之也不可能蜗居一隅关起门来折腾自己而不影响国际秩序。面对一个逆历史潮流的独裁者、一个僭主，欧美必然采取敌视的态度，遏制围堵几乎是必然的。双方的关系就会螺旋式下降，自然地也会形成两个阵营。骄傲的独裁者们会将欧美的批评遏制视为羞辱，在这种受迫害情绪之下，他们的内外政策也会越来越丧失分寸感，审慎节制这些政治美德会更快的丧失。而在一个独裁者周围是不会有同僚的，只有匍匐的家奴和执行者，这意味着他们错误的决策也得不到纠正。

◆ 这场战争将是世界历史的分水岭。俄国在这场战争中遭遇彻底失败是冥冥之中最好的安排。乌克兰人与俄国人同属东斯拉夫人，同文同种，这让俄国从战争一开始就束手束脚，也不至过于残暴，要不以俄国人的野蛮秉性，核武器可能真就使用了。

俄国虽然败局已定，但我并不想诅咒它，无论它的种族特征还是文化特征还是民族心理，都属于西方的一分子，有豹变的高度盖然性。

■正文：

在中国人里，我不知道自己对这场战争的代入感有没有代表性，我是如此热切地期待俄罗斯的失败，最好是惨败，更准确地说是普京的惨败，至于俄罗斯，也许这场战争的失败反而给了它一个机会，端看俄罗斯人在后普京时代如何选择。而我热切期待的原因，一部分当然是俄国对中国 200 年来的持续掠夺和伤害，另一部分则在时下是不可以为外人道的。对于崇拜强人政治的人来说，普京是个超级偶像，某些人正在试图模仿他。但这个偶像是有毒的，崇拜他的人会把国家引向歧途。

我在今年的五一曾试图写一篇文章，后来兴味索然而烂尾，文章的第一句是"在这个春天，如果没有俄罗斯的失败，无以疗伤"，

战争的当日笔者的朋友圈

至今这感受依然，我完全可以用"秋天、冬天"来代替"春天"而毫不违和，我相信经历过疫情管控下的人，应能感受这句话底色的抑郁和愤懑，无需我解释会自然产生共鸣。

我期待俄罗斯战败还有一个更重要的理由，就是俄罗斯这个国家在地缘政治中一直扮演一个很坏的角色，客观上成了这个世界变得更美好的阻挠力量。

在戈尔巴乔夫和叶利钦接力埋葬了苏联这个红色帝国后，继承了苏联大部分国际角色的俄罗斯已经跨越了转型门槛，俄罗斯不可能再回到极权体制，被压制已久的东正教信仰迅速在民间复活，大国沙文主义成为凝聚俄罗斯人的手段，普京上台后，更是刻意把自己塑造为一个硬汉，一个全能的领袖。俄罗斯重新成为国际角逐中的主要玩家。

考察普京过往的言行，可以很明确地看出普京对苏联并无好感，并无意恢复旧体制，但眷恋它曾经的超级大国的地缘政治地位，这是因为一则普京具备基本的政治伦理认知，二则普京认为苏联这个体制运行是以牺牲俄罗斯族利益为代价。特别是后者，普京作为一个大俄罗斯民族主义者，一直对苏共高层某些损害俄罗斯族利益的决策耿耿于怀，在俄乌战争之前，他那篇洋洋洒洒的电视讲话，不能仅仅被看作为战争动员而做，其中的某些观点和情绪，我相信在普京心中已经植根很久。

尽管普京 20 年来牢牢占据俄罗斯政治舞台的中心，的确阻碍了俄罗斯的民主化进程，使俄罗斯虽然跨越转型门槛但却一直没有转型成为一个宪政民主国家，但俄罗斯也没有退回到极权体制，俄罗斯仍保有形式上的竞争性选举，允许竞争性政党的存在，它的宪法、法律和理念中的民主自由法治这些字眼仍然是没有被污染的。克格勃出身的普京虽然对于暗杀这类不得见光的手段很熟悉，在针对政治对手时也的确在使用，但普京也仍然需要讨好选民，这就是俄罗斯虽然宪政转型失败但百姓的福利待遇尚可的原因，包括普京在地缘博弈方面强行出头，也是在迎合俄罗斯国内普遍的大国沙文主义情绪。

从马基雅维利意义上的权力观来审视的话，普京的行为仍然是可理解的，包括侵乌战争，不过是另一场巩固其权力的手段而已。

当然这里说可理解，是指他的行为是符合他的权力逻辑，不是说他的行为应被同情和谅解。普京在一个和平发展的时代，几乎是为一己之私，以强凌弱，悍然发动战争造成生灵涂炭自然应受谴责，也应该得到严厉惩罚。这本身也是维护战后基于规则的国际秩序所必须的，普京个人与俄罗斯这个国家都需要为这场战争承担责任付出代价，对此不应该有任何异议。普京在战略上严重误判，在错误的时间发动了一场错误的战争，战争打得也异常拉垮，从战斗士气、战争思维到后勤保障、军事技术全方位落后，泥足深陷败局已定，他被世人奚落嘲笑很正常，但妖魔化他并无益处，客观的说，普京迄今的行为仍然还没走到玉石俱焚无所不用其极的反人类战争狂人的境地。

但是我又如此热切地期盼他的战败，期盼他付出代价。这种热切超出了一个非当事国国民因为爱好和平与反侵略的朴素情感所激起的程度，设若俄罗斯在国际上只是一个不起眼的小角色，它自己在政治中的裹足不前甚至倒退并不影响其他国家，我应该不会负载如此强烈的感情。

事实是俄罗斯在地缘政治中，一直扮演着流氓政权庇护人的角色，几乎在每一个热点地区都能看到俄罗斯的身影，东北亚、东南亚、中东、南美它几乎处处插足，有人可能正面评价它维护了世界战略平衡，但它几乎都是站在逆历史潮流的一边，处处给流氓政权撑腰，以中等国家的经济规模强行发挥着超级大国的影响力。普京这样做的目的，在俄国内是有相当民意基础的，所以也是一种迎合民意之举，这给世人一个印象，要想解决世界任一地区的热点问题，都离不开俄国的配合。当然俄罗斯插足热点地区，确实也让它获得了很多实际的利益，武器是除能源外俄国唯一能拿出手的东西，也是它在地缘博弈中的主要依靠，所以长期以来俄国武器出口都仅次于美国，另外俄国霸道蛮横的外交方式在对付亚洲国家中斩获颇多，相信大家对此都有深刻体会，不必也不能细说。

　　在我的心目中，虽则俄国自己已经是半文明国家，但它却是这个世界几乎所有流氓政权的精神支柱，因为这些政权在政治文明方面还差着俄国几个身位，如果说普京是有民意支持的僭主，他们则是孟子眼里的独夫是政教合一的皇帝，这决定他们的执政基础更脆弱，统合集体智慧的能力也更差，其外交能力与俄罗斯也不在同一个层次。这些政权内政外交奉行的都是丛林思维，尚力不尚德，对内视民如草芥如韭菜，对外则消极软弱，俄国强悍的民族性格以及普京的强势外交风格正好轻易拿捏它们钳制它们，将它们牢牢控制在自己规定的外交轨道上，或者逼它们就范，就像一个黑老大对一群马仔的控制。这些流氓政权普遍对俄国充满敬畏，哪怕自己的国家利益被俄国持续的损害，也都权当缴纳保护费了。

　　普京发动这次侵乌战争，确实出乎世人的预料。除了美国依靠强大的情报能力准确预判了这场战争的发生，有识之士几乎都低估了普京的狂妄。因为无论战场局势如何演变，俄罗斯的国家利益都会遭到严重损害，在战略上是必输的局面。明白人都知道俄罗斯缺的不是领土，也不是所谓的战略缓冲区，它缺的是进一步的纵深改革：尊重私有产权，建设法治政府，让俄罗斯从资源依赖型国家进化为一个创新驱动的国家。这完全是普京一个人的战争，他不惜让俄罗斯整个国家整个民族为他个人的政治野心献祭。

　　但是普京走到今天这个局面又是合乎逻辑的，因为在全球化时代，一国的内政必然会产生溢出效应，甚至根本上内政会决定外交走向。特别对于一个在国际政治中具备重要影响的大国，它必然向其他国家投射自己的影响力，因之也不可能蜗居一隅关起门来折腾自己而不影响国际秩序。面对一个逆历史潮流的独裁者、一个僭主，欧美必然采取敌视的态度，遏制围堵几乎是必然的。双方的关系就会螺旋式下降，自然地也会形成两个阵营。骄傲的独裁者们会将欧美的批评遏制视为羞辱，在这种受迫害情绪之下，他们的内外政策也会越来越丧失分寸感，审慎节制这些政治美德会更快的丧失。而在一个独裁者周围是不会有同僚的，只有匍匐的家奴和执行者，这意味着他们错误的决策也得不到纠正。

我们已经见证了普京从战争开始前踌躇满志要做叶卡捷琳娜大帝到今日有求于埃尔多安居中斡旋而被其粗暴不屑对待的地步，很快我们还会见证普京向泽连司机这个他曾蔑称的白宫傀儡无条件求和的一幕。

这场战争将是世界历史的分水岭。俄国在这场战争中遭遇彻底失败是冥冥之中最好的安排。乌克兰人与俄国人同属东斯拉夫人，同文同种，这让俄国从战争一开始就束手束脚，也不至过于残暴，要不以俄国人的野蛮秉性，核武器可能真就使用了。

俄国虽然败局已定，但我并不想诅咒它，无论它的种族特征还是文化特征还是民族心理，都属于西方的一分子，有豹变的高度盖然性。揆诸沙俄历史，但凡遭遇大的战争失败，其在任沙皇都很难善终，保卫其安全的近卫军团往往会参与甚至主导政变，对沙皇进行物理性清除。而新的沙皇上台后往往会进行有进步意义的改革。这次我希望普京之后不再是另一个沙皇上台。

虽然俄罗斯地大物博有再度崛起的资源禀赋，但经此一战其国家威望骤跌，它就像一棵大树已经轰然倒塌，哪怕把它重新竖起来培土浇水施肥，要恢复元气也得需要相当长一段时间。即便它想再做流氓政权的庇护者，短期内也会力不从心。

俄罗斯在俄乌战争中的失败以及展现出的全方位的落后，必定会让那些流氓政权惶惶不安，或许会让它们认清独裁专制极权没有出路，在几年之内说不定人们会看到一波新的民主化浪潮，果如此则幸甚。

刘书庆于 2022 年 11 月 12 日

第十三篇

美国对盟友的"羁縻"力与"王道型"霸权

作者按：本来这是笔者正在写的《处士横议之全方位社会危机与化解之道》这篇文章的部分内容，甚至是很小的一部分，还不涉及实体的观点，但没想到写嗨了，竟然铺张扬厉成了很长一段，如果全部保留，会让那篇文字显得像个肢端肥大症患者。我又不忍心把这段辛苦写出的东西一删了之。所以退而求其次，就把它单独敷衍成一篇文字吧。

这篇文章写于 2024 年 5 月 6 日，当时老拜登还颤颤巍巍地活跃在国际舞台。我对美国外交能力的透视，是基于二战后它的长期表现，也没想到川普再度入住白宫后，重拾二战之前弱肉强食的丛林规则，带头破坏美国建构的基于规则的国际秩序，在外交上，川普张牙舞爪的一通"王八拳"四面出击毫无章法，将盟友得罪了一遍，堪称"动物凶猛"，美国几乎一夜之间就失去了作为超级大国特有的那份深谋远虑的从容心态。

我被川普给打脸了。

于 2025 年 6 月 10 日

■内容摘要：

◆ 美国朝野对中国（People'Repulica ofChina）的定位已经从战略竞争对手向战略敌人转变。不要小看其后果。美国这种体制的国家，定性的改变会程序性的导致一系列政策的改变，很多尘封已久的用于对付"敌人"的法律手段会成为趁手的工具。

◆ 个人以为，美国对盟友的"羁縻"力，自有人类历史以来，还

226

没有一个国家能达到这种出神入化登峰造极的水平。它借鉴了罗马同心圆的盟友分层体系，最核心的是英国，其次是加拿大澳洲新西兰以色列，然后是德法意波兰这些北约国家，日本与韩国也在这个圈层内，然后是亚非拉一些卫星国，最外围的是沙特约旦这些中东国家。

◆ "王道型"霸权'美国对盟友炉火纯青的"羁縻"力，个人以为根源可能在于它践行的是一种"王道"型霸权。此"王道"型霸权，追求一种"我好你也好"的非零和博弈的思想，有别于弱肉强食时代纯靠武力维持的传统霸权。力量只是美国主导国际政治的基础，而不是它动辄诉诸的手段，特别对于盟友更是如此。即便对它认为的战略竞争对手，美国作为战后国际秩序的建构者，也基本遵循在既有规则之内竞争的原则。甚至对于它认定的敌人，如果矛盾没有激化到需要战争解决的地步，它一般也不会诉诸非常规的手段，直接以丛林思维来绞杀对手。

◆ "国际秩序"建制派"的行为模式"美国作为战后国际秩序的主要建构者，它肯定是该秩序的受益者，而且是最大的受益者。但美国有些政客，以做生意的短期损益思维来看待国际秩序对它的利弊，无视既有国际秩序给美国带来的战略和潜在收益，试图把美国打扮成现有国际秩序的受害者，认为整个世界都在占美国的便宜，是相当矫情浮夸的民粹之举。

◆ 美国作为国际秩序的建构者，为美国利益计，它也必然是国际秩序的"建制派"。得益于这种"建制派"的非极端心态，在大部分场合，美国处理外交关系很好地保持了一种弹性，完全是游刃有余的超级大国心态。这是它最让其他国家敬畏的地方。

◆ "义利兼备的平等交往"对自己的盟友，美国基本是本着一种长期交往平等交往的心态来构建关系。这种关系既不是霸凌的，也有别于天朝上国那种要面子不要里子的宗藩"朝贡-回赐"关系。在两国民间层面，完全是按照国际私法的规则来交往，在平等的商业规则之下交往，双方无非都是发挥自己的比较优势，不会导致单向利益受损的局面。因此民间交往可以长期维持，甚至越来越密切，从而又成为维护两国关系的基础。

◆ "对威权盟友的不苟且外交"美国的经济援助与市场开放固然给盟友发展提供了助力，但对盟友发展最大的推动力量在于美国的价值观外交。这是美国外交理想主义中最得民心的一面。事实上，除了伊斯兰国家，跟着美国的不仅都富了，而且多数已经成为宪政民主国家。美国在盟友的民主化进程中起到了示范鼓励惩戒矫正的作用。这才是美国对盟友发展最大的助力。

◆ 推进盟友的民主化，如果狭义短视地理解美国利益。对美国来说未必是有利的，因为独裁与寡头政府是更容易被控制和影响的，也更容易让渡国家利益。但美国的选民讨厌独裁寡头，所以即便美国的政客亲近独裁政权，也要批评其人权状况，而对于民主政权则没有这些顾虑。

如果对利益的理解采取更宽阔长远的视角，美国促进盟友的民主化对它也是有利的。

◆ 一个国家刚刚民主化时，往往伴随着民族意识的提高，这是非常自然的现象，无需恐慌。民主化本身就伴随着现代民族国家的建构，如果没有这个过程，前现代国家的某些部落特征会存留下来，人对国家的认同感是打折扣的。国民如果对国家认同感不足，可以有法治，但鲜有能真正现代化的。这一点特别在民主制度建立之初显得尤为重要。爱国当然不应也无法强制，国家也不应成为新的偶像，但爱国的自然情感的确又可以帮助国家顺利打通制约发展的任督二脉。其实爱国情感无需特意的培育，这个国家只要真正是民有民治民享的，政治共同体意识自然就产生，政治清明顺理成章。民主政体下的宪政秩序是民有民治民享的充分且必要条件。

◆ 对于如何处理与处于威权体制下的盟友的外交，最能体现出美国对盟友的"控制"力，体现出它外交原则性与灵活性兼具的特征。对于威权盟友对国内民主力量的打压，对人权的迫害，美国并无为了双方外交大局的苟且沉默，而是坦率的批评施压，给受迫害者以庇护，同时又能让对方不至于投入敌对阵营的怀抱。其中的分寸拿捏，可以作为教科书使用。美国这种不掩饰分歧，光明正大地对威权盟友施压矫正的做法，是相当智慧的。这种暂时的外交龃龉反而能提高双方关系的韧性，同时又维持了美国的道义形象，争取了对方民众的认同和亲近感，夯实了双方关系的根基，无形中也扩大了美国的回旋空间。

美国能游刃有余地做到这一点，归根结底还是得益于三权分立与制衡的民主宪政体制。

◆"附加条件的援助"在引导一个国家向自己期待的方向改变时，美国也使用经济援助的手段。但美国或者它主导的国际经济组织如世界银行（WB）、国际货币基金组织（IMF）对受援国施以援手时，无论对盟友还是第三世界国家，都是附条件的，从不恣意撒币。从美国的国内政治来说，这本来就是对纳税人负责的应有之义，美国援助的资金都来自于纳税人的税款，代表纳税人的众参两院议员当然有权力提出援助条件。这种条件既有道德性的，也有国家利益导向的。比如要求对援助的分配使用遵循公开透明原则，要尊重人权和体现法治，同时要保障美国人和美国企业的正当权益。而且这些要求并非仅仅做一个姿态，多数时候美国会将援助分阶段进行，甚至直接参与终端的监督审计，由阶段性目标的实现来决定下一阶段的援助。

◆美国是把援助作为改变和塑造受援国的手段，一是道德塑造，让其更透明，更尊重人权和法治，二是要求放宽市场准入门槛。这两个目标都符合美国利益，事实上也符合受援国国民的利益。

◆美国与其盟友交往时，没有那种托大的心态，更没有"我罩着你"所以有资格对你颐指气使的江湖习气。在尊重盟友的同时，又保持着高度的战略引导能力，引导盟友自觉进入自己的外交轨道。美国是那种既能尊重你，也能很好地领导你的天生领袖角色。美国与其盟友的政治领导人，无论为表演还是形成了习惯，一杯可乐，一个汉堡就可以聚在一起，务实的推进双边和多边关系。

◆美国在国际政治中的主导角色，是多种因素造成的，自身地缘政治条件和资源都天赋异禀，而且世界主要国家除中日韩印度之外，都属于白人基督教文明圈，这是它建立盟友同心圆体系的先天条件。而且美国的国际领导角色是历史形成的，有道德正当性，在两次世界大战胶着时参与进来，并改变双方的力量对比，成为主导战争胜负的关键，所以美国它不是作为对既有国际秩序挑战的一方，它在众望所归时克服孤立主义的情绪介入，依托令其他国家难望其项背的综合国力，其体制使得它的决策审慎而且明智，步步为营。二战后的国际秩序又是它主导建立的。

◆ 笔者以为，无论中国未来是什么样的体制，中国都不太可能成长为像美国那种国际政治主导型的国家。中国的地缘政治条件，资源禀赋，世界政治的既有格局，东亚阴柔文化的特征，决定了中国在国际政治中的上限。我们对自己的定位应该理性清醒。

◆ 从国家利益计，在国际政治中，中国应当扮演一个对美协调的角色，秉持助善不助恶的原则，在美国不正义时批评但不杯葛它，在美国主持正义时协助它。中国最要紧的是把体制理顺，将体制真正奠基于人民主权的原则之下，然后专注于解决国内问题，固本培元休养生息，做一个独立自主，不恃强凌弱，坚持睦邻友好同时又具备正义品格的国家，所谓的正义品格首要的就是尊重人权保障自由。这样的中国，成为发达国家是顺理成章的事，这样的中国，没有哪个国家有能力遏制，也没有哪个国家有足够的意志来遏制。

■ 正文：

一、中美之间，单挑还是群殴？

时下，美国朝野对中国（People's Republic of China）的定位已经从战略竞争对手向战略敌人转变。不要小看其后果。美国这种体制的国家，定性的改变会程序性的导致一系列政策的改变，很多尘封已久的用于对付"敌人"的法律手段会成为趁手的工具。而且朝野共识的形成过程，也类似于一次全民的战前动员。

美国也不再满足于仅仅对中国进行战略遏制，而是遏制加削弱。

而美国遏制削弱的重点之一是对高科技的封锁。在人类已经迈入 AI 时代的今天，美国必然对支撑 AI 技术的芯片及相关的设备、原材料的对华出口进行管制。

而且美国不会跟你一对一单挑，它会充分利用自己的盟友体系，对你进行群殴。

对中国的遏制削弱，肯定也会反噬性的影响美国的经济，但因为中国不掌握关键行业的卡脖子技术，生产的工业制成品可替代性很高，其影响可能仅限于中低端制造产品可选择范围缩小，以及跨国企业无法再从中国赚取利润。当然对于其盟友，如日德韩影响会大一些，对他们来说，中国既是他们生产的高技术设备的需求方，也是某些关键资源如稀土的原材料供应国。但笔者认为，只要美国遏制削弱中国的意志足够坚定，给予盟友的压力足够大，日韩这些盟友最终都会选边站队美国。因为美国对盟友的"羁縻"力就像一张硕大无朋的天网，疏而不漏，即便偶尔有疏漏，也能迅速填补上，而且能通过惩戒杜绝再次发生，比如 1980 年发生的东芝出口苏联机床事件。

二、美国对盟友超强的"羁縻"力原因何在？

个人以为，美国对盟友的"羁縻"力，自有人类历史以来，还没有一个国家能达到这种出神入化登峰造极的水平。它借鉴了罗马同心圆的盟友分层体系，最核心的是英国，其次是加拿大澳洲新西兰以色列，然后是德法意波兰这些北约国家，日本与韩国也在这个圈层内，然后是亚非拉一些卫星国，最外围的是沙特约旦这些中东国家。

英美特殊关系是美国全球战略的基石。两国的主体国民在种族、文化、语言方面都相同，有天然的亲和力，又有曾经宗主国的历史渊源，当英国自觉让出全球领导权时，双方是自然的盟友，没有哪个国家可以离间它们。只要英国坚定地站到美国一边，加拿大澳洲新西兰都会接着站队。美国主导的这个同心圆就可以按照美国的意志酝酿出一场飓风的暴风眼，德法意日韩这些外围一点的盟友都会渐进地被裹挟着参与进来。从而形成一场摧枯拉朽的飓风。

美国之所以有这么大的影响力，是借助了其盟友的力量。西方发达国家虽然他们之间也有各种矛盾和意见不和，但是他们的基本价值观是一致的，当美国要削弱的势力妨碍了他们共同价值观的时候，这些发达国家就会形成合力，并带动与他们关系友好的卫星国共同形成不可抗拒的力量。

"王道型'霸权'"美国对盟友炉火纯青的"羁縻"力，个人以为根源可能在于它践行的是一种"王道"型霸权。此"王道"型霸权，追求一种"我好你也好"的非零和博弈的思想，有别于弱肉强食时代纯靠武力维持的传统霸权。力量只是美国主导国际政治的基础，而不是它动辄诉诸的手段，特别对于盟友更是如此。即便对它认为的战略竞争对手，美国作为战后国际秩序的建构者，也基本遵循在既有规则之内竞争的原则。甚至对于它认定的敌人，如果矛盾没有激化到需要战争解决的地步，它一般也不会诉诸非常规的手段，直接以丛林思维来绞杀对手。

"国际秩序'建制派'的行为模式"美国作为战后国际秩序的主要建构者，它肯定是该秩序的受益者，而且是最大的受益者。但美国有些政客，以做生意的短期损益思维来看待国际秩序对它的利弊，无视既有国际秩序给美国带来的战略和潜在收益，试图把美国打扮成现有国际秩序的受害者，认为整个世界都在占美国的便宜，是相当矫情浮夸的民粹之举。

美国作为国际秩序的建构者，为美国利益计，它也必然是国际秩序的"建制派"。得益于这种"建制派"的非极端心态，在大部分场合，美国处理外交关系很好地保持了一种弹性，完全是游刃有余的超级大国心态。这是它最让其他国家敬畏的地方。美国的多数政客很清楚，美国再强大，如果没有盟友的支持拱卫，它主导国际政治至少会事倍功半，所以美国用了大量精力来处理与盟友之间的关系。

"义利兼备的平等交往"对自己的盟友，美国基本是本着一种长期交往平等交往的心态来构建关系。这种关系既不是霸凌的，也有别于天朝上国那种要面子不要里子的宗藩"朝贡-回赐"关系。在两国民间层面，完全是按照国际私法的规则来交往，在平等的商业规则之下交往，双方无非都是发挥自己的比较优势，不会导致单向利益受损的局面。因此民间交往可以长期维持，甚至越来越密切，从而又成为维护两国关系的基础。另外，美国在战后高瞻远瞩，启动马歇尔计划，对欧洲的重建进行援助，而且还开放自己的国内市场。出于抵制共产主义扩张的需要，特别在韩战爆发后，也开始扶持日本，力图把日本建成远东之锚。很难想象，如果美国的盟友都是亚非拉的穷哥们，它的科技水品和经济会发展到现在的程度。己欲立而立人，不只受道德驱使，其中更浸透着美国作为战后秩序主要缔造者的远见卓识，是符合美国国家利益的。对此，甚至不能简单的以培育消费市场来解释，这是一种更高维的战略需要。马歇尔计划在实践层面，是高度理性的，又保证援助的每个项目几乎都获得了很好的回报。据说邓小平先生曾说过如下一层意思：战后凡跟着美国走的都富了，凡跟美国作对的都很穷。邓先生能超越意识形态的桎梏指出这点殊为不易，但作为政治人物的他，不会说出这幕后的真正原因。

"对威权盟友的不苟且外交"美国的经济援助与市场开放固然给盟友发展提供了助力，但对盟友发展最大的推动力量在于美国的价值观外交。这是美国外交理想主义中最得民心的一面。事实上，除了伊斯兰国家，跟着美国的不仅都富了，而且多数已经成为宪政民主国家。美国在盟友的民主化进程中起到了示范鼓励惩戒矫正的作用。这才是美国对盟友发展最大的助力。

一个国家一旦民主化，并建立起稳定的宪政秩序，成为发达国家是水到渠成的，只是时间长短，几乎没有例外。本质上，国家的发达是国民生活在文明中的必然结果，发达是一种文明的生活方式。

推进盟友的民主化，如果狭义短视地理解美国利益。对美国来说未必是有利的，因为独裁与寡头政府是更容易被控制和影响的，也更容易让渡国家利益。但美国的选民讨厌独裁寡头，所以即便美国的政客亲近独裁政权，也要批评其人权状况，而对于民主政权则没有这些顾虑。

　　如果对利益的理解采取更宽阔长远的视角，美国促进盟友的民主化对它也是有利的。

　　一个国家刚刚民主化时，往往伴随着民族意识的提高，这是非常自然的现象，无需恐慌。民主化本身就伴随着现代民族国家的建构，如果没有这个过程，前现代国家的某些部落特征会存留下来，人对国家的认同感是打折扣的。国民如果对国家认同感不足，可以有法治，但鲜有能真正现代化的。这一点特别在民主制度建立之初显得尤为重要。爱国当然不应也无法强制，国家也不应成为新的偶像，但爱国的自然情感的确又可以帮助国家顺利打通制约发展的任督二脉。其实爱国情感无需特意的培育，这个国家只要真正是民有民治民享的，政治共同体意识自然就产生，政治清明顺理成章。民主政体下的宪政秩序是民有民治民享的充分且必要条件。

　　因之，民族意识的提高，以及由此带来的短暂的众声喧哗，是民主化后必经的阶段，看上去会有点躁狂，会有怼天怼地的狂热，但一旦宪政秩序建立起来，它会慢慢冷却下来，整个族群会变得更温和理性。如果以一种悲悯的眼光看，这短期的民族主义躁狂实际是一个族群政治权利长期被压制剥夺，处于长久失语状态，在压迫性力量被移除后的生理补偿机制。

　　而族群一旦温和理性起来，就能认识到继续与美国站在一起是符合国家利益的。韩国就是一个典型例子。

　　对于如何处理与处于威权体制下的盟友的外交，最能体现出美国对盟友的"控制"力，体现出它外交原则性与灵活性兼具的特征。对于威权盟友对国内民主力量的打压，对人权的迫害，美国并无为了双方外交大局的苟且沉默，而是坦率的批评施压，给受迫害者以庇护，同时又能让对方不至于投入敌对阵营的怀抱。其中的分寸拿捏，可以作为教科书使用。美国这种不掩饰分歧，光明正大地对威权盟友施压矫正的做法，是相当智慧的。这种暂时的外交龃龉反而能提高双方关系的韧性，同时又维持了美国的道义形象，争取了对方民众的认同和亲近感，夯实了双方关系的根基，无形中也扩大了美国的回旋空间。美国能游刃有余地做到这一点，归根结底还是得益于三权分立与制衡的民主宪政体制。

"附加条件的援助"在引导一个国家向自己期待的方向改变时，美国也使用经济援助的手段。但美国或者它主导的国际经济组织如世界银行（WB）、国际货币基金组织（IMF）对受援国施以援手时，无论对盟友还是第三世界国家，都是附条件的，从不恣意撒币。从美国的国内政治来说，这本来就是对纳税人负责的应有之义，美国援助的资金都来自于纳税人的税款，代表纳税人的众参两院议员当然有权力提出援助条件。这种条件既有道德性的，也有国家利益导向的。比如要求对援助的分配使用遵循公开透明原则，要尊重人权和体现法治，同时要保障美国人和美国企业的正当权益。而且这些要求并非仅仅做一个姿态，多数时候美国会将援助分阶段进行，甚至直接参与终端的监督审计，由阶段性目标的实现来决定下一阶段的援助。

至于 WB 和 IMF 的援助条件，主要由组织章程和主要出资国所提附加要求组成。基本上都是要求受援国进行市场化改革，向外资开放垄断性领域，有鲜明的国家利益关切。

美国是把援助作为改变和塑造受援国的手段，一是道德塑造，让其更透明，更尊重人权和法治，二是要求放宽市场准入门槛。这两个目标都符合美国利益，事实上也符合受援国国民的利益。

三、结语

美国与其盟友交往时，没有那种托大的心态，更没有"我罩着你"所以有资格对你颐指气使的江湖习气。在尊重盟友的同时，又保持着高度的战略引导能力，引导盟友自觉进入自己的外交轨道。美国是那种既能尊重你，也能很好地领导你的天生领袖角色。美国与其盟友的政治领导人，无论为表演还是形成了习惯，一杯可乐，一个汉堡就可以聚在一起，务实的推进双边和多边关系。

如果说在国际政治方面，美国与盟友之间是亲近程度不同的同心圆体系，那么在经济方面，美国则与不同的伙伴分别建群，比如

NAFTA、IPEF、TTIP、CPTPP 等，通常情况下美国是所有群都参与且主导的国家。这就使得它任何一个盟友，都无法承担与美国战略背道而驰的代价，因为那意味着你就被排除在任何圈层之外。在一个全球化时代，这意味着什么不言而喻。

美国通过自己深思熟虑的布局，已经搭建起了盟友离不开它的网络，形成了一种"譬如北辰，居其所而众星拱之"的局面，没有世界大战那种烈度的地缘政治巨变，美国超然的地位很难撼动。而且美国的宪政民主体制，保证了它行为的高度理性，美国有罗马的国际领导地位，但不会出现罗马演变为帝国后荒淫无道的皇帝。民主制度本身就是一种精英选拔制度，从古典政治学来看，抽签是导向平民政治的，而竞争性选举导向贵族（精英）政治。美国这种能集合精英智慧，又具备快速反馈机制和纠错能力的体制，对任何专制、独裁、寡头、威权、极权政府都能形成一种制度碾压。

美国执世界科技之牛耳，教育科研体制先进灵活，全世界优秀学生都愿意到美国学习，而有抱负的学者往往都愿意去美国搞科研，所以美国对世界科技精英有强大的虹吸效应，这又保证了美国不会因人才匮乏而衰落。迄今为止，还看不到美国衰落的迹象，美国仍然处于上升期。其作为唯一超级大国的局面会长期持续。

美国在国际政治中的主导角色，是多种因素造成的，自身地缘政治条件和资源都天赋异禀，而且世界主要国家除中日韩印度之外，都属于白人基督教文明圈，这是它建立盟友同心圆体系的先天条件。而且美国的国际领导角色是历史形成的，有道德正当性，在两次世界大战胶着时参与进来，并改变双方的力量对比，成为主导战争胜负的关键，所以美国它不是作为对既有国际秩序挑战的一方，它在众望所归时克服孤立主义的情绪介入，依托令其他国家难望其项背的综合国力，其体制使得它的决策审慎而且明智，步步为营。二战后的国际秩序又是它主导建立的。

行文至此，笔者自然会想到自己的国家。笔者以为，无论中国未来是什么样的体制，中国都不太可能成长为像美国那种国际政治主导型的国家。中国的地缘政治条件，资源禀赋，世界政治的既有格局，东亚阴柔文化的特征，决定了中国在国际政治中的上限。我们对自己的定位应该理性清醒。

从国家利益计，在国际政治中，中国应当扮演一个对美协调的角色，秉持助善不助恶的原则，在美国不正义时批评但不杯葛它，在美国主持正义时协助它。中国最要紧的是把体制理顺，将体制真正奠基于人民主权的原则之下，然后专注于解决国内问题，固本培元休养生息，做一个独立自主，不恃强凌弱，坚持睦邻友好同时又具备正义品格的国家，所谓的正义品格首要的就是尊重人权保障自由。这样的中国，成为发达国家是顺理成章的事，这样的中国，没有哪个国家有能力遏制，也没有哪个国家有足够的意志来遏制。

刘书庆

2024 年 5 月 6 日

第十四篇

理中客看"躺平"和"内卷"

作者按：在 2021 年时，突然流行一个词"躺平"。一时间整个社会都在谈论躺平，仿佛人生活着不再需要成本。仿佛躺平成了人人都可践行的行为艺术。泛自由派更对"躺平"赋予了消极反抗收割的意义，笔者就曾发过这样的朋友圈，我评论为"以一种最消极与最决绝的方式抵抗"。甚至有一种论调甚嚣尘上"躺平即正义"。但网络充斥的鼓励话语往纵深做一番思考，就会发现它是轻佻的，是饱汉子不知饿汉子饥的。它的暗痛，真正践行的人都无勇气说出来，反倒是有体面工作的人在矫情的谈论躺平，美化躺平。有感于此，我写作了此文。

于 2025 年 7 月 1 日

■**内容摘要：**

◆ 在一个前现代国家，躺平不是一种浪漫的后现代思潮，也不是服膺犬儒哲学者对犬儒主义有意识的践行。躺平就是困窘、就是绝望，就是放弃。躺平是残酷的，残酷到躺平一族自觉放弃了交配和繁衍的本能，而这是所有动物的本能，本能是隐含于动物遗传密码里的信息，是由激素水平而非大脑决定的。在自然界有多少雄性动物，曾经并且一直需要以自己的生命来为这种本能献祭。性资源的竞争是自然界最惊心动魄的战斗之因和进化之源。

◆ 躺平唯一的社会意义在于，将这个社会的阶层固化与高度的内卷，以一种极端的方式展现了出来，但也仅此而已。奢望它蔓延为一场不合作的风潮，以迫使镰刀改变某些政策，完全是异想天开。韭菜以自断根脉的方式拒绝被收割，结果只能是几株韭菜的凋亡，对于镰刀没有丝毫触动的能力，镰刀收割的总量也不会有明显的减少。

◆ 任何一场有意义的非暴力不合作运动，其首先必须是符合人性的，而符合人性首先是符合本能的，反本能的行为参与者注定会是极少数，无法吸引社会主体参与进来进而超越囚徒困境采取集体行动。所以与其把它美化成是最决绝的抵抗，毋宁说是一次集体的悲鸣，一次借由自我毁灭来声张但又于事无补的控诉。

◆ 冷静的看，躺平无关正义，它只是一种令人不忍卒睹的生存状态，所谓的"躺平即正义"，不过是一种自我催眠和催眠他者，不过是对镰刀毫无意义的恐吓，最终只能摧折自己。而任何有意义的抗争必须是首先保存自己然后再徐图未来。所以躺平这个词，让我有一种锥心的疼痛，为那少部分人，心如枯槁生无可恋最终顺理成章地死无葬身之地。

◆ 但我不会批评他们，一是不忍，二是无由。说不忍，是因为躺平并非他们内心希冀的生活，他们并非特立独行的文化怪咖，醉心于独有的忘我与逍遥，他们恐怕也不是看清人生荒诞与无意义后自觉的抽身者。他们本质是处于社会最底层的人，大多数出身贫困又没有像样的学历，但随着成年被无准备地抛入丛林和荒原，他们也不再具备他们父辈吃苦耐劳的精神，他们找不到自己的位置，看不到未来，微薄的工资支撑不起恋爱和婚姻，他们就像猴群的边缘者，加上这个猴群又因为计生导致男多女少，他们对自己争得配偶的前景感到沮丧。索性他们压抑自己的欲望，然后阿 Q 一样为自己的挫败感寻找慰藉。说无由，是因为选择什么样的生活方式属于个体消极自由的范畴，一个人可以因为看不到希望而消极颓废，也可以不需要任何理由而消极颓废，外人无权干涉。

◆ 但谁也不能否认躺平是一种残酷的社会现象，一种社会性疾病，说它是一种疾病，因为它带有先天自我毁灭的因子，一个反本能的生活方式在社交媒体流行，本身就表明这个社会存在极严重的问题。我说躺平是一种疾病，没有说躺平者是病人，如果想治疗这种疾病，问诊的对象不是躺平一族。这样说不是对躺平一族的讨好，对所有社会性疾病都应当采取这种思路，否则就是权力对权利的越界。

◆ 佛系和"丧"文化的拥趸更小资更文人化，有那么一丝清高和矫情在里头，混合着他们自己刻意掩饰的一点点骄傲，表现出来就是表白自己随性洒脱不争不抢有魏晋之风。他们和普通的青年人相比，更聪明，随时注意把自己置于进可攻退可守的位置。真正处在社会底层的人，是不敢自诩佛系和"丧"的。

但躺平不同，躺平一族就是深圳的"三和青年"，他们大多数处于社会的最底层，他们没有文化自信使用佛系和丧这种雅词，他们一无所有，没有骄傲，没有矜持，也不会矫情，只有自卑沮丧和绝望。佛系和"丧"文化的践行者掩饰的是内心的骄傲，而躺平青年掩饰的是内心的自卑，用自嘲的方式来保护自己，用自我赋予社会反抗的意义来安慰自己。

◆ 当然个体之所以选择躺平，没有体面的工作，加上房价高企、婚恋成本高企，让人们看不见希望或许只是直接的原因，而人在精神层面的高度异化则可能更为本质，一个没有信仰的族群，普遍的心灵荒芜、性格脆弱、彼此冷漠、相互倾轧，没有更高的精神追求，终其一生所追寻的无非是权力和财富。这种社会，人很容易产生厌世感，也更容易沮丧和放弃，更容易得过且过坐吃等死。

◆ 躺平这个词有一种魔力，读到它就有一种画面感，是最直观的颓废与放弃，不仅践行的人可以从中得到抚慰，每日只顾求田问舍的芸芸众生也会自然地产生共鸣。每个人都感受到了整个社会已经深陷高度的内卷中，没有人能逃脱，每个人都明白这种状态不正常，都知道这是一场精力与资源的徒然内耗，就像汪洋大海里一群溺水的人，在争抢那几个救生筏。

◆ 整个社会，除了少数非富即贵的精英家庭得以站到这个封闭的竞争系统之上，可以超然地看着这蚁群一样的人们在争夺那点可怜的资源，近乎中层、底层的家庭集体参与，塑造了一场似乎谁也输不起但绝大多数最终又赢不得的比赛，惨烈而又徒劳。

◆ 我所说的法治，是自然法意义上的法治。其本质的特点就是限制权力保障权利，因之一个法治的社会也必定是一个自由的社会，法治内在地要求权力绝对地尊重个体的消极自由，并按照正当性规则来保障积极自由。只有在法治的状态下，自由才能不再停留在抽象意义上，而成为一种为正当性法律所保障的自由，也即是可以获得法律救济的自由。

◆ 政府的角色设定不应当是创造就业岗位，积极的介入经济领域，而应当是为社会提供公共产品，以最低的运营成本维护法治就是政府所应当提供的首要的公共产品，其次是建立基本的社会保障，让社会没有绝对的穷人。

◆ 为什么法治能破解内卷？内卷是一种封闭的、固化的、内耗的、效率低下的、不能升级的状态。本质上源于创造力的匮乏。而只有一个自由的社会，才是有创造力的社会。

◆ 尽管任何一个社会都无法做到让每个人都能从事自己心仪的工作，但一个自由的社会，所有工作都是体面的。工作岗位的报酬是由市场决定而非由偏见和权力决定。届时，蓝领的收入也未必低于白领，相互之间只有分工没有歧视。

◆ 一个人的内卷体验，既源自于一种现实的不能升级的停滞状态，同时也来自于对未来预期悲观的心理反射。而人对未来的预期既与总体的社会氛围有关，更与权力的运行状态有关。只有在一个法治的社会里，权力才有边界，私有财产权才能得到真正地保障，人们也才有动机去创造更多财富。也只有在一个法治社会，人们对未来的预期才是稳定的，才能把精力投入到工作、创业和拓展业务中，从而将国家导向一种良性循环。

◆ 只有一个法治的社会，才是真正能平等友爱的社会，也才是真正有道德的社会，法治所保障的信仰自由为平等与爱，为社会道德奠定基石。而一个平等友爱的社会，也会治愈很多躺平者的绝望和沮丧。

◆ 我们传播躺平这个词，并一定程度上美化它，但对于那些躺平者内心无法排遣的痛缺乏感知和共情。在社会主流的传播中，躺平似乎真的成了一种可以选择的替代方案：既带有抵抗的象征意义，践行者同时又是可以不被伤害的。

◆ 在一个法治的社会，勤劳可以保证一家维持体面的生活，但不能保证活的优渥，但在一个非法治的社会，勤劳恐怕只能保证一家基本的生活，这是因为在一个非法治的社会，人的贫穷主因是权利的贫穷。一个权利得不到实在法保障的社会，人不过就是韭菜，被割的深一点还是浅一点，你都没有话语权。

◆ 这个国家，我希望看到的状态是，普通人既不躺平，也不过劳，都能随性适意的工作、休闲、消费，而不是一种行色匆匆形容枯槁暮气沉沉的透支状态。我希望青年人能更率真、更有激情、更有粗粝感，不要提前追求一种中年人才应当具备的精致、成熟和优雅。我希望他们有更强的权利意识，当自己合法权利被侵犯，能挺身而起而不是消极的躲避。

■正文：

一、躺平反本能

在一个前现代国家，躺平不是一种浪漫的后现代思潮，也不是服膺犬儒哲学者对犬儒主义有意识的践行。躺平就是困窘、就是绝望，就是放弃。躺平是残酷的，残酷到躺平一族自觉放弃了交配和繁衍的本能，而这是所有动物的本能，本能是隐含于动物遗传密码里的信息，是由激素水平而非大脑决定的。在自然界有多少雄性动物，曾经并且一直需要以自己的生命来为这种本能献祭。性资源的竞争是自然界最惊心动魄的战斗之因和进化之源。

然而，作为万物主宰的人，有一部分因为绝望竟然自觉放弃了这种本能，对抗着体内荷尔蒙的汩汩撩拨而作出逆本能的选择，何其的悲哀与凄凉。

躺平一族可以自嘲，也可以为寻得自我心理满足而赋予其意义，但作为不打算参与践行的旁观者，美化它还是应该谨慎持重一点。

躺平唯一的社会意义在于，将这个社会的阶层固化与高度的内卷，以一种极端的方式展现了出来，但也仅此而已。奢望它蔓延为一场不合作的风潮，以迫使镰刀改变某些政策，完全是异想天开。

韭菜以自断根脉的方式拒绝被收割，结果只能是几株韭菜的凋亡，对于镰刀没有丝毫触动的能力，镰刀收割的总量也不会有明显的减少。

任何一场有意义的非暴力不合作运动，其首先必须是符合人性的，而符合人性首先是符合本能的，反本能的行为参与者注定会是极少数，无法吸引社会主体参与进来进而超越囚徒困境采取集体行动。

所以与其把它美化成是最决绝的抵抗，毋宁说是一次集体的悲鸣，一次借由自我毁灭来声张但又于事无补的控诉。

躺平这个词在社交媒体上大火，超出躺平一族这个小众群体而进入社会主流，不外乎有两个原因。首先是社会主流对被过度收割普遍的不满，把躺平作为一种对镰刀的警告：你们收割要适可而止。其次，躺平一族提供了一个自在放弃放下的镜像，映照出社会主流努力奋斗的幻灭感：几十年下来一直高强度的工作，无非买房买车、结婚生子，而房子不过是几十年的产权，长期来看和租住无异，至于子女，自家也没有江山可供继承，基因是否传承下去又有多大意义呢？普通人的成功是有天花板的，所谓成功也不过是暂时坐稳了一个普通人的位置而已。

这不是说大多数人看清了这份残酷也会效仿躺平一族，不会的。他们仍然会一边厌憎这种庸常无意义的工作，一边又会去尽力做好以养家糊口，原因无它，因为这是人性，它源于本能。

冷静的看，躺平无关正义，它只是一种令人不忍卒睹的生存状态，所谓的"躺平即正义"，不过是一种自我催眠和催眠他者，不过是对镰刀毫无意义的恐吓，最终只能摧折自己。而任何有意义的抗争必须是首先保存自己然后再徐图未来。

所以躺平这个词，让我有一种锥心的疼痛，为那少部分人，心如枯槁生无可恋最终顺理成章地死无葬身之地。

但我不会批评他们，一是不忍，二是无由。说不忍，是因为躺平并非他们内心希冀的生活，他们并非特立独行的文化怪咖，醉心于独有的忘我与逍遥，他们恐怕也不是看清人生荒诞与无意义后自觉的抽身者。他们本质是处于社会最底层的人，大多数出身贫困又没有像样的学历，但随着成年被无准备地抛入丛林和荒原，他们也不再具备他们父辈吃苦耐劳的精神，他们找不到自己的位置，看不到未来，微薄的工资支撑不起恋爱和婚姻，他们就像猴群的边缘者，加上这个猴群又因为计生导致男多女少，他们对自己争得配偶的前景感到沮丧。索性他们压抑自己的欲望，然后阿 Q 一样为自己的挫败感寻找慰藉。说无由，是因为选择什么样的生活方式属于个体消极自由的范畴，一个人可以因为看不到希望而消极颓废，也可以不需要任何理由而消极颓废，外人无权干涉。

但谁也不能否认躺平是一种残酷的社会现象，一种社会性疾病，说它是一种疾病，因为它带有先天自我毁灭的因子，一个反本能的生活方式在社交媒体流行，本身就表明这个社会存在极严重的问题。我说躺平是一种疾病，没有说躺平者是病人，如果想治疗这种疾病，问诊的对象不是躺平一族。这样说不是对躺平一族的讨好，对所有社会性疾病都应当采取这种思路，否则就是权力对权利的越界。

是什么导致互联网众口嚣嚣说躺平？

二、佛系、丧文化和内卷焦虑

有人认为躺平这个词的流行是早有迹象的，它与几年前流行的"佛系"和"丧"文化一脉相承，三者共享一种颓废的价值趣味。但剥掉颓废这种共有的审美来看，躺平与佛系和丧文化是有鸿沟的。他们践行的主体存在阶层上的差异，同时其颓废的真实性也存在本质的不同。

佛系和"丧"文化的拥趸更小资更文人化，有那么一丝清高和矫情在里头，混合着他们自己刻意掩饰的一点点骄傲，表现出来就是表白自己随性洒脱不争不抢有魏晋之风。他们和普通的青年人相比，更聪明，随时注意把自己置于进可攻退可守的位置。真正处在社会底层的人，是不敢自诩佛系和丧的。

但躺平不同，躺平一族就是深圳的"三和青年"，他们大多数处于社会的最底层，他们没有文化自信使用佛系和丧这种雅词，他们一无所有，没有骄傲，没有矜持，也不会矫情，只有自卑沮丧和绝望。佛系和丧文化的践行者掩饰的是内心的骄傲，而躺平青年掩饰的是内心的自卑，用自嘲的方式来保护自己，用自我赋予社会反抗的意义来安慰自己。

佛系和丧文化的流行可能与内卷存在关系，但不是强相关的。但躺平这个词的流行一定程度上就是社会高度内卷的结果。请大家注意，我一直在有意的区分躺平这个行为和躺平这个词，躺平是一种个体的选择，因为它先天的自我毁灭倾向注定永远是小众的，不会真正流行。而躺平这个词因为社会主体的共鸣而得以流行，它的流行代表一种社会思潮，用以表达对于社会高度内卷的不满。

当然个体之所以选择躺平，没有体面的工作，加上房价高企、婚恋成本高企，让人们看不见希望或许只是直接的原因，而人在精神层面的高度异化则可能更为本质，一个没有信仰的族群，普遍的心灵荒芜、性格脆弱、彼此冷漠、相互倾轧，没有更高的精神追求，终其一生所追寻的无非是权力和财富。这种社会，人很容易产生厌世感，也更容易沮丧和放弃，更容易得过且过坐吃等死。

躺平这个词有一种魔力，读到它就有一种画面感，是最直观的颓废与放弃，不仅践行的人可以从中得到抚慰，每日只顾求田问舍的芸芸众生也会自然地产生共鸣。每个人都感受到了整个社会已经深陷高度的内卷中，没有人能逃脱，每个人都明白这种状态不正常，都知道这是一场精力与资源的徒然内耗，就像汪洋大海里一群溺水的人，在争抢那几个救生筏。

整个社会，除了少数非富即贵的精英家庭得以站到这个封闭的竞争系统之上，可以超然地看着这蚁群一样的人们在争夺那点可怜的资源，近乎中层、底层的家庭集体参与，塑造了一场似乎谁也输不起但绝大多数最终又赢不得的比赛，惨烈而又徒劳。从幼儿园就开始，孩子的家长就不遗余力的拼各种资源，小学、中学无一幸免，上各种辅导班，学习各种才艺，调动各种人脉关系，每个孩子都没有了快乐的童年和少年时代，死记硬背了一些在未来几乎是无用的知识，身体孱弱精神萎靡不振，孩子们跳楼自杀频频发生，而家长也都心力交瘁。读了大学，很多学生毕业即失业，研究生送外卖也并不鲜见，好不容易拼到一个所谓的体面工作，也随时担忧各种裁汰，高房价更是让中产家庭负债累累。一场大病，一次裁员就足以摧毁一个中产家庭，让其迅速地滑落到社会底层。整个社会弥漫着浓浓的不安全感。

除了超然于这惨烈竞争的少数权力和财富精英的家庭，所有人都是内卷的输家，没有一个能幸免。那些能脱颖而出的极少数幸运儿，原本可以更少被摧残地获得那一切。

那么如何才能破解这种近乎全民皆输的内卷状态呢？

三、唯有法治才能破解内卷

个人以为有且只有法治才能从根本上破解之。

我所说的法治，是自然法意义上的法治。其本质的特点就是限制权力保障权利，因之一个法治的社会也必定是一个自由的社会，法治内在地要求权力绝对地尊重个体的消极自由，并按照正当性规则来保障积极自由。只有在法治的状态下，自由才能不再停留在抽象意义上，而成为一种为正当性法律所保障的自由，也即是可以获得法律救济的自由。

我说法治可以破解内卷，不是说法治能为每个人提供工作岗位，更甭谈为每个人提供心仪的工作。甚至正好相反，法治必须奠基在自由市场之上，一个人能不能找到工作，干什么工作是市场主体之间合意的结果，权力不能染指。

政府的角色设定不应当是创造就业岗位，积极的介入经济领域，而应当是为社会提供公共产品，以最低的运营成本维护法治就是政府所应当提供的首要的公共产品，其次是建立基本的社会保障，让社会没有绝对的穷人。

为什么法治能破解内卷？内卷是一种封闭的、固化的、内耗的、效率低下的、不能升级的状态。本质上源于创造力的匮乏。而只有一个自由的社会，才是有创造力的社会。

一个高度内卷的社会，各方面的优质资源是一个定值，比如985、211高校，比如好的工作岗位。每个家庭都全力以赴去争夺这点优质资源。但因为数量是固定的，所以哪怕付出再多资源，付出再多努力，绝大多数人也都是失败者。

但这并非是必然的状态，一个有创造力的社会，优质资源的数量就不再是一个定值，优质的蛋糕也可以越做越大。毕竟所有的优质资源都是人创造的，而且人还可以创造更多。这样的社会可以不断的技术升级，从而衍生新的不同行业与领域。我这样说并非是在画饼充饥，如果纵向回顾，人类现在创造的工作岗位相比于农耕社会可以说已经是天壤之别。

尽管任何一个社会都无法做到让每个人都能从事自己心仪的工作，但一个自由的社会，所有工作都是体面的。工作岗位的报酬是由市场决定而非由偏见和权力决定。届时，蓝领的收入也未必低于白领，相互之间只有分工没有歧视。

一个人的内卷体验，既源自于一种现实的不能升级的停滞状态，同时也来自于对未来预期悲观的心理反射。而人对未来的预期既与总体的社会氛围有关，更与权力的运行状态有关。只有在一个法治的社会里，权力才有边界，私有财产权才能得到真正地保障，人们也才有动机去创造更多财富。也只有在一个法治社会，人们对未来的预期才是稳定的，才能把精力投入到工作、创业和拓展业务中，从而将国家导向一种良性循环。

只有一个法治的社会，才是真正能平等友爱的社会，也才是真正有道德的社会，法治所保障的信仰自由为平等与爱，为社会道德奠定基石。而一个平等友爱的社会，也会治愈很多躺平者的绝望和沮丧。

　　如果一个政府在提供了法治这一公共产品后，再能建立起最基本的社会保障体系，让全民享受统一的免费养老、医疗服务，则会极大降低创业者的后顾之忧，也将有利于打破内卷。

四、结语

　　对于躺平，最初看到这个词时，我也很受震动。它那么鲜活地将绝望和放弃两种情绪横陈在众人面前，可谓切中肯綮。我在朋友圈分享时加了一句话："以一种最消极与最决绝的方式抵抗"。

　　但当我冷静下来，自然会意识到这种意义的阐释，除了表明它与我产生了共鸣以外，其他都是虚幻的，甚至带有一定的虚伪性，是借他人之酒浇自己胸中的块垒。

　　我们传播躺平这个词，并一定程度上美化它，但对于那些躺平者内心无法排遣的痛缺乏感知和共情。在社会主流的传播中，躺平似乎真的成了一种可以选择的替代方案：既带有抵抗的象征意义，践行者同时又是可以不被伤害的。

　　但事实呢？

　　对于躺平，因为我是从个体消极自由的角度来看待的，所以虽然我体味践行者的痛苦，但不会批评，当然也不会鼓励。

　　在一个法治的社会，勤劳可以保证一家维持体面的生活，但不能保证活的优渥，但在一个非法治的社会，勤劳恐怕只能保证一家基本的生活，这是因为在一个非法治的社会，人的贫穷主因是权利的贫穷。一个权利得不到实在法保障的社会，人不过就是韭菜，被割的深一点还是浅一点，你都没有话语权。

　　如果再考虑这种高度内卷的社会状态，人勤劳的边际收益是下降的，而且越勤劳下降的越厉害。普通人倡导勤劳几乎等同于作茧自缚。人们都明白这个道理，但内卷却一直在加深。比如快递行业，相比以前快递小哥派件多了很多但收入却不升反降，然而，快递小哥们仍然一边发泄着不满一边却更拼的去抢单。这就是博弈论上的囚徒困境。

快递小哥劳动量加大收入却不升反降。在快递行业的单件整体利润没有下降且行业方兴未艾的同时，快递业并未因充分竞争而导致边际收益下降。即这并非是市场的充分竞争带来的结果。

造成快递小哥这种困境的原因本质上还是权利的贫困，在法治状态下，每个行业都可以组织工会，而且工会的势力很强大，与资方有议价能力。因为劳资双方本质上是利益共同体，通过劳资双方的博弈会达成一种双方利益兼顾的平衡状态。

在非法治状态下，权利贫困实际涉及到方方面面，从政府信息公开，到纳税额度，到创业的非市场壁垒，再到二次分配都与权利有关。

这个国家，我希望看到的状态是，普通人既不躺平，也不过劳，都能随性适意的工作、休闲、消费，而不是一种行色匆匆形容枯槁暮气沉沉的透支状态。我希望青年人能更率真、更有激情、更有粗粝感，不要提前追求一种中年人才应当具备的精致、成熟和优雅。我希望他们有更强的权利意识，当自己合法权利被侵犯，能挺身而起而不是消极的躲避。

当然，当我把内卷的解决寄之于法治时，而这种法治又是应然意义上的法治，是宪政意义上的法治，我所能做的恐怕就只能是表达一种愿景了，相当于说了白说，但对于在非法治状态下无解的问题，强行去提出一种解决办法，可能更不负责任。

所以，这篇文章的意义就是重复一下常识。

刘书庆

2021 年 5 月 31 日

第十五篇

不掺杂种族歧视话语，我们的反对将更有力量

——对《外国人永居条例》的反对姿态兼我如何看待移民问题

■内容摘要：

◆ 反对比反对的内容还要重要。反对根底上是一种不服从。

◆ 要警惕种族歧视的表达，它不会让我们的反对更有力量。

◆ 我们反对，就要通过游说，通过抗议，通过法律行动，去影响政策的制定，或者改变政策，以一种有格调的方式，达成我们的目的。唯有这样，我们的反对才是坚实的，可以持续的，也是与现代社会的价值观念一致的，不至于愚蠢的处于道德洼地上，进而被民粹化的看待，也不至于引起种族仇恨。

◆ 根据主权在民的原则，显然是否允许移民，允许什么样的人移民，国民不仅有话语权，而且应当由国民基于民主原则说了算。

◆ 从我个人价值观来说，我希望我们的移民政策，应当提高移民门槛，我们吸引移民不是搞慈善，吸引的人应该是我们国家真正缺乏的，特别是高精尖的技术人才，当然财富移民也可以，进来之后也不能享受超国民待遇。同时我们应当堵塞漏洞，在就业等环节对非法移民进行严格限制，不能允许他们和国民争夺工作岗位，对于超过签证期限非法居留者，应当以霹雳手段行菩萨心肠，最好将其驱逐出境，哪怕给他们少量经济补助，或者依法限制其人身自由。这也是主流国家普遍的做法。

■正文：

谈这个问题之前，我先声明，我反对这个垃圾条例，坚决反对。

它有太多的 bug，只要瞅上一眼，那种符合某主意初级阶段的粗糙、颟顸混合着对民意的不屑就扑面而来。

但在这里，裤衩我先给它留着。

我今天谈论的是我们反对的格调。

这种垃圾条例，它被贴出来然后被清一色反对刷屏，甚至掀起网络狂飙，很正常。如果我们感到了痛，却连反对都不敢说，却连反对都不会说，届时我们这个族群的标签将不再仅仅是怯懦，而是愚蠢又怯懦。当然，愚蠢常常是因为怯懦引致的，这是题外话。

一定意义上，反对比反对的内容还要重要。反对根底上是一种不服从。

我赞赏这种反对，因为这是在维护自己的权利。客观上也是在为一个族群争族格，当然你也可以说民族都是虚化的，也是落后的意识，族格更不存在。这个不必争论，它是一种个体的感情，无法证伪。即便美帝这样的熔炉，也有人说形成了美利坚民族（nation），但也有很多人厌憎这个称呼。

我只是想特别提醒大家，要警惕种族歧视的表达，它不会让我们的反对更有力量。

我刚才说过，反对比反对的内容重要，这里我再加上一句，反对的格调又比反对重要。

我之所以提醒要警惕种族歧视的表达，不只是狡黠的在策略性的看待这个问题，而是它确实也是一种现代社会的基本的道德伦理。如果突破它，没有谁是真正受益的。

但所有种族和民族都平等，是否意味着国民不可以反对移民？是否意味着在反对移民时对特定种族不可以区别对待？

这两个问题，基于不同的价值预设，恐怕争议会很大。

这里我将从两个角度来谈谈这俩问题，一个基于价值视角，一个是基于权利视角。价值有很多，比如平等、公正、效率、利益等等，每个人看重的都不一样，但权利不是，权利是确定的，无论你喜欢与否行使与否，它都是你的权利，任何人在权利范围内行使权利无需承担责任，权利是与实在法联系在一起的。正因为权利才是合法行为的最大公约数，所以这篇文章主要还是从权利角度来谈论这个问题。

从权利视角，这里我先给出确定的答案，我认为国民有权利反对移民，也有权利对特定种族区别对待——尽管它可能不符合平等的价值。

先来说一下为什么国民有权利反对移民？

大家都承认国家是一个有主权的政治实体，它有权力允许或者拒绝别人进来，这是主权最基本的衍生权力，如果抽去这一权力，国家就没有了边界，国家也就不存在了。这个应该好理解。那么根据主权在民的原则，显然是否允许移民，允许什么样的人移民，国民不仅有话语权，而且应当由国民基于民主原则说了算。

为什么在移民问题上，应当适用民主原则而不是强调共和或者宪政精神呢？因为一般来说，它并不涉及多数人对少数人的暴政问题。现在世界上总共有200多个国家，除极少数无国籍人，每个人都有自己的祖国。不存在一个国家不允许移民，就等同于剥夺少数移民者的球籍问题，不存在剥夺移民者的基本人权问题，自由迁徙权是国家这一政治实体内的权利。

说起来每个国家就像一个微信群，是封闭性的，进入都是有条件的。不符合条件就不允许你进来，没什么道理可讲。要是一个屌丝说马云马化腾他们的群，不允许他进去是歧视他，是侵犯了他的权利，是不是很可笑呢？

所以，国民有权利反对移民，甚至根本无需正当理由。他可以害怕别人抢了不多的就业机会，也可以担心狼多肉少更难找媳妇，或者他就厌恶他的祖国成为一个人种混杂的彩虹国家。理由有很多，有的不足为外人道，重要的是他有权利反对。

那么接下来的问题是，一旦国家允许移民，也设置了相应的门槛，那么政策能否对特定种族加以区别对待？

关于这个问题呢，我想先谈点自己的看法，也就是符合我的价值观的看法，但我必须声明，价值观只是我个人的，它不是一种强行性的法律规范。我认为最好怎么做应当怎么做，不代表它必须这么做。

从我个人价值观来说，我希望我们的移民政策，应当提高移民门槛，我们吸引移民不是搞慈善，吸引的人应该是我们国家真正缺乏的，特别是高精尖的技术人才，当然财富移民也可以，进来之后也不能享受超国民待遇。同时我们应当堵塞漏洞，在就业等环节对非法移民进行严格限制，不能允许他们和国民争夺工作岗位，对于超过签证期限非法居留者，应当以霹雳手段行菩萨心肠，最好将其驱逐出境，哪怕给他们少量经济补助，或者依法限制其人身自由。这也是主流国家普遍的做法。

在此基础上，我们的移民政策完全不必考虑族裔背景，一视同仁。这种非歧视性原则是符合联合国宪章宗旨的。也是与我个人价值观一致的应然的移民政策。

但是我这样说，并不意味着国民无权要求政策的制定对特定种族区别对待。相反他们有权利这样做，政治上虽然有点不正确，但更合乎现实，而且也是多数国家所践行的。

就不说美国原来的排华法案了，也不谈过去的白澳政策了。就说现在，特朗普对所谓"粪坑"国家移民的厌憎，很难说没有种族主义的情绪在，一个欧洲白人移民美国肯定要比其他人种的人更容易，澳洲也是一样。政策貌似是一视同仁了，但实操上区别仍然是明显的。

另外对民族国家来说，对自己的后裔，允许其回流父母之邦，对他们设置较低的门槛，也是通行做法，就像以色列和波兰所做的。

这种做法，你可以说它不够平等，但合乎人性。和平时期，吸引移民本质上出于利益考量，如果把人吸引进来，成天鸡飞狗跳龃龉不断，那就南辕北辙了。而能否和睦共处，族裔背景又是必须要考虑的因素了，因为族裔背景相同往往意味着文化背景相同，文化背景相同，冲突就会少很多。

而且国家是一个建构的政治实体，他不是天然就存在的，它往往经历了漫长的建构过程，这期间有过战争、灾难、屈辱、辉煌，而这些都凝结成了历史。历史就是一个族群内所有人共享的记忆。相同族裔背景的人，其祖辈参与过这个国家的构建，或许有过牺牲和奉献，筚路蓝缕走到现在。这些东西集合在一起，会形成一种有点排他性的情感。国家就像一个人和的公司，它不是简单个体与个体的累积，而是一群有共同记忆的人构建的，有基本的人身信赖才可以维系。

这种感情再正常不过，我也不认为这种感情仅仅用狭隘就可以评价的。

所以叨叨了这么多，我无非就是想表达两个观点，一是国民有权利反对移民，也有权利对特定族裔的人区别对待，这种区别对待既是主权在民原则所决定的，也是现实中多数国家所实行的——尽管它政治上不够正确。二是应该反对种族歧视，不要使用侮辱性称谓，它除了宣泄无力感的情绪，对阻止政策出台并无裨益。

事实上，无论哪个族裔的人，都希望过更好的生活，国人希望往美加跑，部分黑人愿意往中国来，道理都是一样的，唯一不同的是，跑到美加的国人是带着大量财富和知识去的。而跑到中国的黑人很多是我们花钱请来的。

所以不要针对黑人，他们并无过错，我们反对的也不是黑人来我们国家，地球村时代，没有哪个国家可以关上国门搞发展，我们反对的是低门槛给外国人永久居留的权利，反对的是现实层面无处不在的超国民待遇政策。

我们反对，就要通过游说，通过抗议，通过法律行动，去影响政策的制定，或者改变政策，以一种有格调的方式，达成我们的目的。唯有这样，我们的反对才是坚实的，可以持续的，也是与现代社会的价值观念一致的，不至于愚蠢的处于道德洼地上，进而被民粹化的看待，也不至于引起种族仇恨。

最后我想忠告某些肉食者，不要以 colonial 心态来治理这个国家，不要意图把中国搞成一个移民国家，不谈别的，仅仅几十年的野蛮计生对这个族群所造成的精神创伤，就堵死了这条道路，如果移民政策门槛不够高，任何引进非华裔移民的政策都会撕裂这个族群的伤口。

很多人看到了美国的强大，就想当然认为多元是强大的原因，他们却没有看到多元的欧洲面临的困局，美国最早是一块殖民地，引进黑人不是因为慈悲，同样欧洲列强作为殖民主义的先锋，他们今日的困局既是对近东和南亚次大陆殖民的历史报复，也是二战后为发展经济而引进的人力资源的后果。他们曾经受益于此，承担必要的代价也是正常的。

没有殖民历史和贩奴历史的中国，不必背负亏欠的十字架。在力所能及范围内，对更不发达国家进行适度援助，并且真正让援助惠及人民，这才是正道，而不是愚蠢的降低移民门槛，把吸引移民当成慈善来搞，满足一时的万国来华的虚荣心，贻害无穷。

某种意义上，东亚社会是个很脆弱的社会，禁不起冲击。欧美国家移民虽然多，移民引起的文化冲突也不少，但白人的自信心仍然是最强的。他们仍然可以俯视别的种族。在矛盾到达临界点之前，我相信他们有办法解决问题。但是我们不行，我们网络上虽然充斥着对黑人的种族歧视，但更像是对无力改变政策的情绪宣泄，是失败者无奈的愤怒。

可以说我们缺乏应对冲击的能力。

我们这样一个社会，本应该专注于解决国内问题，深化改革、固本培元，休养生息，培养社会生气，让人口生育率尽快恢复到自然更替的水平。华夏文明几千年之所以没有断绝，不是它有多强势，而是人口多。现在这么惨淡的生育率，哪能禁得高生育率种族的冲击？

古人说一言可以兴邦，一言也可以丧邦，一个法规的出台更应该慎重。

刘书庆

2020 年 3 月 4 日

第二编

刺猬的絮絮叨叨（上）

篇目介绍：

这第二编里的文章，既有最近几年写的，也有很多年之前写的，在时政评论文之外，还有数篇写朋友的文章。之所以命名为刺猬的絮絮叨叨，并非全然是自嘲之意，主要还是苦口婆心和不断重申的意思。收录的文章虽然时间跨度大，关注的主题多，但内在还是有一个统摄全部文章的纲，那就是正常的正常政治伦理和法治的应然状态，其核心的信条是公共权力应当被限制，个体权利应当被尊重。至于那几篇写朋友的文章，则意在表达一份敬意和思念。

第一篇

不作恶，是人的底线

——给吴尊友先生的一封公开信

作者按：当看到中国疾控中心主任吴尊友为了给每日核酸检测背书，提出令人贻笑大方的"间歇性排毒"说，在一种自由被限制，每日接受荒诞权力的规训与惩罚的耻辱感中，一种不可遏制的愤怒涌上心头。几乎一蹴而就地写了这篇文章。因我一向素乏捷才，写文章鲜有文思泉涌的情形，每篇文章几乎都是耗多日之力才能勉力写就，但这封公开信是个例外。

文章也是只能通过图片传播，而且很快就限制了笔者的分享，在笔者邮寄了这封公开信后，可能是温克坚兄的转发引爆了传播，它的传播幅度远远超出了我的预期。以至于在过了多日我以为已经沉寂的时候，北大刑法学博士张庆方（我和他结识于联袂给许志永博士做辩护人时）在一个群里偶然说起，他的多个同学群里，都在传我写的这封公开信，有几个朋友私信转给它这封信。一段时间之后，庆方还再次提起我这封信，说"吴尊友比以前消停了，书庆的公开信起了作用"。这封信对吴尊友是否有情感上的冲击，笔者不知道，但它的传播和得到的认远超我的预期。

浙江工商大学著名经济学教授朱海就先生也对这篇文章和我的公民行为给予了很高的评价，他说"已经拜读，写的太好了。这两天也刚好想到，如有更多人像兄一样，敢于说真话，不和恶势力合作，社会就不至于堕落。"我相信以朱老师的品格，这番鼓励的话语不纯然是客套。

于 2025 年 8 月 2 日

■正文：

吴尊友阁下：

您可能不知道，在动笔给您写这封信之前，我闭目打坐了半个时辰，反复以《圣经》上的一句话提醒自己：这世上没有义人，连一个也没有，以便努力让自己怒气平息下来。因我无意单纯地谴责您，或者单纯地排遣我的愤怒，把自己放置于道德高地上，以收获一些掌声或者敬意。

我是希望这封信能真地引起您的共情，唤醒您的良知，把野心和欲望收敛一点，而不是觉得被冒犯心肠变得更硬。

您是中国疾控中心流行病学首席专家。您的言行与中国防疫政策的出台和改变有莫大的关联，我当然不会说政策是由您来决定的。但现代社会，行政决策都需要建基在一定的科学基础上，特别涉及疫情这类问题，政治可以赋予政策以不可质疑性，但无法证明其正当性，其正当性终究需要科学来证成。而您和您代表的单位的工作就是为行政决策提供信息支持的。一定意义上，您也处在了一个一言兴邦一言丧邦的重要位置，至少会间接影响数千万人的生计。基于政治现实，我当然也知道您和您代表的单位可能仅仅是一个背书者的角色，但背书本身就意味着责任。

俯身看看上海居民的遭际吧，俯身看看在核酸检测中的种种荒诞荒唐吧。以核酸检测为基础的健康码给百姓造成了多么严重的精神负担，甚至诸多的人道灾难也与此脱不了干系，没有 48 小时的核酸检测就无法出门无法就医，有多少人就死在了医院门口。您扪心自问，这一切与您和您代表的单位没有关系？行政决策时您有没有参与？面对执行环节的反智反科学反人道，您有过矫正的努力吗？

然而，遗憾的是我们看到的是您的变本加厉，看到的是您的扬波逐流，您作为疾控中心的首席专家，非但没有正本清源，让百姓了解这个病毒以降低人的恐慌，降低社会的防疫成本以尽快恢复正常的社会秩序，反而像个行走江湖的游医贩卖伪科学的观点，为了论证核酸筛查不能停，提出贻笑大方的所谓"间歇性排毒"说，说什么"有些感染者不是持续地向体外排出病毒，而是间隙性排出病毒，感染者在做核酸采样的那个时点刚好不排毒。"

排毒的本质是病毒的复制，只要病毒复制在进行，人体就在排毒，人的血液、呼吸、体液、粪便都可能含有病毒，不同病毒的排毒途径虽然有不同，但在每一个途径上，不可能有间歇性。单从核酸检测来说，是基于呼吸排毒来检测的，人的呼吸能够暂停？人的呼吸器官有对病毒的开关吗？

您有没有觉得您是在信口开河？堂堂一个大国的疾控中心的首席专家，如此不负责任的反常识反科学论调，您难道不觉得惭愧吗？

请不要小看您的这种装神弄鬼的后果。把病毒神秘化，客观上在协同塑造一种反智反科学的社会氛围，方便某些野心家将社会拉回到矇昧的丛林状态，届时几十年的改开成果或将被清零。

人生天地之间，虽然个体能力和人生际遇不同，但都对这个族群负有一定的道义责任，不作恶是最起码的要求。前几天的母亲节，看到有个说法我觉得很好，发给您共勉：不作恶是对母亲最大的孝。中国的贩夫走卒们虽然不能像您一样可以打着科学的名义口吐莲花，且有着高分贝的话语权，但他们生气了是会骂娘的，而且骂娘还真就不限于贩夫走卒，各类精英背地里也会，甚至大人物都会，不信看看庐山会议的记载。

拿骂娘来警示您可能有点上不来台面，但我实在不知道无神论者还有什么是真正敬畏的。我想对自己的母亲，每个人都应当是爱的吧。都不希望因自己而累及母亲一起被骂吧？当然一个人作恶，只应当由他自己来承担责任，这是最基本的现代法制观念，所以辱骂作恶者的母亲自然是不对的，但它又是必然会出现的。

您作为疾控中心的首席专家，借着这次世纪疫情，已经将自己的名字写进了历史，不要再心存更高的野心和欲望了，否则弄到千夫所指，等曲终人散您会后悔的。谁都知道核酸筛查已经形成了巨大的利益链条，看看那些核酸和疫苗公司的会计年报就知道了，但国难财吃着容易，能不能消化得了就未可知了。

　　我一直以为，在一个民智已开的时代，加上互联网的普及，历史的叙述不再是中心化的，只要你关心政治就是历史的记录者，也是历史的评说者。在这样的时代，功罪的评判标准已经具有了客观性和普适性，没有谁作恶不会被识破，一个人的千秋功罪无需后代评说，当代就足以被定论，作恶的、逆历史潮流而动的最终都会输的很惨。

　　所以，我希望您能深思，以悲悯之心看看芸芸众生的艰难困苦，别再作恶，不要因为您的恶是间接的，需要多步传导才能显出它的恶果就假装它无关紧要。

　　这个世界，有多少聪明人败于短视，为着那取之无道的财富和地位，帮着野心家垒高墙，当高墙垒成的那一刻，就会发现自己也在高墙之内，正所谓作茧自缚作法自毙。

　　尺短意深，言苦心善，望您戒之。

　　夏安！

刘书庆
2022 年 5 月 21 日

第二篇

公共政治幻灭与个体生存意志的枯萎

——我看李衍桦先生的自杀

安菲弥东，到底出了什么危险，使得你们这些年华方茂的人都来到黄泉？就是从全国再精挑细选也采集不到这样高贵的人了。

——《奥德赛》

2024 年 8 月 25 日，香港城市大学李衍桦教授卧轨自杀，上一个卧轨自杀而被人铭记的中国人是著名诗人海子，那是在 1989 年 3 月 26 日。

同样是卧轨自杀，但我以为，李衍桦先生的死，具有比海子更大的悲剧性。海子的自杀是诗人的自杀，而李先生的自杀是知识分子的自杀。

一、诗人自杀

人们对诗人的自杀，多多少少有一点预见性。诗人，特别是现代诗人，一般被认为需要更天才的性格才能卓然而立，所谓天才的性格，就是更自我，更自大、更偏执、更激烈，更狂悖、更神经，现代诗的朦胧、晦涩、梦呓、隐喻、无逻辑、无意义、碎片化，也都要求匹配这种性格。没有这种强悍的性格，没有这份蔑视所有建制和规范的精神气质，就写不出好诗来。

这种天才的性格，因为不够理性所以也不够稳定，会被认为天然蕴含着自我毁灭的因子。

海子自杀于露丝之前，彼时是大陆政治最活跃的时期，蕴含着无限的可能，但海子仍然沉陷在困境中无法突围。显然这种困境更多是个人的，不涉及公共政治。个人的困境其实逃不开"名、利、欲"三个字。海子的诗写的固然好，但假如他平凡地活着直至寿终正寝，他可能就只是一个优秀的诗人，甚至哪怕他英年早逝，引人无限的惋惜，也无法与自杀给人带来的冲击相提并论，他仍然可能停留在优秀诗人的层级上。

但他自杀了，而且选择了卧轨的方式，这成了一个重大的公共文化事件。自杀就如同引燃凤凰让其涅槃的那堆篝火，没有这堆火，海子仍然是一个优秀的诗人，但可能仅限于是文本意义上的优秀诗人，他不会成为缪斯化身的精灵，不会跨圈成为一个标签意义的"真正的诗人"。自杀让他的文本和性格相互印证，共同认证他的真诚和天才，他的死亡成为对自己诗歌不朽的献祭，他和他的作品一起不朽。

这是典范意义的诗人之死。

有的人虽然身份不是诗人，但他的个人性情却可能是诗人性的，比如华东师大的江绪林先生。他跳楼之后，我应编辑之约还写过一篇评论发在天涯，题目也锋芒毕露，叫《鄙俗时代，诗人自杀以证清白》，其实回头看与其说是写江先生，毋宁说是写自己的愤懑，直到前年疫情其间偶尔读到刘擎先生写的《追忆与启迪——江绪林博士告别仪式上的悼词》，才意识到自己作为一个根本不了解江绪林先生的人，是不该那样浅薄地写文章的。江先生是忧郁症病人，而他忧郁症的起因也并非是因为对公共政治的关切与失望，主要还是个人情感的不顺，也有对自己专业的苛刻要求；还有他性格中的那种"局促不安、如影随行的不不自在"（刘擎语），"许多女生可以远远欣赏他、钦慕他甚至崇拜他，但亲近之后却难以持久相处"。

他显然有点情感交际障碍。我不清楚江先生是否写诗，但他敏感的性格是属于诗人性的，他只是不如诗人强悍、自大和虚张声势，但却忧郁的要命，而忧郁本就是诗人的典型气质之一。其实研究现代哲学的，要想出人头地，也需要强悍的性格，需要高度的自恋，否则无法消解外在的压力。这种性格以我们常人看，也是不够理性稳定的，像尼采、叔本华、克尔凯郭尔、福柯等人，甚至写小说的卡夫卡也可以归于此类。

江绪林先生是非典型意义的诗人之死。

但李衍桦先生和他们不一样。

二、知识分子自杀

李先生的遗言清楚明白的显示，他死于对公共政治的幻灭。你当然可以说他也有抑郁症，正如那篇为了在中文互联网传播而刻意对他进行批评的文章所暗示的。对此我不想反驳，一则我不掌握李先生的身体状况，二则我认为他有没有抑郁症并不重要，抑郁症是一个典型的现代性症候，有太多人罹患抑郁症，关键在于他抑郁的起因是什么，是个人情感和事业的不顺？还是源于公共关怀？

其实，不止是他的遗言，就是他选择的自杀方式，都有象征性，"我想被火车碾碎的感觉应该和被 tanke 碾碎差不多吧"。在他留下这句遗言的时候，不知道他内心里有否泛起一股更广阔的历史悲情，超越香江那一隅天地。反正我相信他会有，我对这句遗言的解读是他暗示了自己是在承接某项令人动容的抗争传统，但他肯定又不愿明说。这是独属于知识人的一份矜持和自尊：致敬但不攀附。

你从他的遗言中都能感受到，这是一个心智清明理性的知识分子，他对公共政治的幻灭不是突兀的，而是在纵向地历史陈述中自然的升华。即便是遗言，他的笔触仍然是节制的，隐忍的，没有那种粗砺的嚎叫，甚至连自己的痛感都在着意隐藏。遗言的开头是"一点关于个人的小宣布"，这口吻是对亲朋的告知，而不是对世界的宣告。这第一句话就彰显了他的清醒。在我的认知中，谦卑是清醒的外在特征，凡妄自尊大者，腹内鲜有真才实学。"一点""关于个人""小宣布"这几个词连缀在一起，一个知识分子自尊而又谦抑的形象便立了起来。他根本无意像那些妄人一样自我加成自杀的意义。

他的遗言简短朴实，不讲自己的人生经历，尽管其学术履历足够耀眼，2021 年，斯坦福大学公布的全球顶尖科学家排名，他赫然在列。他刻意把自己隐藏起来，甚至连让他幻灭至不想再苟活的挣扎，他都不讲。你从他遗书中几乎读不出愤怒，也看不到鞭笞，字里行间只是透露着对政治幻灭的悲凉，如果对东方人那种隐忍的集体性格，对从诗经开始的“怨诽而不乱”的东方美学传统没有体悟，你很难感受他文字背后平静的绝望。

但坦率地说，我对这种东方式的隐忍克制，情感上虽有亲近感，但理性上持批判态度，因为这种气质与构建现代体制所需要的性格特征不很契合，民主宪政的建构，需要更直率甚至某种冲突型的粗砺性格，不能过于自尊，自尊者很怕自己失了体面，也怕对手撕去伪装，所以忌惮应对激烈的冲突场面，就容易暧昧，对是与非和对与错就不愿意坚持和直面。

有时候制度的进化，需要以打破某种暧昧的和谐状态为前提，把矛盾公开化，不去讲什么温良恭俭让，而是去争吵、抱怨、谴责、摩擦、碰撞甚至掀桌子，就像米国制宪会议的先贤们。

李先生这种东方式的隐忍克制，让他的自杀失去了一些血性，一种如矛刺一样的穿透力。根本上，他只是一个关心政治的知识分子，而不是政客。

但也正因如此，他的自杀更让人心痛，有更大的悲剧性。因为他个体形象的模糊，反倒凸显了东方家国型知识分子某些同质性的特征。他的自杀不是受困于自己的遭遇，自己的情感泥淖，而是因了某种政治愿景的幻灭。这一愿景，如果单从其个人的利益看，对他一个无意真正参与政治的知识分子而言，那些他所希求的自由虽然重要，但也不是攸关一切的，所以他的自杀一定背负着某种集体性的悲情，否则你无法解释这种政治的幻灭带给他的毁灭感。因为以他的学术成就，以 HK 中产阶层的资产，以他 HK 人的身份，他完全有能力“乘桴浮于海”，去寻找自己的迦南美地。

我甚至在想，虽然共享东方人的某种集体性格，但李先生和大陆的知识分子还是不同，他不能像大陆知识分子那样坦然地袒露心迹，因为生活在一个发达的商业城市，又一直是政治上的边缘地带，不中不西，他的集体悲情只能局限于港岛一隅，不能放大至国族存亡的层面，放大了他会心虚，而且会呈现一种大而无当的滑稽感。而为一个弹丸之地的政治自由去牺牲又显得夸张，知识分子习惯自省（精神内耗）的特质，对体面和得体的看重，都只能让他虽然内心极度沉郁、愤懑、绝望，但仍然选择那种自我降噪的模式来写他的遗书。

我不知道自己对李先生精神挣扎的揣测有多少接近其本心，斯人已逝，也永远无法再进行求证。但有一点没有争议，就是知识分子并不是只靠粮食就能"存在"，他还需要一点愿景，特别是关于公共政治的，当权力把那盏若明若暗的愿景之灯吹灭，知识分子的生存意志会枯萎，要么放浪形骸，彻底沉沦于红尘欲海，要么像李先生一样，在抑郁中憔悴凋零直至自我毁灭。

"半世浮沉随逝水，一霄冷雨葬名花"，堪为李先生人生写照，惜哉！

刘书庆

2024 年 9 月 3 日

第三篇

民间设置社会议题的一次尝试

——对"全民真话日"倡议的一种建构性解读

作者按：新冠疫情，在早期如果应对得当，如果没有对言论的极端审查，那些"吹哨人"的声音就能发出来，直面应对及时采取措施，可能就没有后续的悲剧了。李文亮医生仅仅因为在一个同事群里发出一则预警信息就被训诫，央视还对此进行了报道。从中让人看到让人自由的说话是何等重要。后来李文亮医生也成了这场疫情的死难者，发病后他的健康状况一直为人所关注，其去世更引燃了一场悼念的浪潮。笔者也在得知李文亮医生去世的消息后，第一时间发了一条朋友圈。提出设置全民真话日的倡议。我也将倡议发给了自己非常尊重的张千帆教授，张教授建议用"言论自由日"代替全民真话日，但我认为言论自由属于政治权利之一种，倡导言论自由带有某种政治挑战的意味，对一般百姓来说，一则他们并没有这种权利意识，二则他们出于自我审查可能连这个词都不敢说。而我期待的是这一倡议真能促成一个重要的纪念日，用以提醒人们说真话的重要性。说真话是相对于说假话而言的，每个人，无论什么身份和职业都可以公开的说，说出来也不触犯政治禁忌。

我和张教授沟通许久，相互没有说服对方。后来张教授联合了一些知识界的名流倡议设置言论自由日，而我就依托人权律师群体倡导设立全民真话日。这是"全民真话日"倡议的由来。

一个倡议，要想被真正建构起来，需要持续的添砖加瓦，需要不停的被言说。这是写作这篇文章的初衷。

于 2025 年 6 月 14 日

■**正文：**

"假如一个社会的支柱是在谎言中生活，那么在真话中生活必然是对它最大的威胁。"——哈维尔

"一句真话比整个世界的份量还重。"——索尔仁尼琴

2020 年 2 月 6 日是李文亮医生的殉职日，2 月 7 日，人权律师刘书庆在微信公开倡议以他的殉职日作为"全民说真话日"，嗣后人权律师们联合发了倡议声明。这件事在我看来很值得说说。

不夸张地说，这一行为如同人权律师节的建构，都一定程度表征着公民参与社会变革的一种范式转换。

"全民真话日"是直接向民间喊话，而不再是惯常地向权力机关呼吁、吁请，这既体现出一种对权力的失望，也意味着一种自主性的生长。

当权力堵塞一切民间对良治社会建构的努力，权力体系成为一个完全僵化封闭的系统，再面向权力说话既是无意义的，也在折损自己的尊严，这时候背过身去面向民间，摆脱权力中心的既有范式，自我设置议题并主导议题的进程，意义重大。

在一个极权国家，民间力量非常孱弱，对国家走向的影响与权力相比，隔着几个量级，权力就像一条大河，而个体不过一洼浅水，这条大河汹涌澎湃泥沙俱下，裹挟着几乎所有的资源，而一个国民无论你亲近它还是疏远它，都会被它影响，那些亲近它的人借机汇入其中，扬其波而逐其流，成为弄潮儿，那些疏远它的人也会被河床的流沙所带动，因为没有另一条独立的河流可以选择，一洼浅水无论多么不情愿，最终要么干涸要么被裹挟进入这条大河。

但是如果民间意识到我们完全可以自主地汇聚成一条与大河并行的河流，哪怕它是一条又窄又浅甚至随时可能断流的小溪，我们都可以部分的逃脱被裹挟的命运，不被淹没在那条权力大河的洪流中，从而彰显出自己。

民间只有具备自我设置议题主导议题的能力，民间的努力也才

能真正留下一点建构性的遗产，这是一种不关乎政治权力的社会性遗产，对一个良治社会的生成会起到独有的作用。

如果民间不能尝试自己设置议题主导议题，而只是采取一直以来的模式，围绕着权力的运行发声，发现权力违法作恶的热点，大家秉持良知，秉持悲天悯人的情怀围观批评见恶就上，舆论压制和反压制你来我往几个回合，然后批评的话语穷尽，话题开始沉寂，然后被下一个新闻热点转移掩盖，循环往复，看上去很热闹，从中也能管窥体制的僵化和丑陋，几乎每个良知者都怒火中烧，但权力完全不为所动，即便收敛改变也只是个案，没有任何制度性进步，如果回头审视来路，发现全是些碎片。民间良知者遍体鳞伤身心俱疲甚至不间断地折损却没有真正改变什么，甚至境况反而每况愈下，民间的批评非但没有给权力套上任何枷锁，反而让他们恼羞成怒，提醒他们弥补上极权制度的漏洞，进一步收紧民间的生存空间。

每念及此，直叫人心生悲凉。

这不是说以后就要放弃公民责任，放弃对权力的监督，而只是想说，民间应当对此进行反思，应当把相当一部分精力转移到自我设置主导议题上来，一旦民间对此形成相当的共识，民间才算真正成熟。

一旦设置一个议题，就要持续耕耘跟进，假以时日，就会发现在权力之外，民间或许已经为良治社会的建设打了几个深桩，树立了几个里程碑。

一个不需要权力认可允仍的议题，民间完全可以自在自为的完成。它做它的鸿篇巨制，我们做我们的小成本，对改变他们不再心存执念。我们把主要精力用在讲好自己制作的小故事。

在我看来，"全民真话日"这个倡议就是这样一次尝试。它不需要调动多少资源来做，事实上民间也没有多少资源，民间只能是小成本制作，民间需要的就是坚持，就是用心培育。

这个倡议虽然没有进攻性，但体现了一种温和的决绝，体现了民间的主体性意识的觉醒，它所倡议的内容根本不需要权力的认可。

而且这个倡议的内容也并不会让参与者处于特别的危险中，多媒体时代，每个人都可以担任公民记者的角色，有时只要随手一拍就足矣，看到各种灾难各种违法及时发出信息，只是发出一则信息，这个风险是可控的，即便存在一定风险，相比于无视灾难而可能引起的更大的灾难最终可能殃及自身，这种风险也是值得的。

倡议并没有向民众提出一种多高的道德要求，而且也没将倡议绝对化，它必然受传统、习俗、人情世故的制约，它把讲真话置于人性之下。从倡议文本来说，它没有从道德的角度去论述人应当讲真话，而是从功利的角度论述人应当有共同体意识，每个人都可以做吹哨人，不要等到雪崩的那天才意识到自己作为一片雪花也是有责任的，当然这种责任不是法律意义上的责任，而是一种社会责任。如果每个人都逃避这种社会责任，这个社会共同体就会危机四伏，个体也必然面临更深的奴役，但从法律意义上，人有逃避这种社会责任的自由，这属于消极自由的范畴。所以讲真话无论何时何地，也只能是一种倡议，它不能成为一种强制性的要求，否则它就是压迫性的，而压迫性远比不讲真话可怕的多。

他们倡议讲真话，但文本篇幅所限没有对何谓真话展开论述，那么什么才是真话？

对一个普通人而言，他没有能力占有很多信息，他掌握的信息可能仅仅是碎片，也很难期待他能有多深刻的思辨能力，对于眼见耳听的纷繁芜杂的信息，也难以指望他能去伪存真，所以一个普通人更可能处于盲人摸象的尴尬境地。

但这些人愿意传递信息很重要，哪怕其传递的仅是碎片甚至可能会被证伪。而且在我看来，这些人就是在说真话。我们倡导的真话有点类似于实话，它的真不体现在其内容与客观事实的契合，而是一种内心确信。当然对于非亲眼所见而是传来的二手信息，人们应当养成更审慎转发的习惯。

而且真话并不仅限于事实信息，它也涵盖表达真实的情绪，表达真实的好恶，表达真诚的批评与赞扬。因此，公民践行言论自由的权利，对政府进行批评也属于讲真话的范畴，可以作为讲真话的子集。

甚至，在相当大意义上，倡议讲真话重点不在于真话而是讲真话这个行为，与讲真话对应的一般不是讲假话、讲虚伪的话，而是沉默和冷漠。

从应然角度，一个具备基本法制的国家，更不用谈法治国家，对一个国民都应当容忍上述这种真话。不能对一个普通国民发布自以为真的信息（特别是亲眼所见的信息）课予很高的真伪性审查义务，只要不是故意编造，哪怕最终证明为假也应当容忍。当然，民间根本无法影响权力的恣意，说真话比曲意逢迎肯定多一份风险，但是如前所述，每个人都不是孤岛，发现堤坝出现管涌而不出声，整个堤坝都可能被摧毁，最终可能付出更惨的代价。

综上，"全民真话日"这个社会议题由民间设置，由民间主导，代表一种民间主体性意识的生长，是民间参与社会变革的一种范式转变，让孱弱的民间逃离权力的洪流裹挟，自为自在的培育成长，从而彰显出自己。

尤陆沉／2021 年 2 月 5 日

附：中国人权律师团律师关于将每年 2 月 6 日设置为"全民真话日"的倡议书。

中国人权律师团律师关于将每年 2 月 6 日设置为"全民真话日"的倡议书

2020 年 2 月 6 日，医生李文亮因新冠肺炎不治病逝，全网震动，李医生是最早向人们预警新冠肺炎的八名医生之一，这八名医生也因为预警行为而被警方训诫。他们基于已发病例和医学专业知识小范围向社会发出预警信息，先是被医院监察部门约谈，后被警方以"散布谣言"训诫。

疫情信息本属于高度专业的内容，非专业的警方却利用权力来判定专业人士的话语是谣言，非常荒唐。而央视对八名造谣者被惩戒信息的选择性报道更是对所有讲真话的人形成了压力，也对打压言论形成了某种示范。

正是对言论的打压造成了疫情的扩大，造成了无数的家破人亡，造成今日殃及全民且危及世界的社会悲剧。

而更令人忧惧的是，对言论的打压和钳制仍然在持续中，据统计，超过三百人因本次疫情言论被抓捕，如公民方斌冒着被感染风险实地调查并公开疫情，多次遭到骚扰威胁。

我们不否认有些人会造谣生事，但应该区分造谣和发布信息不完全属实两种不同情况，公民不是权力机关，几乎没有能力掌握完全准确的新闻信息，何况新闻事件的各种数据一直在变化中。这些公民基于自己掌握的事实及时发布信息，是最深沉的爱国者，他们的言论也是最有价值的言论，对这些人应当保护而不是打压。

李文亮医生在被警方训诫后转身就投入救治病患的一线，又不幸被感染成为一个病患，他的父母也被感染。在重症室还勉强支撑接受多家媒体采访，让人们了解真相，体现了医者仁心。

李文亮医生因为讲真话而被训诫，同时也因为他们的真话遭到压制而成为悲剧的一个承担者，这使他的殉职具有了一种高度的象征意义。有人说全网哀悼等同于给他举行了一次最隆重的国葬。

为了纪念这一位好医生，牢记这一场严重的社会悲剧，警示打压言论可能带来的严重后果，我们郑重向全国民众、团体、企事业单位、自媒体、海外华人社区呼吁，将他的病逝日期，也就是 2020 年 2 月 6 日，设定为"全民真话日"。以后在每一年的这一天，默哀三分钟，以纪念李文亮医生和省思这场严重的社会悲剧。

我们每个人都不是孤岛，我们休戚与共，我们每个成年人都要承担起自己的社会责任，而承担社会责任，就让我们率先从讲真话开始。

再次致哀李文亮医师！

2020 年 2 月 2 日
中国人权律师团律师

第四篇

"公民自组织"能力的民间渴望与雏形展示

——我看新公民运动

前言：今天是志永出狱的日子，我无法去现场迎接，在武汉一个酒店写下一点文字，以表达我对志永的敬意，希望志永能真正自由。

因缘际会，做了许志永博士的二审辩护人，在屈指可数的几次会见中，许博士展现出的那种纯粹、那种坦荡、那种求仁得仁、那种完全超脱功利的淡泊，那种不掩饰自己真正追求的坦然态度，那种对不同性格同道的理解与宽容，那种希望新公民运动继续进行下去的殷切期盼，让我脱帽致敬。

基于许博士力图将自身融入而非领导新公民运动的初衷，对他最客观地历史评价莫过于对新公民运动本身。

■正文：

一、新的公民还是新的公民运动范式？

关于新公民运动，甚至在代理许博士案之后相当长一段时间内，我对它的理解都比较皮相。记得笔会的王金波兄曾对新公民运动这一提法有过质疑，他说公民还分新旧吗？彼时我刚接手许博士案，竟无言以对。

金波兄的这一质疑应该说有一定代表性。至今，仍有对新公民运动不熟悉的人作同样的质疑。

对这个概念，我觉得确有必要厘清，以志永善利万物而不争的性格，其意不在开宗立派，或者以他的命名来划定一个分水岭而强势进入历史，尽管以他的作为已经足够进入历史。

后来随着阅卷的深入，对志永坚守的理念逐渐清晰，才意识到他提出这个概念，说的是新的历史条件下，一种公民行动的新范式，而不是新的公民。公民的确不分新旧，但其行动方式会刻上自己时代的烙印。还是志永自己说的最准确全面，"新公民运动的'新'"，是指"社会背景新，行为模式新，运动的目标新，因此当称之为新公民运动"，"新公民"对应的不是"旧公民"而是"旧臣民"。

而且一般意义上的公民何时才进入一种实践状态的角色，其与政治反对者的区别，也是可以探讨的问题。

以我个人的看法，一般意义上的公民在改开之后才渐次出现，尤其 90 年代之后，公民不再是一种从未司法化的《宪法》纸面上虚拟的概念，因着劳工权利、环境污染、食品安全、基层选举、艾滋病村、乙肝歧视、征地拆迁、物业纠纷、计划生育等，公民才真正走上历史舞台。某种意义上，公民是经济社会问题的衍生者，而上述经社问题恰好是邓南巡后法治缺失下市场经济的副产物，至今这种状态也未得到根本改观。

当然这不是说只参与经社问题的才是公民，积极参与基层选举的甚至尝试结社的，因为是践行公民的政治权利，自然属于公民无疑，而且无疑是更值得钦佩的公民，尤其结社权，一直是绝对禁区，对其挑战尝试都遭到了无情碾压。这些忧患实多的民主先行者，为了心中那份理想，以身试恶法身陷囹圄而不改其志，足令任何一个国人脱帽致敬。但在我眼里，更愿意把他们归在政治反对者的谱系中。

而且，90 年代之前与 90 年代之后的基层选举参与，参与主体与主体的心理状况都是不同的。前者更多是政治抱负理想主义的结果，后者的心理则更为复杂，带有经世致用的心理动机，因为人们普遍看清经社问题丛生的背后是权利的稀缺，尤其是政治权利。90 年代之前，基层选举的参与者是象牙塔式里的知识精英，整个社会都还不存在真正的体制外空间，也不存在不动产等私有财产，市场经济尚处于萌芽状态，征地拆迁还没有进入历史舞台、资源环境的约束也还不存在，普通人都还没有权利缺失的痛感。知识精英的政治权利参与无法与普通百姓产生共鸣。那时的基层选举其象征性多于实质，甚至可以说是开明政治人物恩赐的结果，国际国内气候一旦变化，就会遽然消失，因此具有无根的脆弱性。这是非常容易理解的，一个经社权利受损的人，往往更具韧性，因为那是与他们生存直接相关的。

由此可见，同样是基层选举，不同的时代背景，其追求不同，参与的主体也不同，其实现的方式也不同。

所以志永提出"新公民运动"这一概念是有明确指向的。

二、新公民运动与民间"自组织"化尝试

2012年是一个分水岭。这一年的5月志永发表《中国新公民运动》，如果以历史的眼光看，无疑这是一篇纲领性文章。这篇文章中，志永坦率明确提出"新公民运动"是一场"政治运动"，一场"社会运动"，也是一场"文化运动"，当然这里的"政治"不是"尔虞我诈"，不是"你死我活"，不是"阴谋、暴力、推翻、统治"等惯常与政治联系的能指，因为"政治"在志永这里是"美好"的，他有篇文章题目就是《政治应当是美好的》，他眼里的政治是"天下为公"的政治，是"服务"大众的政治，负载着鲜明的"正义、道德"的内涵。

所以他不讳言"新公民运动"是一场政治运动。

回头看他的初衷，是想以"自由、公义、爱"的"新公民精神"来塑造"公民社会"，和平非暴力地推动政治转型。这一过程必然伴随对权利和权力观念的全面更新和启蒙，所以同时它又是一场社会运动和文化运动。

志永眼里的新公民运动，涵盖"公民权利运动、公民不合作运动和民主运动"，其所挟持者大，其志甚远。笔者无力作全面分析。我只想就公民"自组织"这块谈点看法。

笔者以为，"新公民运动"体现了民间社会对"公民自组织"的渴望，并通过温和的"饭醉""交友""佩戴统一公民标示"将

"自组织"的渴望纳入实践状态。

"自组织"与"组织"不同，它是"无中心的""自发的"，它可以基于志趣，也可以基于共同的利益诉求来形成，它最终会改变政治但未必有鲜明的政治诉求。它的运行模式更类似于西方的各类民间机构，属于广义的社会组织而非政党组织。

个人以为在极权的当下，相比其他社会改良"药方"，其的确具备更现实的可操作性。

不要小看"饭醉"和"交友"，人不再原子化是对极权体制最基础层面的颠覆。如果一群人定期"饭醉"，增进感情，闲话时政，然后将朋友的圈子逐渐扩大，慢慢扩大民间的空间，也给权力一个逐渐适应的过程，在权利与权力的持续的拉锯过程中，最终演变为一个权利占主导地位的现代社会。

这个过程，也是民间社会慢慢熟悉各种民主议事规则的过程，在现代转型的过程中，不仅对权力的本质和运行都需要观念更新，民间社会也需要加强各种民主训练，将高蹈的理念落实到议事细节中。一群熟悉现代民主运行机制的公民成长起来，会微观的改变一个地方的社会和政治生态，进而改变整个中国。

"新公民运动"理念传播很快，但"新公民运动"却不是一个"政治组织"，它的传播和实践不是政治化的，也不是理论设计的结果，而是植根于人的内心需求及现实需求。

它的非组织化，无中心化又保证了一定的安全性。哪条法律能禁止朋友聚餐呢？哪条法律能禁止朋友一起郊游？

这又保证了它的现实可操作性。

总之，个人以为"新公民运动"的本质是通过培育现代公民意识进而改变政治，这种改变将是温和的，有序的，不可逆的，直接对应一种宪政状态，可能是代价最小的体制变革模式。

刘书庆

2017 年 7 月 15 日

第五篇

有罪推定下的公民运动组织化

作者按：关于 12.26 案的前因后果，这里就不做展开了。但众所周知，当时在全国抓了多人，最终也有多人被判刑。笔者个人也受到该案的牵连，总共被专案组传唤了 6 次，第一次是 2019 年 12 月 31 日，以煽动颠覆国家政权罪的嫌疑人身份，传唤了 24 小时，然后是 2020 年 7 月 8 日、10 日、11 日被连续传唤，11 日那天我心脏突感不适被家人叫 120 紧急送到医院，连续传唤方才中断。最后一次是在长清区大学路派出所，当时许丁案已经判决，按照他们的说法，从临沂专程过来问我对案件的看法，也对我进行警告，同时也表达一种慈悲：那位国保表示他后悔没有去北京见李翘楚，否则李或许能免于被抓。

还有两次非正式传唤，一次是在济南维景大酒店某房间，在密闭环境和高强度压力下，我心脏病发作差点挂掉，还有一次是在学校，已经放了寒假，是在许丁案开庭前来固定证据，拿着丁律签字的笔录和我几个银行账户厚厚的资金流水，最后一次前来取证。

总之，12.26 案与我有莫大的渊源。在许丁案被起诉后，我写了这篇文章，既是为许丁辩护，也给自己三年来的压抑愤懑一个出口。但当时还颇为担心触怒他们，捎带着把我再抓了，所以文章没敢实名。

今天这份恐惧感稍稍减退，才敢实名认领这篇文章。

于 2025 年 7 月 10 日

■正文：

前几天网上热传着一份检方指控丁家喜律师颠覆国家政权罪的

犯罪行为的帖子，继而又看到了许志永博士的起诉书。两者内容大同小异，明明是同案，却故意分案处理，这样辩护律师就无法交叉询问，庭审推进的很快，而且预计开庭时许丁相互之间也不让作为证人出现，以最大限度降低案件影响。有司对良心犯的处理，向来"闷着审"，目的就是波澜不惊的重判你。

对许丁两位的起诉，有司证成犯罪的逻辑简单粗暴，他们先将新公民运动或者公民运动定性为一个组织，而且是专以颠覆中共的统治为目标的"反动"组织，然后将许志永丁家喜定性为组织的核心领导，许博士过往发表的文章是组织纲领，华泽在电报群里的非暴力分享是策略培训，参加过两次线下聚会的是骨干成员，他们聚会的花费是组织资金。

于是，一个要素齐备的颠覆政权的反动组织就被刀笔吏们建构了出来。古代把刀笔吏们这种做法称之为深文周纳。

12.26 专案组之所以由山东烟台警方领衔，从起诉书内容可以推测，是因为 2018 年几个公民在烟台聚会了一次，在烟台警方眼皮底下十来个人聚会成功，这肯定会让他们很没面子，挨批也是肯定的了，所以急于立功赎罪。估计烟台聚会之后警方就已经立案了。

709 之前公民线下聚会是件极其稀松平常的事，当时戏谑地称之为"饭醉"，朋友们聚在一起集体吐吐槽，畅想一下未来，缓解下焦虑，然后各回各家继续艰难谋生。709 之后，当局着眼于让社会更原子化，只要得到公民聚会的消息，有司就会想尽办法阻挠，所以聚会就不得不秘密地搞，不是聚会的内容需要保密，而是怕被阻挠。各地的国保千方百计地阻止公民聚会，但一旦公民成功聚会了，他们也就默认了，这是最近几年的潜规则。

厦门聚会后，警方以雷霆万钧之势突施抓捕，善意猜测他们应该获得了错误的情报，或者假想这些公民在搞事情，搞大事情，类似于百年前嘉兴南湖一条画舫上他们曾经做过的。党国这架统治机器，在保政权方面极端敏感，效率极高，真是体现了极权体制的优势，就是集中力量做坏事，恶法一个接一个的出台，挤压侵夺公民的自由空间，法律之间留下的空隙，又通过蛮横的执法和不公正的司法进行蚕食。

烟台警方立功心切，向政治高层汇报了这一信息，于是就成立了12.26专案组，当然烟台警方之所以敢于冒失的这样去做，是因为他们知道即便没有组党，没有组织化，对许丁二人进行预防性打击也是符合高层意旨的，完全可以先把人抓了边走边看。只要把许丁两位抓了就是功劳，区别仅在于吃相难看还是更难看一点。于是就有了泰山压顶似的抓捕，等到抓捕传唤了多个与会者之后，发现情报或者想象确实有误。这些人根本没有任何组织化的行为，所谓的组党完全是空穴来风，就是一次公民的线下聚会。除了许丁两位早就蓄谋要抓的人，其他被抓的陆续释放了，与会者人权律师常玮平的情况特殊，推测两度抓他是宝鸡地方国保的自选动作，许丁两位的起诉书把常玮平定性为组织的重点成员，是"作恶授权"的结果，疑似是对宝鸡国保的迫害行为背书。而后来抓捕的许博士的女友李翘楚并未与会，起诉书显示抓她的理由仅仅只是她注册了一个微博传播了许博士的文章，当然真正的动机是阻止有人为许博士呼吁、营救、申冤，降低案件的影响。这些与会者陆续被释放也证明了有司的情报或者想象有误。

耗费大量人力物力，引起国内国际震动的大案，如果劳而无功不了了之，无论政府还是警方均无法接受这种结果，何况许丁他们早就想抓了，特别是丁律出狱后仍然不改初衷，去各地旅游见公民朋友，有司认为许丁这是在尝试建立公民的社交网络，是在挑战中共将公民原子化、将社会散沙化的管制策略。这是他们无法容忍的。但以许丁去各地见朋友为由来实施抓捕，实在又摆不到台面上去，而且也无法重判，所以有司一直在寻找机会伺机下手。有司认为厦门聚会就是个机会，一个可以重判许丁的机会。

这些人没有组织化不要紧，可以发挥刀笔吏们的特长建构一个组织，一个矢志于颠覆中共统治的他们嘴里的"反动"组织。

熟悉党国对良心犯迫害的朋友都知道，法律对他们来说只是一个工具，只要想重判一个人，这个人就会在劫难逃，讲道理对他们不起作用。他们才不管你有没有犯罪事实，有没有证据证明犯罪事实，也不会管你的行为有没有社会危害性，是不是在践行宪法所保障的权利。

以第三者的视角来看有司对许丁两人的指控，看他们证成犯罪的逻辑，你就会发现，他们玩的是有罪推定，而且是无处不在的蓄意歪曲。

因为要重判许丁需要一个反动组织，所以他们就将公民运动定性为一个反动组织，完全不顾及公民运动在一般人的认知中的所指，也不顾及这种定性与他们自己编定的历史书对各种类似运动的定性相违和。

新公民运动这个词是许志永博士率先提出并对其含义做了一个说明，据起诉书后来许志永把"新"字去掉了，改称公民运动。很明显，不管称新公民运动还是公民运动，这只是一个理念的倡导，其性质与民间所说的维权运动、劳工运动、女权运动、环保运动是相同的，就是一个理念，就是一个方便识别的口号。根据许志永撰写的《美好中国》系列文章，其本意就是倡导人们把公民身份当真，作积极的公民，捍卫自己的权利和自由，也敢于仗义执言捍卫他人的权利和自由。如果不是无国籍人，每个人生下来就自动地拥有公民的身份，但真正明了自己是公民而非臣民，明了自己享有宪法保障的各项自由和权利的人少之又少，这也正是"此国之所以不昌也"的原因之一。现代社会，国家应该以自由和人权立基，一个国家应当首先是正义的，然后才应当是强大的，而且一个不自由的国家，也不可能真正强大，所谓民权不彰则国家不强，已成公论。许丁等人倡导把公民身份当真，就是把宪法保障的自由和权利当真，这有利于建立一个具备正义品格的国家，一个民富国强的现代化国家。这样的倡导，初衷是建设性的，结果也是建设性的，于民于国都只有好处。

公民运动不仅与组织不沾边，而且此"运动"也非彼"运动"，它不是着眼于群体性的抗命和不服从，而是个体权利意识的觉醒，所以它不是如五四运动或四五运动那样带有集会游行示威性质的社会运动。不能仅仅从运动这个词就想当然认定它有动员社会运动的意思，正如谁也不会认为厕所革命的革命与主流意识形态的革命相同。如果真要类比的话，纵向比较，公民运动中的运动这个词指涉的含义与晏阳初的"平民教育运动"，梁漱溟的"乡村建设运动"和国民党曾经倡导过的"新生活运动"中的运动语义更接近。

所以，公民运动不是一个组织，反动组织也就更无从说起了。

另外，看许丁的起诉书，有司对骨干成员的定性也相当任性，凡参加两次聚会的，提供聚会场所的，做了一个聚会会务的，统统是骨干成员。有司认为根本不需去证明为何这几个人是骨干成员，他们在组织中担任什么重要职务，承担什么重要角色，做了什么重要的事情。完全的自由心证，说你是你就是不是也是。

一个长期研究非暴力转型的知识分子在一个群里做了非暴力转型的知识分享，就成了颠覆的策略培训。

呼吁参与基层人大代表选举，就成了阴谋把持基层政权甚至伺机抢班夺权，尽管这竞选规则都是党国定的。有司认为这逻辑是很清晰的，也是无需证据证明的：因为你们是持不同政见者，所以都是不怀好意的，你参加竞选就是意图颠覆。至于通过这种方式成功颠覆政权的概率不会高于南美一只蝴蝶煽动翅膀造成一场飓风的概率在所不问。

在现阶段中国，讲自然法是奢侈的，讲政治自然法是危险的。你不能说政权不同于国家，也不能说政党轮替是自然之理是政治文明。在这里，党国一体。在党国的话语体系里，自打共产党出现，它就应当成为这个拥有五千年文明，朝代不断更迭的国家永恒的主宰，对不服气的，僧挡杀僧，佛挡杀佛，因为据称这是人民的选择，是我们的祖辈选择了它，一次授权永远有效，一辈授权辈辈有效。

所以，颠覆政权罪不仅要存在，而且在适用方面要灵活，只要需要，尽可以撇开刑法条文，撇开犯罪构成，把它从行为犯改成动机犯。

党国太有危机感了，他们知道星星之火可以燎原，所以你怀揣一盒火柴就是有罪的。

读《左传》中《郑伯克段于鄢》这篇古文让人感慨，即便在礼崩乐坏的春秋时期，在对手反行未著时不能预防性打击，仍然还是当时贵族恪守的政治伦理。

一个掌握几乎所有国家资源堪称无所不能的政府，一个维稳费用与国防支出并驾齐驱的政府，辅以无所不在的监控摄像头和大数据网络，却在 21 世纪践行着根据动机来给人定罪的最野蛮的做法。这是国人的悲哀，这也是党国的耻辱。

许博士的《美好中国》强调政治应当是美好的，也可以是美好的。现代社会的政治，本质应当是民主共和的，同时又是宪政的，涵盖的面向和层次也是很广的，一个人认真对待自己的公民身份，珍视自己的公民权利，改变自己周围的生活环境，就是在参与政治。

类似于许丁这样的志士仁人，他们固然有远大的政治抱负，但这种抱负是将自己生平所学所知用于让这个国家变得更美好，让人活的更有尊严，而不是"彼可取而代之"的王霸宏图，指控这样的人犯罪从根本上是不义的。

一凡

2021 年 9 月 28 日

第六篇

"什五连坐"意识下的行政处罚

——我看于凯及晓霖律所被停业处罚

7月2日，是于凯及其所属的律所被"双罚"案听证日。是日，青岛大雨如注，不曾想全国各地律师蜂拥而至，人数超乎预想。此种局面，我愿用《道德经》一句来谬解之：反者道之动。

郑州的张俊杰律师，济南的付永刚律师也专门去青岛旁听了此案，虽然都未能进入听证会场，但到场本身即证明非常关心。俊杰在回郑途中于济南逗留，济南几个同仁宴请俊杰。席间，俊杰和永刚都说，去了这么多律师，近几年罕有，更难得的是不约而同，齐齐做了不速之客。

这说明什么呢？

说明律师们是真的关注该处罚，至于关注的原因，私以为律师同行多少都会有唇亡齿寒之感，特别对那些有公共关怀的律师。另外，这种自费去现场表达关注的行为，本身就意味着该处罚是不公正的。

笔者认为这个处罚，无论对于凯还是对他所在的律所，均是不公正的。

对于凯律师来说，有司给出的处罚理由是"通过网络对司法机关正在审理，其他律师正在办理的案件进行有误导性的评论，违规炒作案件"。

这个处罚理由可说相当无理。司法机关正在审理的案件，其他律师正在办理的案件，每个公民都可以评论，没有哪条法律禁止，法无禁止既可为。而且这本来就符合自然正义，也符合宪法原旨。

公开审判、所有案件公开宣判、判决文书公开，这背后的逻辑，首要的就是方便社会监督，其次是培养公民的守法意识。律师只是个职业，但身份是公民。作为公民当然都有权利进行社会监督。而且律师对案件的评论，不唯是有权的，而且是应受欢迎的。律师作为法律共同体的一员，其对案件的评论更专业，社会监督的效果更强，而且也有更好的普法效果。

如果把法官独立审判理解为不允许社会监督，不允许共同体置喙，既可笑又专横。舆论监督，其客观效果就是给负责审判的法官提供另外一个或许他们未曾注意的视角，有时听上去可能刺耳，可能冒犯他们的威严，但对于防止冤假错案有百利而无一弊。有司习惯性夸大舆论对他们审判的影响，刻意歪曲独立审判的概念，目的无非想钳制舆论从而把权力神圣化。

从应然的角度，任何公民（当然也包括律师）都可以评论他人的未决案件，这种评论既可以是针对案件本身，也可以针对司法机关在办理案件中出现的程序或实体违法。事实上，公民不仅可以评论，而且也有权利对有司的枉法进行谴责、控告、举报，因为谴责、控告、举报这些行为本身也是社会监督的具体手段，而且只要不是蓄意捏造事实，公民的谴责、控告、举报就不应受到惩戒。

对于凯的处罚当然是没有正当性的。

关注于凯的人都知道有司处罚他的真正原因，笔者在此不想多说，其实也无需多说，愿意读这篇文章的人，我几乎预设了他了解处罚的背景信息。尽管于凯的行为在法律上没有任何可指摘的地方，但在此地此时，我们内心会坦然接受另外一种因果律，至少会有心理准备：因为你有良知且勇敢所以要付出代价。

如果只是于凯个人被停业一年，没有波及到他所在的律所，我个人猜测可能不至于这么多人去现场表达关注。

青岛司法局对于凯所在律所的处罚，是最不可让人接受的。笔者认为，青岛司法局作出该处罚，是"什五连坐制"意识下的产物。

在于凯邮寄的呼吁废止寻衅滋事罪的立法建议书中，的确加盖了律所的公章，其目的自然是想引起立法机关的重视，让自己的立法建议显得更严肃和庄重。笔者为了把这种株连处罚的荒唐讲清楚，此处就不再纠结于凯立法建议是否合法的问题了，因为根本上它是无需论证的，否则启蒙时代以来形成的人类政治伦理需要重建。

但是我们也无需装外宾，为了试图给有司施加点道德压力，假装对于凯被处罚而惊诧莫名。我这样说，可能于凯并不满意。

但是有司对律所的处罚，笔者就认为超出了人们的心理预期。

于凯虽然是律所的主任，但晓霖所是合伙所，如果因为于凯个人的行为而处罚整个律所，这相当于对其他律师和合伙人的惩罚。晓霖律所的其他律师并非像于凯这样是有司眼里的"刺头"，让这些人停止执业半年，于情于理都说不过去。

于凯是所主任，掌握着律所的公章，这是律所章程赋予于凯的权力，有司认为于凯的立法建议行为不能接受，也完全可以通过变更律所负责人的方式解决，或者由公司章程来规范公章的使用程序。

但青岛司法局选择了最简单粗暴的方式。这种模式，其实就是通过连坐的方式，用权力将原本独立的律师个体强行绑定为一个利益共同体，增加良知者的心理压力，形成一损俱损的局面，变相鼓励律师之间相互监视，这个会毒化律所同事的关系。如果这种模式推行开来，任何一个律师将再无自主性可言。

这就不难理解，年届古稀的广东经国律师所主任何伟民，拖着病体带着氧气袋也要旁听本案，也不难理福建烨阳律所主任邹丽慧从福建过来代理此案。值得一提的是，就连远在新疆执业的干卫东和黄海两位律师也都专门到了现场。

网络上还流传出黄海律师的一段小视频，是黄律接听他执业地司法局领导的电话，司法局应该是让他尽快返疆，一个快耳顺之年的律师，竟愤懑至哽咽吞声的状态，实在令人唏嘘。

有人内心或许对黄律的激动不以为然，认为情绪过于饱满了，但笔者从中却品味出一种很悲哀的况味，那就是恐惧。本来律师旁听案件，几乎是其成长中的必修课，司法局却专门来电催他回疆，命令他的语气想必很严厉，否则难以想象他会愤懑到那个地步。事实上，所有旁听的律师都被施压要求尽快回去。

司法局又怎么知道他们来了青岛？只能说这是一盘投入很多资源的棋局，不出意外又又引人遐思。

笔者不认为律师们的高度关注能改变什么，因为这个社会的政策氛围已经形成，但这关注本身却值得被铭记，所有前去旁听的人都是流光溢彩的勇者。

我只是希望这不是落日前最后的那抹余晖。

刘书庆

2024 年 7 月 6 日

第七篇

不要神圣化公权力

——我看大连律师被惩戒案

作者按：我之所以把这篇文章与《冷眼看律师分级制度—权力入侵私域与不服从者不得食》放在一起，是因为这两篇文章给我的人生留下了被处罚的印记，至少表面上的理由是如此。

因为这两篇文章，被学校领导和文保轮番约谈，2018 年和 2019 年，二级学院连续给了我两年考核不合格，直接违反一事不再罚的原则，吃相颇为难看，为的是达成可以随时将我扫地出门的条件。

2018 年学校还给我一个校内警告处分，当然处分决定书给出的正式理由是"经查，刘书庆多次在媒体上发表不当言论，违背教师职业行为准则，影响恶劣"，2019 年笔者还被省委巡视组作为高校内的反面警示案例记录在正式文件中，传达给省内高校教师。

其实学校和二级学院以在外网发表这两篇文章为由对我进行惩戒，也只是一个由头而已，就像 2018 年将我调离教学岗位，都是笔者长期践行公民责任的结果。

好友李仲伟律师曾将他与著名记者石扉客的私信截屏发给我。截屏显示，石先生主动问"大连那篇是哪个写的？仝老师吗？"。仲伟说出我的名字，石先生说"厉害，干啥的？"，仲伟说"原来律师，两年前被吊销了"，石先生又说了一句"嗯，文章很厉害啊"。

这段对话彰显了石扉客的境界，国人对素昧平生者很难衷心的表达认可，尤其考虑到他著名记者的身份，可以说殊为难得。从话语情景也可判断石先生的赞扬并无客套的成分。

于 2025 年 8 月 3 日

■正文：

最近注意到一则消息，大连市律协对隶属于该协会的某律师，下了一纸处理决定，给予该律师警告处分。相对于律师被吊销、注销甚至被犯罪，警告这种层级的处罚原不值得关注。你我他，谁不是或明或暗的每天被自己或者他人警告着？

但处罚的事由，却能让人看出某种端倪：他们试图用权力的惩戒权神圣化权力。

权力一旦被神圣化，就成为一个让国民敬畏的存在，它只可以被服从，不可以被批评，当你说到它的时候，你会有动辄得咎的恐惧，你会下意识对话语进行审查，小心翼翼地遣词造句，最终你的表达是扭曲的，姿态是矮化的。而且一个神圣化了的权力，其权力的执行者也会自带神圣光环，会起到类似神父对信徒所起的思想压制效果。

事件的起因是该律师在为一公司涉黑案辩护时，针对警方以某些外在行为特点比如统一着装、统一手机号段、统一配车配房、组织纪律严明等来定性黑社会组织提出质疑，说如果不考虑公司成立的目的，单纯以这些外在特征来定性黑社会，公安机关更符合这些特征。

该律师在发表该质证意见时，还特别谦卑地强调"打一个并不恰当的比喻"，后来还补充说"但我们知道公安机关是我们国家为了打击犯罪，为维护社会治安所成立的组织，所从事的也是合法的行为"。可见从安全着眼，也是做足了功夫的。

这一比喻当庭就被控方投诉，律师当庭也表示了诚挚道歉，法庭也予以接受，没想到警方余怒未消，大连市扫黑除恶专项斗争领导小组办公室（简称市公安局扫黑办）郑重其事投诉，没说是向司法局还是市律协，估计律协入不了扫黑办的法眼，可能是司法局转律协处理。

扫黑办投诉书中说"律师的不当言论给某某涉黑案件庭审工作带来极坏的恶劣影响，性质严重，如不严肃处理，将对我市扫黑除恶工作带来诸多负面影响，并引发其他律师效仿，后果无法预料，特投诉至大连市扫黑除恶专项斗争领导小组办公室，要求对被投诉人予以严肃查处"。

可以从这段话中梳理出该投诉脉络，出庭检察官出于维护公安机关高大无玷的形象，出于维护扫黑除恶大局的政治敏感性，在律师当庭道歉后，仍然觉得不能就这样简单地让该律师蒙混过关，于是向市公安局扫黑办"投诉"，此处用"汇报"更妥，估计市扫黑办再投诉于市司法局然后转市律协处置。

这一事件的整个处理过程，很值得探究一番。也的确引起了很多法律人的关注，尤其是律师。基于唇亡齿寒的感受，很多律师自然会觉得公检两家过分了，小题大做得理不饶人。

但在我看来，该律师并无过错可言，尽管他自己诚挚的表示了道歉。公检的错误不在于其咄咄逼人，而在于根本上是无理的。这对法律人来说应该是常识。

首先，公权力应当是谦卑的，并不具有任何神圣性。

公权力，从应然的角度来说，无论是行政的公安，还是偏行政的检察院，抑或是司法的法院，其权力来源都是人民的授权。是人民让渡部分权利组成政府，政府再组建上述机关，当然这里的政府做广义理解，并非特指行政系统。所以公权力人员才叫"公仆"，什么是公仆？不就是公众的仆人吗？神圣化一个仆人或者仆人的办事机构，把它们视为正义的化身，这合乎基本的政治伦理？

甚至正好相反，警察的存在本就是一种必要的恶。检法又何尝不是？不过相比于警察更消极谦抑一点而已，其职责定位的客观中立公正与个案正义并不能划等号。

或者撇开公检法本身是否善恶不论，但公检法权力的行使却肯定可能成为一种恶。因为徒法不足以自行，是具体的人在行使权力，是人都可能作恶，违法犯罪皆有可能。

这也正是制度设计中分权制衡和权利制约权力的理论基础。虽然我们这里不这样说也确实不存在分权制衡体制，但监督制约机制是有的。通过《政府信息公开条例》和公民的宪法权利，也有通过权利来限制权力的立法原意。

不谈论这种监督制约机制及权利制约权力在现实中是否有效，是否合理，起码它们的存在证明，人民意识到任何一种权力都可能作恶，都应当被限制。所以权力机关并非正义的化身，它只是一个个机构而已。

其次，公权力要禁得起批评和质疑，至于讽刺调侃，更应该容忍。

如果尊重基本的政治伦理，就应该认识到权力机关不享有法律意义上名誉权，所以现实中指控某人损害权力机关的名誉、声誉、形象是不当的。虽然其工作人员作为自然人享有名誉权，但对其是否廉洁，是否渎职等的批评质疑举报指控不应当被视为侵犯其名誉权，哪怕这些批评质疑举报指控并无确凿证据，甚至根本上没有证据。这是做公职人员的代价。如果这些人心理不平衡，就该多看看特朗普的裸体充气娃娃，多看看日本的首相如何低头认错，多看看网络上对他们的批评讽刺调侃甚至辱骂，尽管辱骂是不对。所以，既然吃这碗饭，心理素质就要好点，被批评被质疑，被投诉被控告都要忍受。

再次，公权力通过掌握的惩戒权，来压制公民的批评、质疑、举报、控告的权利，是权力的滥用。

美国第三任总统托马斯·杰弗逊说，异议是爱国的最高形式。批评质疑都是表达异议的方式。而如果一个公民基于自知的事实和内心确信，认定某国家工作人员涉嫌与其职务有关的违法犯罪，对其进行举报控告，这是弥足珍贵的公民责任心的体现，是完全合法且值得鼓励的行为，哪怕这种举报和控告的事实最终并不成立。公权力不能以诬告陷害或者损害其名誉的名义来打压公民，否则就是权力的滥用，是打击报复。

回顾该律师被处分过程，可以看到在投诉书中，警方一直在上纲上线，夸大事件的严重性并虚构可能的危害后果，使用一系列带有强烈施压色彩的词汇和语句。如"极坏的恶劣影响""性质严重"，如不"严肃"处理，"将对我市扫黑除恶工作带来诸多负面影响，并引发其他律师效仿，后果无法预料"。

警方在这里，故意对律师作比喻的事实，即"警方只是以公司外在表现来定位黑社会"是否存在避而不谈。我们试想一下，如果律师描述的事实成立，那么律师的比喻有问题？

他们觉得这无需去论证。他们自我加冕为正义的化身。他们受不了这种比喻背后的轻慢和造次。这是神圣化的第一步。

然后通过高位施压，借助另外的权力——具体到本案就是出庭检察官和司法局或者律协——对造次者进行惩戒，给他者一个示范，杜绝他们所担忧的"引发其他律师效仿"。这是神圣化的第二步，也是基础。没有惩戒权加持的自我神圣化寸步难行。

他者权衡利害，一般会敬而远之，如果要谈，尽量用敬词，即便批评，都会圆滑暧昧丧失锋芒。这是神圣化的第三步，也是权力想要达成的目的。

如果稍微引申，你会发现古往今来，宗教的传播和个人葱白的建构，与这三个阶段有点类似。

本来是一种世俗的权力，来自于人民的授权，却要像信仰一样行事。如果真成功了，是整个社会的悲剧。

关心法律圈的人都知道，这并非孤立个案，就我目力所及，至少听过多个律师因为对检法人员所谓"不敬"被投诉，进而被律协或者司法局处罚。

法官诚然应当被尊重，是因为法律应当被尊重。但尊重不是驯服状态下的盲从，不是恐惧之下自由意志的熄灭。当法官蔑视法律，丧失其应有的中立公平立场，对他们进行批评质疑举报控告是公民的职责，是对法律最好的尊重和维护，当然我指的是真正的法律。

请大家记住，权力是有示范性的，而沉默往往是无垠悲剧的开始。

刘书庆

2019 年 4 月 21 日

第八篇

冷眼看律师分级制度

——权力入侵私域与不服从者不得食

在公众心里，改革这个词是隐含有社会进步内涵的。在这一点上，最早朝野双方心照不宣是有共识的。因此改革天然自带一种正义光环，然而不是任何改变都可自诩是改革的。

那又如何衡量一项变革是否正义呢？是各花入各眼？有没有相对普适的标准？我认为是有的。端看这项变革是否能扩大公民自由，是否能守护社会公平和正义。如果从这几项核心标准着眼，那么建构一个政府更谦抑，更谨守权力边界，更尊重公民自由特别是消极自由，更相信市场裁汰机制的体制则是应有之义。

这种体制不惟是正义的，其副产物也会导致产生一个更具活力，更有创新精神，更能保持可持续发展的社会。对照这样的标准看，律师分级制度本质是 anti-reform 的，哪怕它是打着 reform 的旗号。当然发现这点，也谈不上任何洞见。但人总要说话嘛，不平则鸣。在当下，个体讲道理虽然无力，但如果因之都沉默，恐怕更糟。没有武器的批判，就不妨把言说形而上的看待，我说故我在。

所以还得穿上西装和他们辩论。

他们力推律师分级制度台面上的理由，包括有利于形成优胜劣汰机制，促进专业分工，提高专业能力和业务水平等。这些目标当然是美好的，措辞也一贯讲究，满满的父爱主义的慈悲。

问题是这些目标的达成，依靠市场自发的裁汰机制就足够。

　　首先，律师职业是有准入门槛的，虽然门槛不是很高，就是全国司法职业资格考试，通过了就说明一个人具备相当的法律知识，然后再跟一个师傅实习一年多时间，就在具备相当法律知识的同时了掌握了一定的实操技能。

　　其次，律师是个高度竞争的职业，典型的买方市场，一张律师证不能保证你衣食无忧，事实上，律师收入符合二八定律，自然存在优胜劣汰。一个律师的名气大小、学历背景、人脉资源、办案经历、术业专攻、办案态度等完全可以通过市场，通过客户的评价反映出来，现在自媒体也发达，客户有渠道表达对委托律师的满意与否，律师自身也都在不遗余力推介自己。公权力或者行业协会只要能堵住虚假宣传这一关就足够。

　　何况，律师是个实操性很强的职业，一纸文凭和执业年限，甚至执业经历都无法作为指标来衡量律师办案水平，其办案态度、勇气、韧性、技巧、知识储备、写作水平都难以量化，一个很难量化的评比注定也就很难公正。基于这种很难公正的评比结果，通过权力掌控的平台对特定律师推介和排除，既是不公正的，也是一种行政侵权行为。那些被排除的律师不仅声誉受损，也必然导致机会的丧失和收益的减少，料必产生大量行政诉讼和侵权诉讼。再次，权力主导的律师分级，必然增加权力的寻租机会，左手反腐右手制造之，不言自明。

　　所以，问题不在于律师分级制度是否正义。正义不是他们行事的尺度，稳定才是。

　　在完善评价标准一栏，说要"坚持德才兼备，以德为先，突出考察申请人的政治表现和诚信状况，引导律师讲政治、守规矩，重品行、做表率，严格依法、规范、诚信、尽责执业"。

　　中国语境下，这评价标准说白了就是要求律师讲政治、守规矩，其他都是陪衬，IQ80 以上的人都懂。如果以一个马基雅弗利者的角度看，这也是符合逻辑的，一个高压锅，如果压力越来越高，又不准备开启阀门，就只能拧紧所有螺丝。

　　要求律师讲政治守规矩，不是要律师懂政治懂规矩，政治和规矩要真懂了，离"两面人"，离"高级黑"也就不远了。

政治是高端的，规矩是多变的，任何恒久的制度都意味着束缚，没有可预测性才可以更恣意，一个基层律师要紧的是听话。这才是他们想要的。

现在看，这个分级制度与市场准入还没有直接挂钩，但这只是开始。绞刑是一门技术活，先要上套，然后慢慢勒紧，最后让你窒息。当然在这一过程中，没有人会束手待毙，律师们最擅长的诉讼，也许会集中爆发，但最终注定会被碾压。

回头看这几年，无论遭受多少非议，Big Boss 都在有条不紊的布置极权的拼图，借助于体制本身的内聚力，对资源的绝对掌控力，借助于 AI 和大数据，一个完美的极权愿景正出现在地平线上。一旦这样完美的社会愿景实现，将没有人权律师和死磕律师的位置，要么服从，要么出局。

届时也许不服者的沉默，也无法再令他们满足，你必须参与赞美的合唱，再接下来你唱的是否动容，是否入戏，都可能成为打分的依据。人的面部表情与心理活动高度相关，AI 和大数据之下，读取你的心理活动并不存在多高的技术壁垒。

律师分级制度，我不认为有谁能阻止，我写这点东西也无意去阻击。事实上，在当下民意如柳絮，纷纷扬扬也都无足轻重。写出来也只能是嫁与东风春不管，凭尔去，忍淹留。

在政治极化的今天，领导们上行下效已经无意做开明绅士状，此时再不把自己当外人，以处江湖之远则忧其君的姿态，连哄带吓去劝谏，就有点尴尬了。所以，这个制度的推出，是否能如他们所愿，起到维稳的效果抑或最终南辕北辙，我选择冷眼旁观。

我只知道，每个人都会死亡，这是彼岸意义的平等。我只知道，面对死亡，只有被青史铭记的人才是胜者。我只知道，只有那些能顺应潮流造福国民的人才能为青史所铭记。我只知道，那植根于人天性的对自由的渴望，谁也无法真正压制，如地火运行。

刘书庆　于 2019 年 04 月 8 日

第九篇

设若 dirty-law 得到普遍遵守，正义如何安放？

新的《律师事务所管理办法》以迅雷之势被抛出，11 月 1 日生效。事前似乎没有任何预警。说好的开门立法呢？没听说举行过立法听证和座谈，似乎也没向公众征求意见呢。

如果这个管理办法只是你们司法部局对内部人员的管理规定，你们随意，我们不关心不干涉。如果你们闭门造车弄得差强人意，基于社会主义初级阶段现状，我们也认了。

问题是这个"办法"与律师权益息息相关；问题是这个"办法"竟然矢志于让律师"失业"；问题是律所让你"失业"后却没告诉你救济途径。

这真的是一部"dirty-law"，我都不忍心说它是一部 evil-law。一是觉得不够格，二是它很可能遭到律师的无视，并且当局如果真正想用它惩戒律师的时候，会发现因之给他们带来的麻烦或许比那些让他们不爽的律师给他们带来的麻烦还要大。

这个"办法"缺乏广义法律应有的正义品性，而在权利时代，限制规范公权，尊重维护私权就是最大的正义。

首先，其修法动机不纯。它的修订条款似乎专为律师的死磕行为量身定做，具有太强的针对性。而律师的死磕实际是某种历史阶段性产物。在司法不公还比较普遍的今天，在公权力分权制衡没有建立的当下，广义的司法人员对律师多有抵触情绪，律师的法律意见经常被弃如敝履。这时候，作为在野法曹的律师，通过微博甚至某种方式行为艺术，以期引起公众关注，将广义的司法纳入公众监督的视野，让广义司法者更尊重正当程序，更谨慎裁决，无论对程序正义还是实质正义，均是有利的。即便在司法独立的宪政国家，也无法禁止律师在庭外寻求社会关注和支援的行为，一些典型案例中，美国的律师经常利用向媒体爆料方式影响案件，也时有公众因为个案集会游行在法院门口。所以美国将陪审团全程封闭保护，防止他们被媒体诱导。

但是美国却没有采取禁止媒体报道和禁止集会游行的方式来保证"司法独立"，尽管这种办法更直截了当。这是因为美国人认为一些宪法性权利必须得到保护，否则正义就被抽取了根基。

其次，其内容与法的原则、上位法多有抵牾。法乃善良公正之术，善良公正不应只是虚幻的口号，而是应该通过具体条文体现之，作为"律所管理"的一个部门规章，从应然角度，它的内容主要应该着眼于规范律所的正常运营，如果涉及律师部分，应该重点强调对律师权益的保护。但很不幸，这个规章却将重心放在了通过律所施压律师方面了，这是一种本末倒置。这还不算，其规定的施压方式还明显违法，体现出修法者赤膊上阵急于建功的仓促心态。

其内容之粗劣，兹举几例说明。

第 43 条：律师事务所应当建立违规律师辞退和除名制度，对违法违规执业、违反本所章程及管理制度或者年度考核不称职的律师，可以将其辞退或者经合伙人会议通过将其除名，有关处理结果报所在地县级司法行政机关和律师协会备案。

这一条不惟恶意，而且当然违法。律师与律所之间的关系基本上属于平等主体之间契约关系，对其关系的调整应当主要适用民法。民法的基础在主体的意思自治，一个行政机关的部门规章竟然勒令一个民事主体强行辞退和除名契约向对方，而且适用的词汇是"应当"而非"可以"，真是令人匪夷所思。

如果律师有严重的违法情形，对其的惩罚在国外由自治的律师协会公会决定，在中国有各级司法厅局和律协。现在将惩戒前置，把没有国家暴力机器作为后盾的律师所推到风口浪尖，一是僭越，二增加了社会矛盾，律师所根本没有有效化解的能力，届时针对律所和司法局、律协的诉讼，包括大量信息公开，将会让这群恣意妄为的肉食者付出代价。

而律师一旦被律所开除，就会失业，而重新就业将困难重重，毕竟哪个律所也不愿签约一个被开除的律师，甚至直接面临司法机关和律协的压力而不敢接纳。

被除名了，却没有规定有效的救济途径。届时，也许一群深谙死磕的真辩护真代理的律师会成为访民，那将是拆那一番奇异的风景。

本规章最为人诟病的是第五十条，它几乎将真代理和真辩护的空间完全堵死，剥夺了《宪法》保障的公民言论和集会权利，是对《立法法》的无视，丝毫不顾及它所规定的内容理应由《治安管理处罚条例》及《刑法》来规范，意图将律师完全原子化，全面压制作为公民的路见不平拔刀相助的正义之心。

律师只是一个人的职业，作为职业律师的个体同时是一个公民，具有公民的权利和义务，很难想象一个公民就某个案件——无论是自己代理的还是他人代理的——发表看法（非在特定诉讼阶段泄露应当保密的案情）竟然是违法的。何况如何界定"歪曲、误导性宣传和评论、恶意炒作"？一个公民只是基于自己掌握的案件信息来评论，他不可能掌握完整的案件信息，他的评论自然带有倾向性，可能揭示部分真相，甚至完全是谬误。但这是保护言论自由必须付出的代价，何况案件的客观真相与法律真相不相同。再说，即便掌握全部案卷的警察、检察官、律师、法官，从案卷资料中所得出法律真相也时常是迥异的。又如何确定哪一种是"歪曲"，哪一种是"误导性宣传和评论"，哪一种是"恶意炒作"？

某种意义上，依托整个国家机器来认定律师的评论是"歪曲、误导性宣传和评论、恶意炒作"都极端困难，让一个律师所承担这样的"鉴定责任"更是天方夜谭。当然，从应然角度，如果一个国家制定的法律用于认定公民的评论是否"歪曲、误导性宣传和评论、恶意炒作"，本身就是不义的，是 evil-law，这容易导致公权诛心之论的滥觞，导致对人权的普遍压制。

公权无名誉，私人的名誉权自可由民法调整。

至于"串联组团、联署签名、发表公开信、组织网上聚集、声援等方式或者借个案研讨为名，制造舆论压力，攻击、诋毁司法机关和司法制度"与上面的其他行为一样，都是公民言论自由的范畴。一个公民可以表达一种意见，多个公民也可以集体表达同一种意见，联署签名、发表公开信、网上声援都是集体表达的应有之意。未见违反那条已有的成文法律，相反它应该是《宪法》所着力保障的。至于个案研讨，不过是当事人和其律师利用集体智慧以期取得更好效果的民事行为，参与研讨的人发表共同的意见，想影响法官再正常不过，在非陪审团模式下，案件双方都在影响法官，而法官兼听则明，听取双方的意见对于查清案件事实，厘清案件的法律关系，对公正审判有百利而无一害。如果说法官受到了舆论的压力而枉法裁判，那是法官不独立的问题，是法官应该受到惩戒而不是律师。

再说"串联""网上聚集"这种词汇非法言法语，用在规章中，真的很 low。

至于"聚众哄闹、冲击法庭、侮辱、诽谤、威胁、殴打司法人员或者诉讼参与人"这些违法情形，早就入刑了。尽管上述行为入刑为大多数律师所反对，但起码说明你一个部门规章是无权规定上述内容的。这是对全国人大及其常委会权力的僭越。

至于律师"不能否定国家认定的邪教组织的性质"似乎也与律师法庭豁免原则相违背。

总之，这部"办法"，与其说它的恶意让人愤怒，毋宁说它的粗制滥造让人震惊。它修改的内容基本上完全针对律师的死磕，它不像是一个国家部委的行为，而更像是某个领导愤怒之下强烈爱憎的产物，没有经过起码的违宪和违法审查、不具备起码的科学性和可行性。这个"办法"一旦真的普遍适用，它所造成的问题远比修订者设想的要多，而且无休无止。

这是一部货真价实的 dirty law。我不看好它会得到普遍有效适用，当然他们肯定也没准备普遍适用，对特定律师的"定点清除"本来就是他们追求的目标，私以为他们通过修订这部规章，意在迫使律所制定格式契约条款，震慑律师。未来对特定律师的收拾模式可能是这样子的，先是警察介入，行政或是刑事立案，哪怕最终刑事不了了之，但起码说你违法了，然后给你一个处罚，最后律所将之除名。

但除名之后？也许一切才刚刚开始。

刘书庆

2016 年 9 月 25 日

第十篇

律坛从此多寂寥，江湖侠骨已无多

——第三只眼看批量化的律师吊照和暂缓执业等惩戒

从去年开始，709 逐渐接近尾声，有司逐渐能腾出手来，对他们眼里的"非常规律师"接连施以重手，吊销执照、注销执照、延宕转所、暂缓考核等多管齐下，律界一片萧杀。

之所以称呼他们是"非常规律师"，是因为这一轮惩戒对象涵盖范围比较广，既有人权律师如隋穆青、祝胜武、文东海、谢燕益、李春富、黄思敏等，一如既往这是被惩戒的主体，也有屡屡剑走偏锋越来越具有表演性的杨金柱，姑且把他视为"非正统"死磕派吧，还有周泽、王兴这些正统死磕派。

当然我这种标签化分类本身或许即是问题，很多死磕律师其实也都代理过人权案件，人权律师办理案件也多有死磕，而且人权律师与死磕律师也一直处于不停互动演变中，但也必须承认从志趣上，更重要的是在官方对律师政治光谱的定位上，这种区别又是客观存在的。

对这三类律师同时惩戒，又予以程度不同的惩戒，应该说有司的定点清除和定向打击、及其力度的拿捏在逻辑上是清晰的，与它一贯的维稳思路是一致的，也与整个国家逐渐回归极权主义正统的潮流是一致的。

当下，当局对稳定的要求也在相应升级，带有政治异议倾向的声音，捍卫言论集会信仰等自由的声音，谴责对政治受难者酷刑的声音，当然不允许存在。尤其对具有潜在结社影响的人权律师团成员，更是要出重锤予以打击，力图禁绝，所以活跃的人权律师在劫难逃。

那些屡屡让审案法院和法官深陷舆论漩涡的死磕律师也要适度打击，这群律师，他们体制内外人脉颇深，与中国具有自由派倾向的记者和学者同气连枝，遥相呼应，代理的案件，无论贪腐还是涉黑案都把当事人说的清白无辜，得了名气还不够，还想得名声，想站着挣钱、想脱离现有国情和既定轨道去辩护，想形成一种有别于配合勾兑吁请的对抗性模式来辩护，他们死磕的行为对"双规"制度、扫黑运动的进行和形象都形成了掣肘，客观上也是在解构体制，以后也将不再允许，所以周泽、王兴被株连式暂缓执业以儆效尤。至于杨金柱这种怪咖，过去曾经辉煌过，有较大影响力，且越来越表演性庸俗化，让法院和法官难堪，让律界乌烟瘴气，甚至装疯卖傻直接"操"司某部的人，如果想重塑司法的权威和安定秩序，不杀不足以正乾坤。

这是有司们的逻辑。

在有司眼里，这种定点打击不仅是维稳的内在要求，而其也是为未来着眼"公正"价值的司法改革提前清场，是"正本清源"，是"打扫干净屋子再请客"。这种逻辑于他们来说当然是自洽的，但事实上，这种偏离正义的清场本身就预设了与正义南辕北辙的结果。

至于维稳的目的是否能达成，端看形势演变，因为从维稳的目标看，是维护政治安全，这必然要求把维稳视为一个整体，所有的维稳势力都要服膺这个目标，所以对律师群体的打击，是会带来整个维权群体因为联系纽带的断裂而逐渐式微，还是因为更绝望进而更激进呢？这都是不可预料的。

回到我们作为法律人珍视的正义看（我这里用了正义而不是"公正"，因为公正这个词一般多从个案的结果看，而正义则必然包含程序正义，甚至包括通过个案正义的实现过程来促进人的观念进化，因此每个个案实现正义的过程都伴随公民权利意识的觉醒和观念启蒙），这种定点清除和惩戒对正义的实现具有多方面的破坏性。

首先，它无法求得个案的普遍公正。这种对律师的惩戒，将不可避免让庭审重归"和谐"，本来他们想追求秩序，结果却只是"和谐"，这也与几年前司法改革追求"两造对抗、法官居中裁断"的庭审格局相违背。在两造权利与权力相对平衡的司法体制尚没有建立的当下，辩护律师的死磕可以有效弥补制度缺陷，既让公检两家更为谨慎，更加注意保护嫌疑人的诉讼权利，也能让法官兼听则明，防止案牍堆积之下的职务倦怠和麻木，提高个案获得公正的可能性，否则个案公正将具有随机性特点，结果好坏就看个人运气了。

其次，从正义之维看，这场清除和惩戒是反正义的，因它截断了公民权利意识和法治观念的自然成长。无论人权律师还是死磕律师，无论是基本自由的呼吁和伸张，还是诉讼权利的维护和示范，都是一场微观的社会启蒙。而且经由律师参与的启蒙张弛有度，渐进有序，长期的这种启蒙训练会潜移默化地提高公民的法治意识，最终导向宪政民主。

最后，如果认为对律师先予震慑，然后再在微观制度上出台一些保障律师执业权益的法规，就能"正本清源"，重塑司法权威，完全是缘木求鱼。司法权威不可能仅仅依靠某种仪式感、依靠说一不二不容置疑的权力来达成。司法权威的根底在于法官的公正裁判，这种公正既是结果意义上的，也是程序意义上的。惟其如此，才能真正定分止争，让人心悦诚服，才能因敬而畏。

律师在过去民主政治转型中扮演了很重要的角色，如在台湾美丽岛事件中律师的作用，以及北美制宪会议里律师占了接近一半的名额，因为卢武炫、甚至因为甘地，无论在朝在野都对律师有一种别样的期待抑或警惕。尤其随着人权律师和死磕律师的增长，这种基于异邦的想象，似乎有了更多情景对应点。所以预防性打击，所以假想防卫。

其实，在一个极权主义的社会，根本不存在力量建构的空间，尽管依托微信 QQ 等，各行各业的团契意识虽然小有增长，也建立了信息交流的平台，但仍然只是理念和志趣的共同体，与结社有霄壤之别。他们或许会基于唇亡齿寒而抱团取暖，但并没有形成真正意义上的一股政治力量，他们本质上仍然是原子化的，人权律师亦复如此。

所以在朝之人大可不必恐惧。

像中国这样的一个超大型国家，需要某种意义上的无为而治，如果万马齐喑，反而潜藏高度风险。数量稀少的人权律师和死磕律师在法律框架内，对公权力进行适度制约，反而能锻炼这个体制的弹性，让这个社会保持活力。

所以，我希望善待律师。

2018 年 5 月 15 日

第十一篇

站在颠覆政权的悬崖边看颠覆

——我看 709 案的证成逻辑

作者按： 709 案因为涉及人数众多，光被抓的就有多位，算上被喝茶的那就更多了。我个人也被喝茶多次，仅仅被传唤到派出所就有三次。

2015 年 7 月 16 日，在我正准备去火车站到北京代理李和平律师煽动颠覆国家政权罪案时，济南文保支队长带着多名警察把我堵在了家里，然后被带到大明湖派出所，这是第一次被传唤。

12 月 4 日，人权律师和 709 家属在郑州搞了一次研讨会，这是 709 案发生后律师和家属第一次坐在一起研讨维权策略。在当时的高压氛围下，与会律师都冒着相当的风险。研讨会后我执笔了一个声明，在世界人权日公开，题目为《文明社会公民应当有免于恐惧的自由》，声明最终有 93 名律师联署。因为在联署名单上，我排第一位，就传唤了我，直接将我带到派出所地下讯问室里，锁在讯问椅上，被讯问了几个小时。这是第二次被传唤。

2016 年 1 月 26 日，在从青岛回济南的高铁上，针对彼得.达林被驱逐出境一事，接受美国之音采访。我评论说驱逐出境既可以是刑事处罚，也可以是行政处罚，考虑到彼得.达林未经审判，显然属于行政处罚，既然主要嫌疑人都是行政处罚，那么王秋实律师等人就更不构成犯罪。

在我到站后，直接从济南火车站被带到派出所，这是第三次被传唤。

所以我和 709 案件的渊源颇深。正是基于这份渊源，在央视看到胡石根长老和周世锋律师案开庭后，就急就了这篇文章，从法律人的角度宏观地谈了我对 709 案的看法。

2025 年 7 月 9 日

■**正文：**

长久以来，我认为颠覆国家政权是一件相当高冷的事业，几百年国运的朝代也不会发生几起。

在我眼里，杀人越货占山为王搅得半壁江山不安的宋江们都不算，那不过是一群欲望和怨望纠缠的世俗小贼，最低标准也必须是陈胜吴广一样，喊一句"王侯将相宁有种乎？"以流传千古，然后揭竿而起、称王、征伐、杀人、被杀或者取而代之。

当然逼格最高的颠覆模式只能发生在现代，左手要有主义，右手要有枪炮，而枪炮是要花费卢布的，卢布都不用自筹，人家主动送上门来。

总之，颠覆不是过家家，不是坐而清谈，是刀光剑影人头落地血流成河。当然这是应然状态下的颠覆国家政权。

在一个买菜刀都可能实名，买把仿真枪都要重判的今天。民间颠覆已成绝响，考虑到党指挥枪而党又那么团结，必不复再有为乱离人之忧。作为太平犬一个，深感党恩浩荡，鲸鱼四海遨游，但危机四伏，像河蚌一样被固定在壳里，也蛮幸福。只要每日饮一杯于丹阿姨煲制的心灵鸡汤，河蚌壳里可做道场，也可以想天地玄黄美女江山建不世之功。

其实每个男人都有颗颠覆的心，皇帝轮流坐，今天到我家嘛。问题是想一想就能颠覆国家政权？发几篇文章，做几个案子，拉条横幅、举举牌子就能把武装到牙齿的政权颠覆？

但是我错了。709 的审判，让我明白，原来颠覆政权的准入门槛恁低，证成犯罪的逻辑恁强大。

想象一下：某年某月某一天，事前无通谋，各约三五好友凑了十几个人在七味烧吃了一顿饭，注意七味烧不是南湖的一条游船孤立的飘在水上，这里车马喧闹摩肩接踵人声鼎沸，是相当不安全和没有诗意的地方。席间，一位曾坐过多年牢狱的长老，发表了一番高论。即体制和平转型需要民间社会壮大、体制内部分裂，国际关注等多因素促成。再请注意长老这里的转型是和平转型，不是暴力转型。

众位在场的想必当时都颔首表示认可，甚至可能也有人附和说该理论可以用于指导实践，在工运、维权案件中应用之。总之，这颠覆理论就算隆重推出了，大家颔首认可热烈讨论又没有提出异议，就顺理成章算全票通过了。

从那一刻起，有司就认定这位长老拥有了一个团队，而且还是"死磕律师""民运""地下教会""访民"多个圈子的豪华团队，必要时可以多兵种联合作战。

问题是认同你的理念不难，但如何保证大家听你指挥这个不容易。总不能像大话西游里的唐三藏，绕指柔般反复吟咏"悟空、跟我走吧"以至于让人头皮发麻五内摧伤甘愿缴械投降了事。

这就涉及一个如何节制问题，更深了说是组织架构问题。

去西天取经，虽然以济世度人为号召，成功了还可以修成不败金身逃脱轮回之苦。但这都只是多年后应许的收益，而且一路艰险成败未知，猴子随时可能撂挑子走人甚至犯上作乱。所以除了丰满的理想，菩萨代表佛祖还给了三藏一件东西一种手段，就是紫金钵盂和紧箍咒。紫金钵盂是如来赠与的法器，凡有善男信女之处，都会予以施舍，不分国别，这相当于有境外资金支持。紧箍咒当然用于对不服从者的惩戒。

要节制下属，紫金钵盂和紧箍咒缺一不可。

七味烧有没有建立节制的规则？有没有建立师傅、大师兄、二师兄、沙师弟这种有序的层级权力架构呢？有没有紫金钵盂？

紫金钵盂据说有，掌握在一位资深人权律师手里。可这位律师是否服从长老的节制？这化缘来的境外紫金是否用于有司指控的颠覆行为？而且他手里的紫金钵盂太小了，两个助理的工资都付不起，因之还被其中一个嘲讽一番。

说 709 是一个集团，是一个组织，与正常人的常识理解有一光年的距离。

回头再看那位长老的颠覆理论三要素，真心不认为是他个人的天才创造。只要你足够关心这个社会，关心体制的和平转型，它更多是共识性的东西。为了塑造一个反体制偶像，胡吹什么"胡思想"既不符合历史事实，也属于不虞之誉，未见的好。

其实这理论不像是站在如何操作颠覆的颠覆者视角，而更像是一种社会分析者的视角。

比如他提出三要素之内部分裂，这个并不取决于长老和"他的团队"，而且他几乎没有能力影响，更遑论去游说去操作。在这一点上，他和所有异议者一样都只能做壁上观。

至于国际社会介入，那充其量属于他的一个借力因素，但国际社会都有自己的国家利益在，不会听他一介书生的调遣，过往的历史也表明国际社会所关注的议题是狭小的，主要在人权方面，而捍卫人权是普世的，并不等同于反体制。

这样一个体制转型的分析理论被定位为一个颠覆理论，就如同把温顺的唐僧用幻术点化成一只老虎。蒙蒙百姓可以，但在律师看来，唯有苦笑摇头叹息而已。

因为你懂得的原因，给被抓的朋友写篇文字都心怀惴惴，一则怕惹火烧身二则怕哪句话说的不对授人以柄反给朋友带来伤害。因为被抓的人我多数都认识，其中有三个人我都有机会成为其辩护人，对于他们自己及家属的信任，我由衷感激，自然也觉得有一份责任在。另外，从引以为戒角度也要看看这幕秘密排练了一年多的大戏如何开场和收场。我的朋友们是如何犯了颠覆政权这样谋逆的大罪。我心态很平和，如果他们真犯了罪，理应受到惩罚。

不过看了几天的审理，我就不淡定了，很不淡定。

庆安，多次谈到的一个地方。突然发现，我就站在颠覆政权的悬崖边，无意中也"走的很远了"，唯一庆幸的是自己没被邀请参加七味烧那次开天辟地的聚会。

我可以不为别人辩护，但我需要旨意，传来的也没有。我去，是觉得恶警李乐斌已经恶到超凡绝伦，当着一个古稀之年母亲的面，当着三个未成年孩子的面，枪杀人家的儿子让白发人送黑发人，枪杀人家的父亲让人家幼失其怙，而事后检察机关非但没有介入调查，反而政府第一时间予以表彰。这挑起了民间的敏感神经。

我认为如果恶警李乐斌杀人行为得不到惩戒，会对警察形成一种作恶授权的心理暗示，鼓励他们更草率地用枪，从而恶化警民之间关系。这种结局对谁都是悲剧。我相信其他律师和公民亦抱有此种朴素想法。

所以我们自带干粮前往庆安。

看了央视的焦点访谈，将李乐斌的杀人行为定位为正当执行公务，且污蔑参与的律师炒作敏感案件。

对此，我个人表示"不承认、不认可、不接受"。而且"炒作"非法律术语，有司用于指控犯罪不当，案子代理过程中，律师们有哪些违法之处，你们应该指出来，不要诛心了事。

把律师参与庆安案件视作颠覆的着手实行阶段，说律师们是想通过个案撬动整个体制。这会让我设想出一幅寓言的画面，一只大灰狼义正词严地指责下游的小羊污染了水源，然后高喊着正义把小羊给吃了。

我想有司们的证成逻辑应该是这样紫的。

从某种哲学角度看，事物之间是有普遍联系的，科学上也讲蝴蝶效应，也讲压垮骆驼的最后一根稻草。你代理庆安案件，可能就影响了几个关注者让他们不再犬儒，他们站了起来，然后又现身说法影响周围的人，周围的人再影响周围的人，于是成几何倍数增加，最后都站了起来，体制 OVER。

或者你代理庆安案件就是一次成功的推墙，而墙无论多高多厚，推得次数多了，终究会倒的，且越高越容易倒，当然它更可能是溃于蚁穴，哪怕溃于蚁穴，也无法排除你的这次推墙也发生了作用。所以你的每一次推墙，哪怕轻如微风，都要为墙倒塌的后果负责。

当然墙倒并非一朝一夕，所以颠覆是行为犯，不以结果产生为要件。

总之，代理敏感案件就是推墙，推墙就是颠覆的着手实行，如果你在某年某月某一天吃着烧烤又恰好听了某位长老的颠覆理论，无论你赞同还是默认。你就具备了颠覆的理论基础，有了理论基础就推定你有了颠覆的动机和故意，还成了某个集团的成员，加上你代理敏感案件，加上你认罪悔罪。恭喜你，你中奖了，而且是大奖。

这显然是一种很强大的逻辑。

代理敏感案件等于推墙，这显然是个命题。但命题的逻辑依据？有司没说，或许在有司看来是这属于其自由心证的领域。

估计有司先对个体进行政治光谱的界定，如果你是一个政治异议者，对不起你参与的任何维权行为都是在推墙，而推墙就是颠覆的实行阶段。

按照有司这种证成犯罪的逻辑，有多少人站在了颠覆的悬崖边？有多少人正在践行着颠覆？大家可以对着标准审视自己。

709 案这幕大戏，因为一年多没有剧透过参演角色任何信息，然后突然以迅雷不及掩耳盗铃之势说要开庭，而且据说还是公开审理，还允许旁听和媒体报道。

这是多么的自信。当时就猜想他们已经搞定了本案的当事人。

然后就看到了四位谋逆大罪的嫌疑人都无一例外认罪悔罪；就看到辩护人有时代替公诉人发问；就看到嫌疑人"坚决不上诉，绝对不上诉，永远不上诉"；就看到红顶律师和污点证人摇头叹息做痛心疾首状："他们走的太远了"。

当然也听说了嫌疑人家属要求旁听而不得的无奈，也看到了家属聘请的律师在法庭之外演绎着虚拟辩护。

如果只从法庭看，709 审判是一幕典型的皮影喜剧，处处透露着喜感。

但如果把视野放宽放远，从去年的 7 月 9 日开始看，以整个世界为舞台，它是一幕恢弘的正剧。家属、辩护律师和律师同仁、厂卫人员、暗处的老大哥，都出色扮演了各自的角色，让这幕剧惊心动魄波澜壮阔。

这幕大剧注定会载入史册。

看着毫无违和感积极指控别人的翟岩民，看着反噬恩人的赵威，看着说自己被利用的王宇，看着向自己助理礼貌道歉以表现矜持高贵的周世峰，看着满头白发被判了七年半还能认罪悔罪绝不上诉的胡长老。

一种荒诞和悲凉让人周身寒彻。

但我仍然会选择性对他们表示钦佩、充分理解、理解、尝试着理解。

毕竟移身而处，我不肯定自己能比他们做的更好。以我单薄的身板，薄弱的意志品质。如果只有精神性措施，我估计能七天零口供，半月不认罪，一月不指控别人，如果还有物理性措施，我估计很快就会缴械，说不定一段时间还会成为一个真正的斯德哥尔摩综合征患者。

但我敢肯定，除非我无常在里面，否则一旦自由，我会有重新说话的那天。

709 庭审也才刚刚开始，即便在法庭这个小舞台上，也说不定会有别样的精彩。谁知道呢？即便都是同一风格的皮影喜剧，和谐贯穿始终，但细细聆听也能听到于无声处的惊雷。何况，这幕大戏的舞台，绝非囿于几十平米的法庭。

潮水虽然仍旧汹涌，但潮水终会褪去，届时谁在裸奔一目了然——哪怕因为恐惧人们不说。我分明看到岸上围观的人越来越多，都在小声嘀咕着，指指点点。

刘书庆

2016 年 8 月 8 日

309

第十二篇

我为谢阳辩护

——关于"庆安案件"始末的重要说明

作者按：庆安案件和雷洋案一样，曾经引起公众的极大关注，回看当时的关注者群体，人权律师、市场化媒体人、公共知识分子、公民、访民都在关注。庆安案件之所以能获得如此的关注度，与三方面的原因有关。

一是案情过于恶劣：一个警察当着死者老母亲和三个未成年孩子的面，近距离枪杀受害人。二是涉案主体是警察，从政治哲学角度看，警察是国家的暴力机器，属于一种必要的恶。其不同于一般的有暴力倾向的自然人，如果这种暴力机器不被有效的控制，其对一般公民的侵害可以大到无法想象。三是我们老百姓没有合法持枪的权利，这意味着普通人并无在瞬间将执行公务的警察置于生命危险的能力。从应然的角度，警察对危险的评估以及防卫心理必须基于这一基础事实，这样的国家，自然应该对警察开枪设置严苛的条件。

笔者也正是出于这三方面的考虑，自带干粮去代理受害人。

在代理受害人徐纯合后，我自己也经受了多重的压力，被喝茶多次，后来我的律师证被注销恐怕也与代理此案有关，我和李中伟律师当时也被限制了出境，而另两位代理律师谢阳和谢燕益，则先后曾失去自由，代理庆安案件也成为指控他们犯罪的主要"罪状"。而且人权捍卫者们普遍认为庆安案件是709案件的导火索。

这篇文章是我在获知谢阳的起诉书后写的，考虑到当时肃杀的氛围，作为一个被起诉书提及的人，聪明的做法当然是远离是非防止引火烧身，但笔者仍然战栗着为谢阳辩护，当时即被广泛地誉为对朋友两肋插刀。

在代理庆安案件时，我们四位代理人秉持代理公共案件的代理伦理，尽可能地公开化，以回应公众关切，也期待影响有司的公共决策，但因为种种"你懂得"的原因，并没有给受害人徐纯合讨得公道，辜负了徐母的信任和托付，以至于这成了我一直以来的一块心病。在徐纯合十周年的忌日，我又写了一篇长文《庆安案件真相还原与律师代理行为记录》，才算给自己一个交代，也告慰徐纯合和徐母。

于 2025 年 6 月 16 日

■正文：

今天看到了谢阳案的起诉书，起诉书中，代理庆安案件成为其主要的罪状之一。起诉书中也有鄙人的名字，而且用了"伙同"一次，意有所指，也给世人以鄙人侥幸漏网的印象。

事关朋友之安危、事件之真相，本人之名誉，我不能鸵鸟一样视而不见。

一、"庆安案件"的真正起因

先说下去庆安的原因吧。试想一下如下情景：当着人家古稀之年的寡母，当着人家三个未成年的子女，在众目睽睽的火车站，近距离击毙一个手无寸铁的人。

如此后果如此严重的、人命关天的案件，即便不以故意杀人罪由公安局立案，起码要按照正当程序由检察院介入调查，反而案发第二天，庆安县常务副县长董国生即代表哈尔滨铁路公安分局对李乐斌进行表彰，把案件定性为袭警，进一步刺激公众的敏感神经。

单凭案发时流出的杀人信息，已经足够让人惊骇，而哈尔滨铁路警方以表彰的方式意图包庇和急于定性的做法更是让公众刺心。

考虑到这个案件案发的情景、案发的过程，尤其是嫌疑人的身份及警方的处置方式，都已经无可逃遁的决定该案将会经成为一重大公共案件，会被置于舆论的风口浪尖。

假设这样的案件都无人关注，都普遍沉默，那我们这个族群将仍然是可怜的奴隶之邦，将深陷无垠的悲剧无法救赎，好在并非如此。

作为有社会责任感的人权律师，我们关注它、讨论它、评论它再正常不过。

二、我们所看到的"庆安案件"的另一面

随着更多案件细节的流出，尤其在网络上看过屠夫（吴淦）悬赏得到的一段视频后。我们可以获知如下案件事实。

（1）在双方争执前，徐已经被李完全控制的事实；（2）李在进入警务室之前曾掏枪又放回枪套，显示其杀人犯意或许已起的事实；（3）李进入警务室后，徐并没有明显的违法行为，但李从警务室拿出警棍无端痛殴徐的事实；（4）徐在被李长时间用警棍痛殴却并未还手只是泄愤击打自动售票机，并未采取任何紧急避险行为的事实；（5）结合视频和双方年龄体格力量对比，显示警棍系李自动放弃的事实；（6）徐的母亲不停哀求李并训斥自己儿子的事实；（7）李向徐致命部位开枪时，徐并没有危及李或他人生命安全行为的事实。

基于律师的专业知识，基于自由心证，我们笃信该案不是一起普通的职务犯罪，而是符合防卫挑拨的一起故意杀人案。

如果这样的行为得不到惩戒，那意味着正义在众目睽睽中被践踏，而这无论对国家对政府对警察群体对普通公众是全输的局面。这是我们自带干粮去庆安的动机。

三、我们为什么要到公安厅门前举牌？

再说下我们在黑龙江省公安厅门前举牌的原因吧。10日我和谢阳辗转到了庆安，先就近勘查了案发现场，发现案发现场有三个摄像镜头，可以不留死角的拍摄整个案发过程。

次日与先期到达的谢燕益和李仲伟律师汇合。一起去了中医院获得徐母授权，而后为了调查案件，我们一起去了庆安公安局、县政

府、庆安火车站派出所，想面见案发后出警的警察、常务副县长董国生、派出所长，向他们了解案情，也想获得他们接报警记录，案发的全部监控视频。

但无人配合律师依法调查案件，不得已次日我们转移阵地去哈尔滨。

到了哈市后径直去了哈尔滨铁路公安分局，我们想见他们主要领导，当面想了解几个问题：对于一个人命关天的案件，且嫌疑人还是与他们有利害关系的同一单位的警察，他们到底做了哪些调查，掌握了哪些证据，基于什么法律依据做出了死者袭警的判断，做出了恶警李乐斌没有任何过错甚至应当得到表彰的决定？

但很无奈，除了铁路公安处的某中层领导告知公安部已经领衔成立调查组以外。我们四位律师被两次阻止在公安分局不足 4 平米狭小的入门走廊里几个小时一无所获。

12 日我们发表联合声明，考虑到哈尔滨铁路公安分局对李乐斌的包庇行为及人员隶属的利害关系，继续由他们侦办该案不合适，我们要求黑省公安厅以故意杀人案立案侦查。要求省检察院对哈尔滨铁路公安分局荣锦兴、哈尔滨铁路公安处处长汪法林、刑警支队赵冬滨、常务副县长董国生及幕后相关责任人包庇行为立案调查。

13 日上午谢燕益、李仲伟和我三人先去省检察院对相关人员包庇罪进行控告，然后去省公安厅要求面见相关领导。门卫不允许进入，我们只能去信访接待窗口，想通过电话与公安厅领导交流几句，窗口接待人员说无法做到。

中午吃饭时，大家都有很深的挫折感，觉得如果继续如以前四平八稳的履行职责，结果已经可以预料。我们将有愧于死者，有愧于徐母的重托，我们决定死磕一下。死磕的方式也没有创新，无非拉横幅静坐，都是律师们死磕惯用的方式。"枪杀公民，天怒人怨""问责庆安警方，履行宪法权利"的横幅都是我们集体商定的。

下午我们又去省公安厅信访接待室，接待人员表现愈发不耐烦，晾了我们很久。我们又回到省公安厅门口，准备做最后努力。我们苦口婆心，情理法齐上阵试图劝说门卫同意我们进去，但结果闭门羹依然。

于是我们特意找了一个不影响人员进出的位置，拿出写好的字幅、静坐。正好有个来此申冤的女孩为我们拍了照片。在我们静坐了一段时间后，信访接待窗口的警察终于放下身段，说他们领导要见我们。不过一次象征性的接待，竟然也需要死磕才能达成，实在令人心寒。

这就是省公安厅门口附近举字幅、拉横幅的来龙去脉，是我亲身的经历和感受。

四、微博发帖系事实描述，何罪之有？

另外我要坦诚，在庆安案件办理过程中，10 日晚我和谢阳现场勘查后发微博的是我；12 日的"庆安枪杀案 4 律师联合声明"、15 日的"四位代理律师对央视报道庆安徐纯合被击毙案的回应"、6 月 8 日 9 的"九律师联名向公安部申请公开徐纯合案完整监控录像信息公开申请书"均由我操刀。

考虑到检方指控谢阳"煽颠"的所谓"罪行"中，代理庆安案件与其他行为之间没有任何关联性，是独立的行为，而且"煽颠"罪也不实行如盗窃罪一样的累积构罪处罚制度。这意味代理庆安案件是独立"构罪"行为。如果谢阳此行为被判有罪，那我和李仲伟律师则是漏网。但我实际想说的是，我们连违法都没有，更遑论犯罪。

我们主动介入此案，是因为此案具备高度的公共性，我们想为受害人及其家属求得正义，为社会求得正义，唯有正义才能抚慰死者及其家属，平息公众的愤怒，消除警民隔阂。如果通过此案能推动警察用枪制度的规范化，那更是意外之喜，也是公共案件价值所在。

前前后后所有主动介入庆安案件的人，想必都基于同样的动机。这是在尽一个公民的责任，受赤子情怀的驱使。

而且介入之后，我们所采取的行为都在现有法律框架之内，没有触犯任何一条禁止性法律规定。

五、对起诉书的几点质问意见

起诉书中有"采取网下聚集滋事、网上鼓动对立等方式恶意炒作此事，诽谤执勤民警故意杀人"，"后又通过互联网发布上述举牌行为的照片和歪曲事实真相的言论、声明，煽动不明真相的人员与国家政权机关对立"的内容。

我在想，假如后人看到这份起诉意见书，他们会做何感想？对一个人犯罪的指控，其核心的意见竟然全部是诛心之论。这到底是对谁的羞辱？

我想问下长沙检方几个问题：

第1，我们网下是如何滋事的？滋事和正常代理如何区分？

第2，我们网上是如何鼓动对立的？律师基于自由心证对案件定性并发布了案件信息，公众对案件表示关注，对恶警草菅人命表示愤怒，对公权力机关未能依法按正当程序审慎调查该案表示不满，这难道是律师鼓动的结果吗？律师说出不利于公权力机关的事实就是鼓动？

第3，李乐斌可以代表整个警察群体？哈尔滨铁路公安分局能代表国家的整个权力机关？批评国家权力机关就意味着煽动颠覆？

第4，有哪条法律禁止律师上传自己静坐、举字幅、拉横幅的照片？如果禁止，将置公民言论自由的宪法权利于何地？

六、追求公平正义、追求事实真相是每个法律人的责任

起诉书指控我们的行为构成"诽谤"，真是无稽之谈。李乐斌开枪是事实，死了一个人是事实。案件发生后，受害人的代理人、辩护人、侦办方、基于利益之间的冲突基于自己掌握的案件信息，对案件的定性有差异甚至根本上对立再正常不过，否则律师制度就可以取消了。

如果公权力机关的认定就代表客观事实，那些冤案又从何而来？

　　尽管李乐斌没有被追究刑事责任，但在我看来，他就是一个恶警，一个杀人犯，而哈尔滨铁路公安分局的主要和直接领导则构成了包庇罪。而且只要这个案件没有真正得到彻底调查以回应民众关切，没有经过正当法律程序。我不会改变自己的看法。追求公平正义、追求事实真相是每个法律人的责任。

　　律师正常代理案件，会成为煽动颠覆的罪状，这本身就足够载入法制史册了。希望长沙检方相关员本着对自己对他人对历史负责的态度，撤回对谢阳的起诉。如果他们执意要起诉，届时我会要求出庭为谢阳作证。

刘书庆

于 2017 年 1 月 9 日

第十三篇

庆安案件真相还原与律师代理行为记录

——庆安案件十周年备忘录

作者按： 因为这篇文章，在 2025 年 7 月 11 日，笔者轮番被学校四位处级干部和文保支队长为首的五位文保（现在称内保）批判警告了三个多小时。理由有两点，一是这篇文章被发到了外网，还是以"709 案十周年征文"的名义，他们认定是我向外网投稿的，或许还拿了外网的稿费，二是这个案件已经由央视代表国家定性，在国家已经有了定论的前提下，我还以"真相还原"来作为文章的题目，而我又并不掌握真相，就差直接说我"居心叵测了"。

于 2025 年 8 月 1 日

■**正文：**

谁还记得那个卑微的受害者徐纯合？在他白发苍苍的老母亲面前，在他三个幼雏一样的孩子面前，被恶警李乐斌近距离击毙。我无法想象，在他老母亲的残年余生，在他三个孩子漫长的人生中，这一幕会有多少次出现在她们的梦里，让她们如坠深渊？

作为徐纯合的四位代理律师之一，没有为他讨得公道的愧疚一直潜藏于心，时不时地就蜇我一下。

5 月 2 日就是他十周年的祭日，个案正义和公道已不可求，我所能做的恐怕也就是写篇文章，对案件做一个相对详实的纵向梳理以为备忘，算是给徐纯合，也是给自己一个交代。而且时过境迁，不再有案件代理的胜负心，我将尽量将自己放在一个相对超然的立场来还原这个重大公共案件，来记录我们代理人的代理行为。

对于案件的还原，我将主要围绕着 CCTV 发表的文章《央视全程高清还原庆安枪击案开枪民警称感觉很委屈》来抽丝剥茧的还原，因为央视是代表案件调查组，代表公权力来对公众做的回应，而且央视记者如是说："庆安火车站安装了五路监控摄像，完整记录了李乐斌和徐纯合的冲突过程。我们拿到了全部的监控录像……"。

这里需要说明一点，央视记者这里说的庆安火车站安装了五路监控摄像，是包括了安装在广场的两个，在候车室里实则只有三个，这是央视记者在同一篇文章中又透露的。

一、案件原委

（一）徐纯合为何阻挠乘客进站？

徐纯合阻挠乘客进站的违法性没有争议，他自己是否遭遇了权力的不公正对待，都不影响他行为的违法性。庆安案件的核心是对警察李乐斌击毙徐纯合的行为应当如何定性：是构成故意杀人罪，还是滥用职权罪，又或者是正当的履行职务？

所以徐纯合阻挠乘客进站的行为是否事出有因并不重要。但考虑到在谈及庆安案件时，主流媒体总是反复播放徐纯合阻挠其它乘客进站的画面，以突出他在公共场所无事生非、起哄闹事的行径，从而客观上造成了公众的关注失焦，而且考虑到央视这篇文章也花了相当篇幅来证明并不存在截访的事实，以进一步证明徐纯合的阻挠行为没有任何正当性理由。所以为了更完整的还原案件，作为他曾经的代理人，就觉得有必要来做一点辨析：他的行为是否事出有因。

这里就需要引证《财新传媒｜｜庆安案件目击还原》这篇文章的一些内容。

在接受财新传媒记者采访时，对于徐纯合为何堵住进站口，徐母以猜测的口吻说应该是儿子知道有人给村里打了电话，怕不让走，生气了。而他们村书记王淑华、会计邓利民则坚称，事发当天村里没有接过任何"举报"电话。

从采访内容可以看到，尽管两位村干部坚称事发当天没有接到要求他们去车站截访的电话。但也承认徐母一家是重点维稳人口。即使在整个庆安也是有名的，火车站的人也能认识他们。

在同一篇采访中，村支书王淑华说的内容前后也有矛盾之处，一说为了拦截徐母一家去北京乞讨，村里已经花了 3 万多元，又说"虽然钱是公家的"。

这两位村干部的话是否属实，姑且存而不论，但从财新传媒这篇采访中，至少有以下事实可以确定：他们家出行多次被拦截，连火车站的工作人员都认识他们一家，徐母一家和村干部因为阻拦他们出行，双方有积怨。

从两位村干部的陈述可以推测，他们多次在庆安火车站拦截徐母一家出行，否则无法解释"火车站的人也能认识他们"。

所以，事发当天，村里到底有没有启动维稳机制，在公权力对受害人的代理律师调查案件丝毫不予配合，所有案件信息都是官媒单方披露的背景下，读者只能自己判断了。

买票后他们一家去车站旁的一家小饭馆吃饭，期间徐纯合还"喝了一杯 50 度的散装白酒和半瓶啤酒，尸检结果显示徐纯合血液中酒精含量为 128mg/100ml，超过了 80/100ml 的醉酒标准。

徐母回忆，饭后一家人进入候车室，坐在长椅上休息，徐纯合表现的情绪低落，心情不好，徐母给儿子买了点瓜子安慰他。过了一会，徐纯合告诉她说，"妈呀，有人给村书记打电话了"，徐母回他说"打就打了吧，咱们该走走"。

徐纯合坐立不安地在候车厅"来回走了好几趟"。这是两位村干部跟记者说的，他们看过监控视频。

在徐纯合上完厕所后，就把他母亲用于乞讨的小推车堵住了进站口，不让其他旅客进站。

据徐纯合堂弟徐纯静告诉记者，徐纯合所买的车票是庆安到大连金州的 K930 次车，16:14 分发车，如果这一信息属实，则不存在徐纯合因为被工作人员阻挠登车而着急的情形。徐的违法更多的可能是基于以前被拦截的经验和醉酒状态所导致。

（二）徐纯合与李乐斌的冲突

徐纯合阻挠乘客进站，值班警察李乐斌过来处置，隔着护栏双方发生口角。李说"徐纯合嘴里说了一些不好分辨的语言"，"应该类似于骂人的话"。

李反剪双手把徐控制住，等旅客陆续进入候车室，他放开了徐的胳膊，想把他带离现场。

「据李回忆，徐此时开始对他进行谩骂，曾说"你敢抓我，我捅死你"，并有"掏东西的动作"，李判断，徐可能是要掏凶器。而李这时也第一次掏出了配枪进行戒备。随后，李发现徐并未掏出任何凶器，就把枪收了回去。」

以上这是李乐斌在接受央视记者采访时说的。这里需要对李乐斌的单方陈述做一个辨析。

因为李乐斌的执法记录仪恰到好处的"出了故障"，李乐斌指控徐纯合对他进行了威胁，在没有客观证据没有证人证言佐证的情况下，李乐斌单方陈述的徐纯合威胁他的"你敢抓我，我捅死你"并作出"掏东西的动作"是否有过，本身就令人高度怀疑。李乐斌应当知道，在乘客进站时的安检，重点检查的就是管制刀具，乘客携带凶器进入车站本身就很难。退一步说，即便徐真的这样威胁了李，李就可以掏枪吗？如果警察掏枪可以如此随便，那真是可怕。

另外，李和徐都是本地人，如果徐骂了李，李应当不难听懂徐是如何骂他的，而李竟然说"徐纯合嘴里说了一些不好分辨的语言"，"应该类似于骂人的话"，显然这更像是一种对立情绪下的恶猜。

我们继续看央视这篇文章。

「监控录像显示，李乐斌把枪放回枪袋之后，就向民警值班室跑去，此时徐纯合绕过安检门向他追来。几乎就在李乐斌关上值班室门的同时，徐纯合也跑到了门口，并伸脚踹门。

　　紧接着，李乐斌打开大门，拿着警用防暴棍冲出了值班室。原本一起普通的治安事件就在这个时刻发生了不可逆转的变化。

　　从录像中看出，徐纯合面对手拿防暴棍的李乐斌比不占优势，就在这时，和徐纯合一起来到车站的母亲以及三个孩子走了过来，徐纯合做出了令人吃惊的举动：他先是拉过自己的母亲挡在自己和李乐斌中间，然后又举起了自己年幼的女儿，摔在地上。

　　李乐斌："我完全没有预料到，他居然能摔孩子，就包括现在想他摔孩子的那个场景，我的心都是非常难受的，完全没想到他会摔孩子。"

　　摔完孩子，徐纯合紧接着就来抢夺李乐斌的防暴棍。」

　　从行文和措辞可以看出，央视这篇文章真可谓是煞费心机地精心打造，之所以说是"精心打造"，因为它具备以下特点：

　　第一，作为一篇还原事件真相的报道，它只采访了嫌犯李乐斌，没有对等呈现受害方律师和徐母的意见，何况徐母还是目击证人。

　　第二，在李乐斌拿着防暴棍"冲出了"值班室后，它没再谈李乐斌用防暴棍连续凶狠地击打徐纯合头部的行为，对冲突过程的描述，刻意地回避这一重要的情节。

　　第三，笔者首先对央视记者所谓"他先是拉过自己的母亲挡在自己和李乐斌中间，然后又举起了自己年幼的女儿，摔在地上"这一事实的认定不敢苟同。央视公开的视频片段比较模糊，有很多技术达人分析认为可能存在抽帧行为，将抛掷行为进行了人为的加速。笔者则倾向于认为徐更像是要把孩子抛离危险区域的意图，当然我也不能排除徐有紧急避险心理的可能，即试图利用母亲和孩子来阻挡李继续殴打自己。

　　屠夫吴淦曾在 5 月 7 日发过一段文字对央视的定性进行驳斥，他说"真实情况是他女儿为了保护爸爸不被打，去抱爸爸说了一些让人感动落泪的话（视频里可听到），被徐抱起放在另一边。"

　　总之，唯一可以确定的是徐没有要伤害自己母亲和孩子的意图和行为。但在央视记者如花妙笔之下，一个没有道德底线，连自己的老母亲和孩子都用来做挡箭牌或者泄愤的人渣呼之欲出。

很多人看到央视剪辑的视频片段，再配上它上面这段文字，几乎很自然地会认为李乐斌是为了防止徐纯合伤害无辜第三人，而果断击毙了他，他的开枪行为从而具备了正当性。

后来我们同学聚会时，有几个同学当着我面就如斯评价李乐斌的开枪行为，我才意识到央视记者文字的抑扬之妙。

事实上，从徐纯合所谓的"抛掷"孩子到李乐斌拔枪开枪，中间还隔着好几个动作。在李乐斌开枪时，徐纯和也没有危及第三人的任何危害行为正在发生的情形。

「摔完孩子，徐纯合紧接着就来抢夺李乐斌的防暴棍。

录像显示，12 点 23 分，徐纯合再一次与李乐斌抢夺防暴棍，期间徐纯合用拳头打掉了李乐斌的警帽。但李乐斌说自己当时来不及愤怒，因为徐纯合的一句话让他心里警惕万分。

"他说有枪咋了，谁抢了就是谁的。"李乐斌说，就在双方击打过程中，徐纯合不仅扬言要抢他的配枪，他甚至感受到徐纯合的手已经触及到了他的枪。这让他非常紧张。

仅仅 10 秒钟事件之后，徐纯合就抢过了防暴棍。此时李乐斌后退一步掏出了配枪，并且打开保险子弹上膛。

回看录像发现，12 点 23 分 10 秒，李乐斌掏出手枪向徐纯合发出"别动"警告，23 分 12 妙，徐纯合用防暴棍打中了李乐斌的头部，23 分 14 妙，徐纯合的第二棍打中了李乐斌握枪的手，就在徐纯合拿棍子的双手回撤之际，李乐斌开枪击中了徐纯合。」

从央视这段文字中，细心的读者可以发现，警察李乐斌并不是因为徐纯合正在伤害第三者而引起，而是徐纯合扬言要夺他的枪。

这里有几个要紧的问题需要注意：

第一，一个身高一米八以上，30 岁正当当年，接受过专业训练的警察，手持防暴棍，面对一个身材矮小，身有残疾，年龄 45 岁但看上去五六十岁，手无寸铁还处于醉酒状态，被他击打至踉跄地倒坐在地上的人，他的防暴棍在僵持中竟然被对方抢走了。如果李不是故意撒手，请问还能如何解释？

第二，李乐斌对央视记者"他说有枪咋了，谁抢了就是谁的"，但李乐斌这句话属于单方陈述，没有证人证言佐证，李乐斌的执法记录仪又"出了故障"，请问这种死无对证的单方陈述，有多高的可信性？

第三，退一步，姑且假设李乐斌陈述的是事实，徐纯合真的说了"有枪咋了，谁抢了就是谁的？"这句话，李乐斌就可以故意松开防暴棍，然后拔枪并打开保险子弹上膛？

一个警察仅凭自己感受到了恐惧，而不考虑双方力量的真实对比，不考虑对方有没有对自己、对他人有切实的生命威胁，就可以使用枪支？

即便是在美国这种公民可以合法拥有枪支的地方，警察在面对赤手空拳的违法者，自己还拿着防暴棍，对方身体硬件又与自己相差甚远，也绝不可能允许使用枪支。

第四，徐纯合尸检，"见死者胸部开放性损伤，心包破裂，心脏贯通伤，双侧胸腔大量积血……"，这证明李乐斌近距离向徐纯合心脏部位开枪。

庆安案件，公众有三个关注焦点，一是当时的情形是否符合警察使用枪支的规定，二是为何没有鸣枪示警，三是为何非要朝致命部位开枪？

央视这篇文章自然也需要回应观众的焦点关切，央视也问了李乐斌第三个问题，李说"做不到，距离只有一米，而且这个人是在不停的移动当中，而且还在不停的击打我，这时候没有时间也不可能进行瞄准，如果打过手枪的人，我想都应当明白这个道理。"

李乐斌对这个问题的回应，明显与常识常理不符，明明距离近更容易瞄准才对，如果他不是存心要击毙徐，他完全可以朝腿部开枪。当时的情形并没危险到让李失去权衡的程度，在李故意撒手让出防暴棍后，虽然徐确实用防暴棍还击击打了李，但防暴棍并不具有致命的危险性，否则他一直用防暴棍凶狠地击打徐纯合头部的行为就属于蓄意故杀人了。

作为一名受过专业训练的警察，哪些部位致命是要形成肌肉记忆的专业知识。面对非致命威胁时，李竟然解释为来不及瞄准，可以胡乱开枪，还拉上整个警察群体来为他行为背书，说什么"如果打过手枪的人，我想都应当明白这个道理"。

央视也心安理得的接受了他的解释。

如果这种解释可以成立，在我看来不啻是对警察这一群体职业素质的侮辱。

第五，李乐斌在开枪之前也并没有鸣枪示警，正如在前面分析的，当时并不存在对李个人或对第三者的致命危险。他完全来得及鸣枪示警。

（三）李乐斌对徐纯合违法的处置严重违法

还有一点需要特别指出，李乐斌对徐纯合违法的处置过程，存在严重的违法。

根据《公安机关办理行政案件程序规定》第 52 条，《行政处罚法》第 37 条，《刑诉法》第 122 条，无论是行政案件还是刑事案件，无论是询问还是讯问，无论是行政拘留还是刑事拘留，都要求两名警察执行，以便与相互监督。

在庆安火车站值勤的是李乐斌和另一名警察田泽明。双方有内部分工，李负责候车室里的治安，田负责巡视站台，因为庆安站只是一个县城的小站，两个地点只是相隔旅客进出站台的一扇门。在出现徐纯合阻挠乘客进站时，按照法律规定，李乐斌此时应当通知田泽明过来和他一起执法。当然此时单独执法快速处置也能说的过去。

在李乐斌与徐纯合发生言语上的冲突后，他恼羞成怒甚至一度掏出手枪，跑进值班室把门关上后，他有充裕的时间来呼叫田泽明增援，他也应当呼叫自己的同事一起执法，因为双方矛盾已经显著升级，看他那架势，对徐不可能只是训诫，而是至少要行政拘留的。

央视记者也问了李这个问题，李给出的回答是当天他的警务对讲机没电了，事发时正在充电，让他无法立刻通知田泽明前来支援。

你看，他的执法记录仪非常巧合的"坏了"，他的对讲机又非常巧合的"没电了"。这种回答如何不让人心生疑窦？

请问，警务室没有固定电话？他和田泽明没有手机吗？对讲机只能在充满电时才能使用？为何不暂时停止充电先呼叫同事？

唯一合理的解释是他并不是要执法，而是要泄愤，所以他拿着防暴棍"冲"出了值班室，然后就是凶狠的连续击打徐的头部。

需要特别指出的是，在李"冲"出值班室击打徐头部时，徐并没有伤害任何人的行为发生。

央视记者尽管深谙文字的抑扬之妙，对案件事实的公开有明显的选择性和倾向性，但看过全部视频的他们，又面对多个视频片段早就传播开来的事实，也只能如实说李乐斌"跑"向值班室，拿着防暴棍"冲"出值班室。

一个"跑"，一个"冲"字，但凡对文字稍微敏感一点，就能想像地出李乐斌当时狂怒的状态。他"跑"回值班室只有一种可能的解释：去取防暴棍，他要教训徐纯合。

【为何说李乐斌是故意杀人？】

所以从李乐斌第一次掏枪开始，他就不再是执法者心理了，因为他的动机不是维持秩序的执法，而是恼羞成怒下的报复心理。他先是用防暴棍凶狠的击打徐的头部，在击打徐的过程中，徐抓住防暴棍的另一头，双方争夺防暴棍，他故意撒手，然后掏枪，保险打开子弹上膛，然后在徐用防暴棍反击时，他近距离开枪。

从李的罪过心理看，有两种可能。其一，他开始时是故意伤害的罪过心理，所以连续击打徐的头部，后来徐在被击打的混乱过程中抹掉了李的警帽，他又抓住了防暴棍的一头，愈发让李恼怒，李的罪过心里发生了转变，从故意伤害转变为故意杀人。

其二，李在第一掏枪后，他就动了杀机，后续的行为如无端的殴打徐、撒手防暴棍给徐，等待徐夺过防暴棍反击，都是他杀人的步骤，意图塑造一种正当防卫的情景。李作为受过专业训练的警察，如何更"正当化"的达成目的，他或许在头脑中有过经常性的思维建模。

这第二种情形，让人毛骨悚然。

我作为普通人，实在不愿把李想的过于邪恶，因此还是更倾向于第一种可能。但无论那种可能，李都构成故意杀人罪无疑。

二、回顾代理律师的代理行为

庆安案件发生的第二天，即 5 月 3 日，庆安县副县长董国生慰问了事件中受伤的李乐斌，新华社和央视等官媒定性徐纯合为抢枪、袭警的歹徒，对"民警为保护群众生命、财产安全，在负伤情况下坚持与歹徒搏斗的行为给予了肯定。"这里需要指出的是董慰问表彰李时代表的是省市领导。让历史记住这一事件和瞬间。正是因为董对李的慰问和表彰，一种集体性的悲情突然弥漫开来，庆安案件迅速发酵。

5 月 4 日，谢燕益律师起草并向最高检和公安部邮寄了《哈尔滨庆安铁路公安局故意杀人涉嫌案件检举书》，包括笔者在内的 34 名律师联署检举。

5 月 5 日，谢燕益与屠夫吴淦相约去庆安调查该案，后李仲伟律师也赶往庆安与谢燕益汇合。屠夫全网悬赏征集目击证人的视频，果然有所斩获并公诸于网络，让人看到了李乐斌持防暴棍凶狠击打徐纯合头部，而徐只是以拳击售票机方式发泄愤怒的画面。

5 月 7 日，谢燕益与李仲伟律师赶往徐纯合所住的村子丰满村，在见过徐纯合堂兄徐纯智及堂弟徐纯静之后，通过网络发布庆安案调查情况，认为两人都有事先被培训过的痕迹。

5 月 10 日晚，笔者和谢阳律师辗转到了庆安，先就近勘查了案发现场，发现案发现场有三个摄像头，可以不留死角的拍摄整个案发过程，笔者现场发了微博，并接受了法制晚报记者采访，5 月 11 日，笔者和谢阳律师与先期到达的谢燕益、李仲伟汇合，一起去了庆安中医院，在多名记者的见证下获得了徐母的授权，以死者徐纯合代理人的身份参与调查案件。

拿到授权委托书后，我们四位律师立即赶往庆安公安局调查取证，要求公安局提供 5 月 2 日当天的处警信息，以及庆安警方的参与情况。

庆安公安局政治处的刘副局长和王主任，法制大队的张队长、巡警队李队长先后接受了律师的询问。他们都三缄其口，打太极。"一再强调案子不归他们管辖，庆安警方只是在接到报警后曾到现场协助维持秩序。其它事项一概不知。笔者现场手写了一份信息公开申请书，对方答应在法定时间内给一个答复。

当日下午，我们又去了庆安县政府，要就面见县长和副县长董国生，试图向他们了解他们是基于哪些证据在第二日就对案件进行了定性，将李乐斌视作英雄并慰问表彰的。县政府办公室蒋主任接待了我们，说县长和副县长董国生都不在。至于我们想了解的问题，他们推脱一概不知。

从县政府出来，我们一行又去了庆安火车站派出所，向他们了解案情，获得他们的接报警记录等信息，态度恶劣地给我们吃了闭门羹。忙活了一天几乎一无所获。

5 月 12 日凌晨在雨中转战哈儿滨，我们直接去了哈尔滨铁工公安分局，要求见领导，被堵在狭小空间几小时，后铁路公安处的某中层领导告知我们公安部已经领衔成立调查组。

听闻这一消息后，谢燕益律师提议去酒店商量下一步对策，我们一致赞同。经研讨我们决定发一个声明，对案件进行定性，以便影响公安部领衔的调查组，决定由我执笔。

同日我起草《庆安枪杀案 4 律师联合声明》，声明提出：考虑到哈尔滨铁路公安分局对李乐斌的包庇行为及人员隶属的利害关系，继续由他们侦办该案不合适，我们要求黑省公安厅以故意杀人罪立案侦查。要求省检察院对哈尔滨铁路公安分局局长荣锦兴，哈尔滨铁路公安处处长枉法林、刑警支队赵东滨、庆安常务副县长董国生及幕后相关责任人的包庇行为立案调查。

13 日上午，笔者和谢燕益、李中伟三人先去省检察院对相关人员的包庇罪进行控告，然后去省公安厅要求面见相关领导。门卫不让进。我们只能去信访接待窗口，想通过电话与公安厅领导交流几句，窗口接待人员说无法做到。

中午吃饭时，大家都有很深的挫败感，觉得如果继续如以前四平八稳的履行职责，结果已经可以预料。我们将有愧于死者，有愧于徐母的重托。我们决定死磕一下。死磕的方式也没有创新，无非拉横幅静坐，都是律师们死磕惯用的方式。"枪杀公民不立案，天怒人怨""问责庆安警方，履行宪法权利""依法治国严惩真凶""人间正道，天不藏奸""律师要见公安厅长"都是大家集体商定的。

下午我们四位代理律师加上许付桂律师五人又去了省公安厅信访接待室，接待人员愈发不耐烦，晾了我们很久。我们又回到省公安厅门口，准备做最后的努力。我们苦口婆心，情理法齐上阵劝说门卫同意我们进去，但仍然没有通融的余地。于是我们特意找了一个不影响人员进出的位置，拿出写好的字幅、静坐。正好有个来此申冤的女孩为我们拍了照片。在我们静坐了一段时间后，信访接待窗口的警察终于放下身段，说他们领导要见我们。

我们就向该领导表达了我们的诉求。

之所以不厌其烦地重述举横幅、静坐之迫不得已的前因后果，是因为事后谢燕益和谢阳被以煽颠罪抓捕后，拉横幅、静坐一直被作为其主要的罪状。

5 月 14 日央视代表案件调查组，对庆安案件进行了最终定性式的报道，认定的事实和结论与 5 月 3 日的没有任何区别，令人心寒。我们四位律师经商讨，要对央视的报道给一个正式的回应。当日我起草《四位代理律师对央视报道庆安徐纯合被击毙案的回应》，15 日我们联署公开。

5 月 15 日，谢燕益执笔了诉状起诉央视，以我们四位律师的名义，代表遇害人家属状告央视，要求赔礼道歉，全面客观地报道该案，公布其未经剪辑的视频，要求精神损害赔偿 1000 万。

5 月 15 日，常伯阳、谢阳、蔺其磊、冯延强、许付桂第二次去哈尔滨铁路公安局，提交了信息公开申请书，要求公开完整的视频。他们在铁路公安局门前拉了一条长横幅。这是律师以实际行动表达对案件调查组所做结论的强烈质疑，也对央视剪辑视频误导公众表达不满。

5 月 27 日谢燕益执笔《庆安枪击案律师调查报告》，包含笔者在内的 16 位律师联署公开。再次强调了李乐斌涉嫌故意杀人罪，有关责任人员涉嫌滥用职权、玩忽职守、徇私枉法、包庇犯罪。

因为庆安案件影响越来越大，关注该案的律师也越来越多，在微信群里律师们商议要向公安部申请信息公开，谢燕益律师建议不要格式化来申请，理由要写的诚恳全面，情理法兼具。决定由我执笔，6 月 8 日我起草《九律师联名向公安部申请公开徐纯合案完整监控录像信息公开申请书》，联署公开并邮寄给公安部。

这之后我和谢燕益、葛文秀两位律师还曾去公安部，尝试见公安部领导当面递交这封信息公开申请书，被挡在门外未果。

浸淫行政案件代理的专家型律师袁裕来主动表示愿意参与该案的代理，在获得徐母的授权后，袁裕来起草行政复议书。2015 年 6 月 27 日，以谢燕益、李中伟、刘书庆和袁裕来的名义，向哈尔滨铁路公安局提起行政复议。复议请求确认其所属警察李乐斌击毙徐纯合的行为违法，责令被申请人赔偿申请人死亡赔偿金、丧葬费、抚养费及精神损害抚慰金。

后来因为发生了 709 案件，律师们在压力之下没再提起行政诉讼，走完这个行政赔偿的程序，是我们代理此案的遗憾之一。

三、因代理案件而被拘留的律师

庆安案件，如果有司处置得当，不会成为一个重大公共案件，律师、记者、公共知识分子、公民、访民都高度关注。

但他们选择了最颟顸的方式，在第二日就对案件进行定性，对凶手李乐斌进行慰问表彰，后续庆安警方又抓捕围观的公民，行拘代理被抓公民的律师以及代理被行拘律师的律师，这一轮粗暴傲慢的操作，让律师圈愤怒了。

5月28日，游飞翥、马卫和李威达律师与3位公民前往庆安拘留所，要求会见被拘留的公民被拒绝，除李威达律师以外的五人被行拘，理由是"寻衅滋事"。

唐天昊、葛永喜、徐忠、马连顺和游忠洪（游飞翥胞兄）要求会见被抓的游飞翥和马卫两位律师，又被"寻衅滋事"的名义拘留。

2015年6月3日，人权律师联署发布《中国律师关于黑龙江庆安警方大规模严重侵害律师权益的严正声明》，要求庆安警方立即无条件释放所有被非法拘留的律师，追究庆安当局及其上级相关责任人滥用职权破坏法律实施的刑事、行政责任，要求中华全国律协、被非法拘留律师所在地的地方律协，立即采取措施维护律师的正当权益；要求全国人大常委会成立特定问题调查委员会调查处理庆安五律师被非法拘留事件。

这份声明，截至公开日有541名律师联署，最终有660名律师联署，是史上律师联署人数最多的一次，可见犯了众怒。

以上是我对律师们参与和声援庆安案件行为的梳理，难免挂一漏万。以上信息均来自于我个人的记忆和网络，如有错谬也请谅解。

对于那些在庆安被抓捕的围观公民，我对他们的敬意丝毫不逊色于那些被抓的律师，但因为我个人不掌握具体细节，而网络上的信息又因为"你懂的"原因不方便求证，对于他们的英雄壮举，就留待公民自己来记录吧。

还有那些能保持基本职业操守的媒体记者，他们在力所能及的范围还原案件真相，采访前方律师，对提升案件的公共意义贡献良多。

四、结语

庆安案件发生后，有司们颟顸的举措，充斥着"我就这样了，你们能奈我何"的傲慢，让该案迅速发酵，也产生了令董副县长们无法预料的后果，如同中日医院董小姐与青年才俊肖飞的情感纠葛，最后竟然牵出震惊世人的学历腐败。

董国生在表彰慰问李乐斌之后，很快就被曝光他"年龄造假、学历造假，妻子吃空饷"，更有人举报庆安官场倒卖 300 个教师编制，该县检察长魏某飞、公安局副局长王某阳，元纪检监察局局长等也都在网络上被实名举报。一时庆安的举报风起云涌。

这些举报并非空穴来风，《南方都市报》5 月 13 日报道，绥化市几位通报庆安常务副县长董国生被停职，距离他 5 月 3 日代表省市表彰慰问李乐斌才不足十天。

庆安案件并不复杂，事实其实非常清楚，李乐斌是典型的故意杀人，在他出于报复泄愤的目的从值班室"冲"出来，用防暴棍无端地连续击打徐纯合头部时，他就不再是行政执法了，而是出于故意伤害的罪过心理，他在用力击打徐纯合时，警帽必然因为身体的剧烈运动而转动松动，又可能正好被徐纯合扫到，警帽脱落，让他显得颇为狼狈，他彻底丧失理智，罪过心里从故意伤害变成了故意杀人，然后近距离一枪击中心脏。

不管有司如何定性李，他在人心中就是一个杀人犯，他自己也应当知道，只是不知道他是否会忏悔。

回顾代理庆安案件的过程，虽然也算穷尽了各种救济措施，特别从公共案件的代理伦理看，我们一直没有偏离，那就是公开化，但因为我们能力的不足和不可言说的原因，没有给这个卑微的受害人讨回公道，每每想起来还是感到愧疚。

在庆安案件十周年的今日，作为徐纯合的代理人之一，以相对超然、冷静、公允的笔触还原庆安案件的真相，记录我们曾经的代理行为，就权当是对这个卑微受害者的祭奠吧。

刘书庆

2025 年 5 月 2 日

第十四篇

雷洋案一周年闲话几句公共案件的代理伦理

作者按：雷洋案万众瞩目，其获得的关注度相较于庆安案件犹有过之，两个案件的犯罪主体都是警察，正如我在前面提及的，认知高的公民对国家暴力机器的犯罪都会格外敏感，无它，自然人的犯罪只是个案，而暴力机器的作恶对所有人都构成威胁，这在任何国家都成立，当然雷洋案获得的极高的关注度，也与他作为人大毕业的高材生有关，他的学兄学姐们掌握着相当的话语权，也很有凝聚力，一直在关注案件的进展。

雷洋案，单看赔偿数额，的确算是不错的结果了，辩护人陈有西律师为此也一直沾沾自喜，把功劳全揽在自己身上。但在鄙人看来，陈有西的代理，将公众的高关注度作为谈判筹码，以不公开案件信息作为向权力示好的手段，只盯着获得高额赔偿，并没有遵循重大公共案件的代理伦理。陈有西的代理方式可以理解，但不配得到那么多的掌声。

于 2025 年 8 月 3 日

■**正文：**

坊间传说雷阳家属获得天价赔偿（这些天价赔偿最终谁在买单？），陈有西律师想必会以此为傲，理由也很充分，代理人就是维护委托人利益。

在当下中国，一说利益，几乎最终都意味着金钱。人死了，都会为活着的人着想，只有触手可及的赔偿才是王道。至于名誉、真相不过是谈判的筹码而已。

　　所以陈有西的代理模式，注定会收获很多拥趸。即便在自由知识分子圈，亦复如此。你谈多了，他们会认为你偏激你嫉妒。

　　即便如此，我还是想谈点看法。就是律师在代理此类公共案件时，是否应当秉持一些超越委托人利益的代理伦理？

　　雷案万众瞩目，尽管与雷教育背景、身份有一定关系，但这些只是雷案被关注的起始原因，某种意义上雷案能走入公共视野与人大校友的努力分不开，雷个人广义上属于精英的身份也给某些不问世事的中产阶层以一定的情感冲击，这都是事实。但更多的社会关注则已经与雷个体身份无涉，代表公众的某种隐忧甚至是恐惧，是对不受限制公权的警惕，是对良治社会的期盼和构建的努力。

　　陈有西恐怕自己也不能否认，雷家属获得高额赔偿，主因不在律师，不在家属，而在广泛的社会关注，官方从维稳考虑拿钱消灾息事宁人。

　　而且从陈有西接受代理那天，某种意义上也在寻求公众的舆论支持，包括其散布的某些真假难辨的消息诸如最高领导人都关注该案并做了指示云云，都是在向公众"喂料"，以保持案件的关注度，也借此自抬身价。

　　所以事实上，代理人与关注的公众之间是有种默契和互动在的，就这层意义而言，代理人对公众的知情期待负有一定的义务，当然这这种义务不是法律意义上的，而是道德意义上。

　　代理人肯定知道公众最想要是真相。离开真相，一切的批评建构都将失去根基。

　　但从一开始，代理人就没有做到，他们所发布的消息很少有实质性内容，更多表达一种姿态，或者对法律行动本身的描述，意在表明他们在努力，在尽一个代理律师的职责，如此而已。

　　公共案件，因为其高度的敏感性，记者到场很难，掌握一手案情更难，只有律师有这个条件，可以在一定范围内正当行动，获得第一手资料。所以律师应当承担公共案件信息源的角色。而且一旦获得信息，应当第一时间公开，否则稍一犹豫，维稳压力随之而来，代理人就很难有机会再公开了。

可惜，雷案代理人没有做到这点，虽然后来也有一些重要的信息透露出来，但更多是非正式渠道，也丧失了舆论聚焦的最佳时机，比如和朋友茶余饭后，或者在案件了结后。

多少年来，据说律师行业之间有种潜规则，就是不要批评同行，

有意见可以私下规劝，更有不少同行把律师行业看做一庸俗的利益共同体，什么肉烂在锅里胳膊折在袖子里云云。

我个人对此是鄙视的，也不认为有什么律师共同体存在。性格、志趣不同，哪有什么共同体？

在雷案一周年的今天，写下上面几句话，真心不是嫉妒陈有西名利双收，就是觉得有种原则和伦理需要宣示，因为公共案件还会继续发生。

刘书庆

2017 年 5 月 7 日

第十五篇

以大视野看郑州公民案

因为郑州市公安局恣意践踏《刑诉法》，以此案涉及所谓"危害国家安全情节"为由，剥夺当事人的诉讼权利，拒绝安排律师会见，导致虽然常伯阳、姬来松等人被羁押了 30 多天，但除了涉嫌的罪名，对案件的具体情况外界几乎仍旧一无所知。而且在报捕时罪名也从最初的聚众扰乱公共场所秩序变更为寻衅滋事。再次印证该案的构陷本质，两者虽然同属口袋罪，但前罪相比后罪需要有司们证明的更多。既然是构陷的案件，当然越简单越好。

严格的说作为辩护人都不知道他们因何事被抓，因为警方拒绝按照《刑诉法》要求向辩护人介绍基本的案情。只是从当事人家属处获知可能是因为年初他们搞了一次纪念赵紫阳的活动。从法律上讲，纪念谁，以何种方式纪念完全是公民的自由，他人无权置喙。当然纪念作为一种意见表达方式，可能负载一些表达者的政治诉求，也可能表达了一些对现状的不满，对前途的忧虑，但这些都正当而无害。

如果撇开该案事实本身，回顾这一年来的事态发展，任凭你多么善意揣测当局，都不得不承认常姬等人的案子并非孤立的个案，从打击的对象看，该案都可以视为"新公民案"的余脉，联系到后来武汉圣观法师闪电案，刘萍、魏忠平等人被重判，张昆被抓，唐荆陵、袁新亭闪电案被批捕，就显得格外醒目。当然我意并非把上述诸君都牵强的归在"新公民"的大纛之下，但他们被构陷的原因却是相同的。

他们都是有街头倾向的意见表达者，更重要的是他们都与当地公民通过"饭醉"等形式保持密切联系。当局尤其忌惮律师与公民的结合，因为律师的加入本身就给参加人以安全的心理预期，他们无恐惧感的意见表达姿态会激励所有参与的公民。

如果他们只是躲在酒馆里"饭醉"谈论时政，或者只是孤立个人的街头意见表达，当局的恐惧感或许还不至于失控。所以常姬等人被抓，可以从侧面证明郑州公民运动的成熟。他们是行动的先驱。

常姬等人被抓后，当局剥夺当事人的诉讼权利，违法不安排律师会见，已经越来越不像郑州公安本地的决策。因为辩护律师前赴后继的争取、普法、控告、穷尽一切手段的维权声势已经够大，而且辩护人还曾联名要求国务院对《公安机关办理刑事案件程序规定》这一部门规章第 374 条改变，说高层不知道难以令人信服。如果他们真在下一盘大棋，估计看中郑州处中原腹地其辐射效应大的优势，他们已经不能容忍极小部分律师以法律为武器与公权力较真，因为这代表法治意识的成长。

他们通过对《刑诉法》的践踏，通过对较真律师或者说形象的称之为死磕律师的羞辱甚至殴打，降低律师的职业荣誉感，降低潜在客户对死磕律师的期待，目的是掐断死磕律师的衣食来源，最终达成阻止法治意识成长的目的。回顾一下，他们从建三江对律师残虐下手开始就在有条不紊执行这一方针。可以预料，以后死磕律师被殴打将成为常态，殴打者可能直接是公权力人员，也可能是受害人家属，还可能是他们雇佣的黑社会人员，当然保安门卫等肯定也是重要参与角色。几代法律人辛苦争取的律师会见权将不再有任何程序上的保证，代表法制进步阶段性成果的《刑诉法》会成为一纸空文。

短期看，他们的目的会达成。但如果放眼长远，则这终究是逆流，不可持续。试想一下，这样一种践踏法律，粗暴剥夺当事人诉讼权利的地方，谁人敢于投资？而且他们所追求的市场经济如果没有法治作为基础，则既难以持续，更不可能良性发展。他们可以不尊重人权，但经济规律左右不了，即便凯恩斯式的短期左右经济发展，但他们左右不了资源枯竭环境崩溃人口凋零的结果。所以，我谨慎乐观。

作为辩护人，我们深感无奈，我们深感愤怒，或许还有点恐惧，但我们相信未来。

冷锋于 2014/7/3

第十六篇

抛砖引玉小议公民出境权

前言：在笔者看来，公民出境权理应是一项宪法性权利，这项权利可以从宪法中的自由迁徙权派生出来。《世界人权宣言》和《公民权利与政治权利国际公约》也都以明文形式重申了这项权利。对于这种宪法性权利，要想剥夺需要充分的理由，而且应当符合正当程序，给予相对人司法救济的权利。

但现实中，最近十年大陆的人权捍卫者经常被限制出境，而且相关行政部门只会笼统的给出"出境可能危害国家安全"的理由，也不给书面的文书，行政相对人也无法敲开司法救济的大门。

考虑到救济的成本，以及最终不了了之的结果，多数人都选择了默认，把这视为自己保持良知和捍卫人权的代价。唐吉田和郭飞雄两位都是资深的人权捍卫者，以前就长期不能出境，但彼时他们也持类似的默认心态，在2021年之所以投入精力穷尽各种救济，乃是因为他们的亲人正处于病危状态，唐吉田的女儿在日本命悬一线，郭飞雄的妻子在美国也处于最后关怀的阶段，此时还拒绝他们出境显得异常残酷。

两位朋友的遭遇让我黯然，就觉得有必要探讨相关部门拒绝他们出境的合法性问题，这构成了我写作此文的动机。

■正文：

一、出境权的法律渊源

最近一段时间，唐吉田律师异常的愤懑。女儿在日本命悬一线，而政府有关部门却拒绝其出境。无奈之下老唐都开始信访了，法律人信访，心态多少都有点崩。信访是一种虽有法律明文规定但却是非法律的救济途径，它没有程序性的回应机制，说白了就是人家收下材料，但没有义务回复你，现实中几乎不可能回复你，聊胜于无的救济，只能起点心理安慰作用。

前段时间，郭飞雄先生也碰到了类似问题，想去美国照顾已经癌症晚期的妻子，也被政府相关部门拒绝。两人虽各有各的不幸，但出境被拒的理由是相同的，就是出境可能危害国家安全。

事实上，国内被以同样名义拒绝的人已经有多名了。要不是因为唐郭两人被禁止出境涉及最基本的人道主义，恐怕在网络上也不会引起多大关注。陶潜说亲戚或余悲，他人亦已歌，鲁迅也说人类的悲欢并不相通，人很难换位思考他人的痛，总会有人说唐郭又不是医生，出去了又能帮多少忙，再说也有家属在照顾，无非就是借机炒作和逃离。只要灾难没有落到他们的身上，这些人就不会考虑亲人对病患心理支持的作用，就不会考虑照顾重症病患也是亲属的心理需求，就不会考虑亲属对病患生死前景莫测的恐惧。

唐郭两人被禁止出境，固然涉及基本的人道主义，但根本上还是与法的精神抵触的，而且这种抵触可能是多层面的。

个人以为，从应然的角度，公民自由出入境的权利是宪法性权利。对于入境权来说，国家允许自己的国民入境，属于政府与国民基础契约的范畴，这种权利应当是绝对的，无条件的，不能被拒绝的，否则这个国家不具备基本的正义性。正因为国民入境权的绝对性，所以理论上应是没有什么争议和例外的，极端特殊情形下的国境外隔离与延迟入境并不是权利意义上的拒绝入境，而是一种着眼于公共安全和国家安全的临时管控措施，而且采取这种措施应当是很审慎的，只有在极端必要的情况下才可以采取，要提供基本的生活保障，要随时评估其必要性以便尽快改变。因为入境权的绝对性，本文也就不作展开。

对于出境权，其法律渊源首先来自于自然法。按照自然法的观点，在不侵害他人自由的前提下，人有行动的自由，自由迁徙就是行动自由的一部分，而出境则是自由迁徙的一种形式。这项权利自古就有，从根本上说它并非由法律而是由造物主所赋予的，是自然正义所内在要求的。在国家产生之前，它以个体的自力救济来保障，在国家产生后，它由以国家强制力为后盾的法律来保障。按照洛克和卢梭的说法这叫天赋的自然权利。而且这种权利并非只停留在理论层面，而是自古至今都一直被实践着的。众所周知，在春秋战国时期，出国是平常事。孔夫子就曾周游列国，作为一个持不同政见者，曾很明确地说"道不行，乘桴浮于海"。在西方，耶稣的门徒也都四处传教，最终让起源于犹太教实质就是犹太教一个异端小宗派的基督教成长为一个普世性宗教。

出境权的另一法律渊源是二战后以联合国为基础形成的人权公约和宣言。《世界人权宣言》（以下简称"宣言"）第 13 条第 2 款规定："人人有权离开任何国家，包括其本国在内，并有权返回他的国家"，世界人权宣言是联合国大会在 1948 年无反对票通过的，旨在维护人类的基本权利。《公民权利与政治权利国际公约》（以下简称"公约"）第 12 条第 2 款，也明确"人人有自由离开任何国家，包括其本国在内"。中国作为联合国常任理事国，也早在 1998 年就加入了《公约》，应当尊重《宣言》的精神和《公约》的规定，并在国内法中予以体现。此外，《中国出入境管理法》第 3 条也明确"国家保护中国公民出境入境合法权益。"

二、对出境权限制条款适用的分析

虽然我认为出境权应当是一项宪法性权利，但这不意味着就会出现在宪法文本中，宪法作为高度概括的文本，不可能面面俱到，如果宪法可以司法化，从功能解释的角度则必有默示条款的存在，有些宪法性权利也可以从其它宪法权利中演绎出来。同时，我说出境权是一项宪法性权利，也不意味着这项权利不可以被限制，在这方面，它和入境权是不同的。但这种限制应当是符合自然正义的，符合法治精神的。我们可以尝试着解读一下《中国出入境管理法》第 12 条。这一条对公民出境权规定了六种限制情形。中国公民有下列情形之一的，不准出境：

（一）未持有效出境入境证件或者拒绝、逃避接受边防检查的；

（二）被判处刑罚尚未执行完毕或者属于刑事案件被告人、犯罪嫌疑人的；

（三）有未了结的民事案件，人民法院决定不准出境的；

（四）因妨害国（边）境管理受到刑事处罚或者因非法出境、非法居留、非法就业被其他国家或者地区遣返，未满不准出境规定年限的；

（五）可能危害国家安全和利益，国务院有关主管部门决定不准出境的；

（六）法律、行政法规规定不准出境的其他情形。

这条法律规定，如果单从表面上看，因为法条所内在要求的简明扼要，很难说它有多大问题。但如果适用时故意曲解法律，同时又不按照正当法律程序，则执行机构很容易滥用权力侵犯公民的权利。特别是第二、三、五、六项。第六项是兜底条款，凡是限制公民权利的兜底条款往往为人诟病，因为一定程度上它是与法治精神相悖的。从法治精神来说，兜底条款应当只适用于对公民或法人的增益行为，如保障公民的权利或者赋予公民或者法人某项行政许可事项。而限制公民权利的条款，则应当尽量明确。毕竟法治的要义是限制权力保障权利嘛。

对于第二项，如果严格适用刑诉法，把刑诉法这一人权保障法落到实处，本不应当出现问题。问题在于有司有时会把刑事法律工具化，把刑诉法规定的例外情况常态化。现实中，一个合法的人权捍卫者有可能长期被嫌疑人化，被秘密立案侦查的有之，被枉法构罪先抓人再找证据的有之，被取保但又变更罪名增加罪名长期不撤案的有之。只要需要，有司可以长期给一个公民钉上嫌疑人的标签。这有违刑诉法的立法本意，也违背《公约》第九条"应予合理时间内审讯"之规定。这一项规定的情形，有一些公民会被有针对性适用。

对于第三种情形，条款本身没有问题，一个有纠纷在身的人，为了防止他出国逃避债务，这种限制是必要的。但不排除有人利用虚假诉讼制造民事纠纷的可能。理论上一个人提供足额担保就不应当再限制出境。

对于人权捍卫者来说，被最常适用的还是第五种情形。这一条因为规定的很宽泛，给执行者留下很多扩大解释的空间，而且更关键的是执行者不按正当法律程序行事，很容易多层面违法。

三、行政处罚的正当程序

以出境可能危害国家安全为由限制人权捍卫者出境，细究起来，无论从适用对象还是正当程序，可能都有违法之处。众所周知，禁止公民出境，本质上是一种行政处罚行为。一项行政处罚合法有效须具备几个条件，第一，作出处罚的主体适格，第二，处罚的程序正当，第三，据以作出行政处罚的事实和理由成立，第四，行政处罚符合比例原则。个人以为相关政府部门以"危害国安"名义禁止人权捍卫者出境的行政处罚行为，至少在四方面存在问题。

从主体资格来说，既然作出决定的据称是国务院职能部门，就应当告知相对人是哪个职能部门，因为这涉及相对人的复议或诉讼权利，也涉及行政行为的主体资格问题，是应当要告知的。而且，从应然角度，应当由该职能部门派人来向相对人作出该处罚决定，行政行为固然可以委托但委托要满足条件，行政机关的委托不像普通的民事主体，它的委托一般要通过法定的方式。出入境管理部门应当向相对人说明其权力来源，是来自于法规授权还是国务院职能部门的书面委托。

从正当程序来说，行政机关在作出行政处罚前，应当告知相对人据以对其作出处罚的理由，同时要听取相对人的申诉和辩解。而且这种告知，不能仅仅从形式上理解，认为只要有了这个告知的过程就满足了正当程序，至于处罚的理由是否成立，可以留待行政复议和诉讼来审查。这种理解是错误的。仅仅从正当程序角度，这种告知也必须有实质性的合理理由，即处罚机关到底是基于何种事实和理由推导出行政相对人"出境可能危害国家安全"的结论。

对于特定部门的公职人员比如国安人员，因为其接触国家秘密的职权，对他们施以身份上的限制是合理的。禁止他们出境也不是一种行政处罚，而是一种行政纪律。但对于普通公民，这是一种行政处罚，作出这种处罚的理由，不能是想象的，也不能假想防卫，而应当是基于被处罚人以前存在违法犯罪的事实，而且这种违法犯罪的事实与"出境可能危害国家安全"存在逻辑上的因果关系。笼统的一句"你出境可能危害国家安全"，这不构成对处罚理由的告知，因为这不是处罚理由，而是处罚理由的结论。

从处罚应当符合比例原则来说，最起码应当告知剥夺权利的期限，或者明确在满足什么条件就可以撤销这项处罚。一个不明确期限的剥夺公民宪法性权利的处罚，没有正当性。

四、以危害国家安全名义限制普通公民出境不具有正当性

在谈到国家安全时，作为法律人，我们自然的会有两种视角，一种是自然法意义上的，一种是实定法意义上的。个人以为无论从自然法还是实定法，一个普通公民，无论他以前做过什么，哪怕是被以危害国家安全的罪名抓捕判刑，在其自由的状态下，都不应当拒绝其出境。

从实定法来说，按照刑法的精神，一个人以危害国家安全的名义被判有罪，在服刑结束后，很有可能伴随剥夺政治权利的附加刑，所谓剥夺政治权利是指剥夺参与社会管理和参政的权利，而不是剥夺

作为人的天赋人权，特指的是选举与被选举权、集会、结社、游行、示威、言论、出版的权利，而且此处的言论、出版权也是特指政治批评性的言论和书籍，这几项都属于积极自由的范畴。并无包含出境这一权利，因为出境本质上是一项消极自由，与他人是无涉的。在附加刑执行完毕，自然就更没有理由剥夺这项权利。至于曾被以危害国家安全名义抓捕的嫌疑人，如果在法定期限内没有被起诉，则意味着不构成犯罪，自然更没有理由剥夺出境权。

无论中国刑法还是其它国家的刑法，都对假想防卫持否定态度，政府部门自然更不能"假想防卫"，预防性剥夺公民的宪法性权利。对公民的处罚应当遵循行为处罚事后处罚的原则，在行为发生前如果以怀疑和不信任的态度对待普通公民，甚至不惜剥夺其宪法性权利来预防可能出现的情形，有违法治精神。

所以，个人以为《出入境管理法》第 12 条与《刑法》的精神有抵触之处。从效力位阶上来说，《刑法》是基本法，《出入境管理法》是普通法，刑法是全国人大通过的，后者是全国人大常委会通过的，在两者有冲突时，应当以效力位阶高者为准。

从自然法的角度来说，个人以为，在现代社会，普通公民已经很难有能力危害国家安全。从犯罪构成来说，虽然传统上普通公民是可以作为间谍罪的犯罪主体，但在高分辨率卫星不间断盘旋在一个国家的上空，在全球都在使用互联网，在国与国之间人员往来极其频繁的今天，普通公民事实上已经很难实行这项犯罪了，当然这不是绝对的，不能排除有人与境外国家勾结会去军事禁区刺探情报，或者去保密单位偷取绝密资料，或者收买特定的保密人员。

至于公民依托网络搜集已经公开的信息，哪怕搜集的信息涉及国家安全，哪怕其确实有出卖行为，也不应当被视为间谍罪。因为信息一旦出现在网络，就相当于向世界公开了，就失去了秘密性。国人对搜集负面信息获取报酬有天生的反感，所谓肉烂在锅里，但殊不知，政府和现代企业搜集个人信息已经常态化，这已经成为他们管控社会和获利的主要方式，而且这些信息很多涉及个人隐私，是没有公开到网路的，是他们通过网络技术主动获取的，与普通公民网络搜集已经公开的信息不可同日而语。公允的说，现实中有司频频举起间谍罪的大棒，对公民进行惩戒，不具备正当性。何况限制出境也没有任何意义，从网络搜集资料不受地域的限制。

至于真正危害国家安全的叛国罪，它又是身份犯，只有负有特定职责的军事人员、国家机关人员才有条件叛国，出于防范的目的，对这些特定身份的人限制其出境是适当的，这些人从事某个特定职业，应聘某些特定岗位也意味着对出境权的让渡。而一般公民没有能力卖国，也就谈不上叛国。

当然，我这样分析是有个前提的，就是正本清源看待国家这个词，恢复其本来的内涵。

如果回到中国的实定法，危害国家安全的罪名就多了。国家和特定的政治组织已经被深度捆绑，颠覆和煽动颠覆国家政权罪也都属于危害国家安全犯罪。现实中这也是公民最容易触犯的罪名。涉嫌这些罪名的人本质上都是这个国家的赤子，他们深爱着这个国家，践行着异议是最高形式的爱国的信条，他们只是在践行宪法所保障的言论、出版、信仰、集会、结社、游行示威等权利而已，甚至他们中的大多数对权利的声张只是停留在最基础的言论、信仰的层面，集会、结社、游行示威等都远远没有涉足。他们不仅没有触犯自然法意义上的刑法，严格说来都没有触犯政府制定的实定法。这些人为自己作为社会良心付出了惨痛代价，在他们刑满释放后，就是合法公民，正如本文前面所说，哪怕他们被附加剥夺了几年政治权利，也不应当限制其出境，因为出境权是自然权利，是基本人权，是消极自由的范畴，并非政治权利。

当然我亦理解某些政府部门的顾虑。他们知道这些人出狱后，几年的牢狱之灾，一般并不能让他们真正屈服，相反会更激烈更无畏的批评政府，这几乎是必然的因果。这些人对政府有怨怼情绪，一旦放他们出境，就可能翻然翱翔不可复制。他们本身又是刑事受难的活字典，肯定会现身说法，被西方用来批评政府的人权。不得不承认，这种顾虑从逻辑上是自洽的。

　　但即便这种可能性是存在的，我亦认为政府不应当阻挠其出境。这既是法律的应有之意，也是基本的政治伦理所要求的。公民可以恶猜政府，政府恶猜公民就缺乏正当性，恶猜公民后还预防性限制公民的基本权利那就是严重违法了。

　　另外，从政府的整体利益考虑，也不应当限制。一个政府整体的利益，是法秩序的维护，其统治利益就体现在其制定的法律中，而任何法律的制定，如果具备基本的技术理性，必须考虑启蒙时代以来形成的最低限度的共识性成果，即有对制定者自我限制的一面。这种自我限制是为了维护他们整体的统治利益所必然付出的代价。《刑法》规定的附加剥夺政治权利，并没有将出境权列入其中，这也是刑法制定环节的技术理性对制定者的一种约束。

　　同理，在法的适用过程中，因人下菜也要有个度，这是法适用环节的基本理性。不能说相对人是一个人权捍卫者，就可以把法律抛诸脑后或者故意曲解，就可以完全恣意地行事。这种做法最终损害的是法律的权威，伤害的是整体的法秩序。其它国家也将对你的司法体系失去信任，在一个全球化的时代，一个国家的司法体系不被信任意味着多重利益的损失，这损失的利益大到不可想象。现实中就不乏这样的例子，像北韩政权，法律完全失语，他们和自己的国民处于一种持续的战争状态中，普通人看一场韩国的电影就可能丢掉性命，偷渡一旦被遣返也可能遭到极刑的惩罚。这种任性胡为的做法，最终导致了朝鲜被全面制裁的局面，金家王朝也成了不折不扣的流氓政权。

五、结语

　　综上，对于特定部门的国家机关人员，基于其掌握国家机密的特点限制其出境是"政治纪律"，而不是行政处罚。而对于普通公民，限制其出境是一项行政处罚，对其处罚首先要符合正当法律程序，同时要保障公民获得公力救济的权利。以"出境可能危害国家安全"为由剥夺公民的宪法性权利，是一种"假想防卫"，是一种预防性处罚，违反了本应秉持的行为处罚事后处罚的原则。

现代国家，政府手握国家的各种暴力机器，就像一辆硕大无比无坚不摧的重型坦克，任何公民在它面前都渺小的如蚂蚁一般。这样的政府应当有基本的自信，将自己置于超然中立的位置，对自己治下的公民，应当不存成见，不把任何公民视为敌人，相对公正的适用法律。希望任何合法的公民，都能自由出境。

尤陆沉

2021 年 7 月 16 日

第十七篇

从应然角度探讨一下即将生效的

《国家安全机关行政执法程序规定》第 40 条的正确适用

一、公民电子设备可随机检查？

《国家安全机关行政执法程序规定》（以下简称《国安执法规定》）这部重要的部门规章将于今年 7 月 1 日施行。对于这部规章，生效后其可能的对一般国民的影响主要会体现在哪方面？对此，最近的网络传言其实已经精准地定位了。

笔者开始注意这部规章也是源于这些网络传言，因为如果诚如这些传言所说，7月1日之后在入境时可以随机地检查个人的手机和电脑。海关的这项检查权无疑是对个人隐私权的减损。因涉及公民权利问题，笔者就仔细研读了这部规章。

对于未来国安机关如何适用该法，笔者无法逆料，同时笔者也认为以上网络传言可能更多来自于民间对该规章望文生义或者道听途说的粗浅理解，并不准确。在这部重要的规章生效之前，笔者想从应然的角度来探讨一下这部规章的适用条件，更准确地说是谈谈本规章第 40 条的适用条件，因为公民之所以产生以上的担忧，主要是由该规章第 40 条所引起。

我们先看看第 40 条是如何规定的：第四十条　国家安全机关依法对有关个人和组织的电子设备、设施及有关程序、工具开展查验，应当经设区的市级以上国家安全机关负责人批准，制作查验通知书。紧急情况下，确有必要立即查验的，经设区的市级以上国家安全机关负责人批准，执法人员经出示人民警察证或者侦察证，可以当场实施查验。

从该第 40 条看，要检查个人或者组织的电子设备，需要设区的市级以上国家安全机关负责人批准。这一条规定的检查条件，是适用于任何时候任何场景的，当然也包括国人回国入境时。

入境人员按照其国籍不同，分成两类，一类是本国人，一类是外国人。对于后者的入境检查有特殊性，其特殊性表现在它是一种国家主权行为，它可以基于国家主权或者国与国之间的对等原则而对入境的外籍人员进行特别的检查，美国海关人员就会检查外国入境者的手机和电脑。

笔者不知道美国这种检查是否有歧视性（即只针对中国大陆人员），不过即便歧视性存在，也无法指控它违法，此时入境的外国人也不能援引美国宪法第 14 条修正案的平等适用条款来救济，而且它也不违反国际私法。因为这被视为是一个国家的纯主权行为。

多名中国留学生近期入境美国遭长时间盘查 外交部回应

有记者提问：据报道，多名中国留学生近期入境美国时遭到长时间盘查，并被检查手机、电脑等随身电子设备，一些学生的签证被注销并被告知5年内不得入境美国，请问发言人对此有何评论？

汪文斌：长期以来，美方出于政治目的，对持合法有效证件和签证的中国赴美留学生滥施打压迫害，动辄盘查、关押、逼供、诱导甚至遭返。近几个月来，每月均有数十名包括留学生在内的中方赴美人员被美方强制遣返。美方的做法是典型的选择性、歧视性、政治性执法，中方对此强烈不满、坚决反对。

外国人要想入境，任何国家的政府都可以要求外国人负担一定的义务，让渡一部分的权利，手机和电脑接受检查就是对隐私权的让渡。一旦在检查电子设备或者在海关询问时，发现有不适合入境的情形，政府可以无因的拒绝外国人入境。不要以为给了签证，就意味着一定允许入境，因为签证与海关检查是两个独立的行政程序。

具体到中国，如果我国政府基于主权原则或对等原则也对外国人进行特别的检查，检查入境外国人的手机和电脑。这当然没有问题。但对于自己的同胞回国入境，如果想检查手机和电脑，从应然的角度来说，则必须满足本规章第 40 条规定的检查条件，即必须由设区的市级以上的国家安全机关负责人批准才可以，而不可以随机的检查。事实上，第 40 条规定的检查条件，只是检查国人电子设备的程序条件，从应然的角度，它还必须要满足实体条件。所谓实体条件就是被检查者必须有危害国家安全的行政违法事由存在，或者至少行政违法事由的存在具备高度盖然性。而且此高度盖然性的认定不能依靠对特定人价值光谱的定位，以自由心证的方式来进行，而是必须有某些客观的外在行为，这些外在的行为虽然本身并不能直接确定其行政违法，但基于行为之间可能存在一定的牵连关系或者逻辑上的因果关系，可以基于常识常理来推断行政违法的高度盖然性。

一定意义上，所有的禁止性规范都可以被看作是公民权利与国家管制权力之间权衡的结果，而国家管制的目的不外乎是维持一种统治秩序。因之，执法的本质就是在权利与秩序两种价值之间权衡取舍。

从应然的角度，现代法律是建立在以尊重人权为目的的无罪推定、无错推定原则之上。电子设备的内容，它所安装的软件，这首先是个人隐私的范畴，如果没有违法或者高度盖然性的违法存在，从执法的正当性来说，此时秩序这种法的价值就应该让位于对隐私权的保护。如果不以此种原则来权衡取舍，把秩序这一法价值视为至高无上，认为权利这一法价值处于从属的地位，只要出于维护秩序之目的，就可以无视权利，那这种执法就不具备正当性。毕竟隐私权的减损是确定的，但秩序被破坏的概率是小的，在人类的正义观念中，除非在特殊状态下，不应为了保护一个未必受损的价值去损害一个必定受损的价值。

没有充分理据的随机检查公民的电子设备，不仅侵犯公民的隐私权，也是对公民人格尊严的伤害，也损害政府的形象。本规章第 40 条并没有赋予国安机关随机检查公民电子设备的权力。

综上，从应然的角度，国安部门不能对一个守法公民的电子设备进行检查，哪怕获得了设区的市级以上国安机关负责人的批准。

二、第 40 条与比例原则抵牾

行文至此，笔者认为在应然意义上，已经明白地阐述了第 40 条的适用条件，但笔者还想再进一步，尝试基于行政法中的比例原则来探讨一下规章第 40 条的合法性。

在展开讨论之前，有必要先弄清检查电子设备属于什么性质的行为。从这部规章的立法目的来看，它应当被设定为是行政检查。根据《中华人民共和国行政处罚法》第 54 条，"行政机关发现公民、法人或者其他组织有依法应当给予行政处罚的行为的，必须全面、客观、公正地调查，收集有关证据；必要时，依照法律、法规的规定，可以进行检查。"

如果行政检查可以检查自然人的手机电脑，那就意味着行政检查的权限与搜查这一刑事强制措施几乎相同了。因为稍具法律常识的人都知道，对自然人手机电脑的检查，是典型的刑事搜查行为。这就会让人产生一种错愕感。

我们知道，在法律诞生之前，人类就有自然的正义观，如果制定的实体法律符合自然的正义观，就会得到更好的遵守。检查电子设备，在权利意识高涨的今天，把它限制在刑事强制措施中，或许更符合现代人的自然正义观。

甚至基于行政法中的比例原则，对于一个行政违法案，检查相对人的电子设备是否合法都大可商榷，至少应该非常审慎。

国家基于案件的重要性不同，会投入多寡不等的诉讼资源，这也是一种广义的比例原则，该原则最基础的逻辑可能是功利主义的，功利主义讲资源最有效率的应用，即用最少的资源达成最多的善，而善一般又被认为是人合法欲望的满足。

比例原则不仅要求惩罚后果与违法事实的危害性成比例，而且要求其投入的调查资源也与社会危害性成比例。刑事案件，因为被侵犯的法益更重要，同时一旦犯罪得到证成，对嫌疑人的惩罚也更严重，从查清案件、保障人权的目的出发，当然要投入更多资源，也会以更高的证成标准来要求公权力机关。这也正是刑事案件的证成要求"事实清楚、证据确实充分，排除合理怀疑"的原因。正因为犯罪的证成标准很高，所以就赋予了侦查机关使用几乎所有侦查手段的权力，并且会要求犯罪嫌疑人让渡一部分权利。刑案侦查，在实体上几乎是无禁区的，唯一有意义的限制来自于刑事诉讼程序。

但是行政违法案，对其的证成却并不采取这种严苛的标准，行政违法案基本是按照"优势证明标准"来证成的。理论上，只要发现了行政违法的事实，一般标准的固定证据就可以处罚了。

一个可能只是行政违法的案件，其社会危害性较轻，其对应的对自然人的惩戒无非警告、拘留、罚款、吊销证照等。对于这种案件，投入很多的资源用于调查，本身就违反了比例原则。

有人可能会说检查电子设备很简单，无需耗费多少资源，又能获得更多证据，何乐而不为呢？这是狭隘化看待资源的投入，也忽视了善的减损。

　　请问，检查手机电脑不需要特殊的支持设备？不需要耗费人力吗？国家的外在形象是不是也是一种资源？被别人侵犯隐私，是公民所欲的吗？对人格尊严和隐私权的减损不就是善的减损？

　　支持的人中或许还有人持不便明言的想法：行政违法虽然社会危害性不大，但通过检查电子设备说不定能发现犯罪，所谓搂草打兔子，可能会有意外的斩获。

　　这种思路是把检查当作发现犯罪的手段了。笔者以为这种想法违反了无罪推定的原则，是一种权力使用的“诈术”，一个良治的政府，权力的行使应该出于善意，应该“志于道、居于德，依于仁”，“不逆诈，不亿不信”。

　　从应然的角度来说，刑事案件正常的侦办逻辑是：发现国家安全利益遭受了严重危害，刑事立案、侦查、锁定犯罪嫌疑人，持搜查令状对嫌疑人进行搜查。如果不按照这一逻辑来办案，就不具有道德正当性。而且此处的国家安全利益应当是符合自然法的，不应当泛化解释。

　　具体到行政违法来说，一个人违法了，它一定是外在的行为被发现违法了，而且发现的方式一般也应当是常规方式，而不是通过高技术对特定人的定向聚焦，比如采用大数据对某公民的隐私数据进行汇总从而发现违法线索。这种做法是对特定公民的不公正对待，因为暗含着先入为主的成见。

　　综上，笔者认为，基于行政法中的比例原则，在行政违法案中，不宜适用该规章第 40 条，如果一个行政违法必须依赖检查电子设备获取证据才可以认定，在笔者看来，毋宁不要处罚。因为检查电子设备必然构成对隐私权的减损，而待证的违法事实也许并不存在。

　　通常来说，作为一般主体，除了间谍行为，一般的行政违法都有外在的行为，完全可以由外在的行为及证明外在行为的证据来认定，根本无需检查公民的电子设备。

　　至于间谍行为，因为高度的隐秘性，确实很难发现外在的违法行为，但自然法意义上的间谍行为一般是被刑事立案的，一个仅构成行政违法的间谍案，基本说明所涉及的国家秘密根本不重要，或者干脆就不属于自然法意义上的国家秘密，否则无论既遂与否一定会刑事立案。

如果以涉及间谍行为作为行政处罚的事由，会显得轻浮，甚至会让间谍罪这一自然犯罪庸俗化，并不利于保障国家安全。而如果刨除间谍行为的行政违法，正如笔者在前面论述的，基于广义的比例原则，在行政违法案中检查电子设备的合法性都大可商榷，而且事实上也无必要这样做。

三、结语

以前，国安机关自带神秘感，普通人尽管知道城市里有这样一个重要机关存在，但在地图上却找不到它的办公地点，而且在一般人的认知中，国安人员工作在隐蔽战线，他们不穿制服，轻易不抛头露面。这种神秘感，更增加了个体对它的敬畏，总觉得国安机关侦查的案件，肯定都是间谍罪、叛国罪这种大案要案。普通人甚至法律人，一听说是国安人员侦办的案件，都会自觉的不去打听案情。

而今在新的政治形势下，国安类法律法规规章被次第制定出来，也让国安机关逐渐从幕后走向了前台，《国安执法规定》的出台，让国安机关甚至成了行政执法机关。作为行政执法机关，未来必然会有成为行政诉讼被告的问题，届时它的办公地点、法人代表、联系方式，都可能需要公开了。人们对它的神秘感和敬畏感也必然会有所降低。这一变化未来会产生何种影响，只能拭目以待。

刘书庆

于 2024 年 5 月 29 日

www.ingramcontent.com/pod-product-compliance
Lightning Source LLC
Chambersburg PA
CBHW051258130726
47987CB00004B/1581